国家社科基金后期资助项目
出版说明

后期资助项目是国家社科基金设立的一类重要项目,旨在鼓励广大社科研究者潜心治学,支持基础研究多出优秀成果。它是经过严格评审,从接近完成的科研成果中遴选立项的。为扩大后期资助项目的影响,更好地推动学术发展,促进成果转化,全国哲学社会科学工作办公室按照"统一设计、统一标识、统一版式、形成系列"的总体要求,组织出版国家社科基金后期资助项目成果。

全国哲学社会科学工作办公室

国家社科基金
GUOJIA SHEKE JIJIN HOUQI ZIZHU XIANGMU
后期资助项目

彼岸

1881—1920年俄国犹太人移居美国研究

Across the Pond

Research on Russian Jews emigrating to America,1881-1920

王耀明　著

上海三联书店

目　录

绪　　论

　　近代以来,跨国、跨社群移民逐渐成为一种普遍现象。美国作为一个"未完成"的国度,历来是跨国、跨社群移民的主要目的地。1865—1920 年间,从世界各地移民美国的人有 3000 万之多,其中约 175 万(占比超过5.6%)是 1880 年后从俄国移民至美国的犹太人。这些俄国犹太移民定居美国后,其命运发生重大转折,整个犹太民族的命运也一并发生重大转折。历时近 40 年的俄国犹太人向美国移民的运动,可谓影响深远。俄国犹太人为什么会离开自己的出生国? 为什么会选择美国作为新的栖身之地? 他们是如何到达美国的? 又是如何适应美国社会的? 他们对美国的发展又起到了什么样的作用? 对美国政治以及地缘政治又产生了什么影响? 这些问题足以引起研究者的好奇。

一、问题的缘起

　　有文字记载的犹太历史,长达 3900 多年。据《圣经·旧约》,公元前1900 年左右,犹太人的先祖希伯来人在亚拉伯罕的率领下,离开两河领域,最终定居迦南(今巴勒斯坦地区)。此后,希伯来人目睹了犹太国家的兴衰、犹太教的孕育与形成、圣殿的建成与毁灭。近东特殊的地缘条件与复杂的文化形态,注定希伯来人的生存与发展不可能一帆风顺。

　　从"巴比伦之囚"①开始,犹太历史进入大流散(Diaspora)时期。对于犹太民族而言,最具转折意义的经历,是延续近 2000 年的第三次大流散。这

---

　　① 巴比伦之囚是指公元前 597—前 538 年犹太人被房往巴比伦的历史事件。在此期间,犹太王国两次被新巴比伦王国国王尼布甲尼撒二世征服,大批犹太富人、工匠、祭祀、王室成员和平民被俘虏到巴比伦,并囚禁于此。公元前 539 年,波斯国王居鲁士二世征服新巴比伦王国后,被囚禁的犹太人才获准返回家园。这段历史,犹太人自称为受难时代。犹太人被囚禁时渴望耶和华派一个救世主来复兴国家。犹太教从此萌芽。

1

一次大流散的开启与罗马帝国的军事行动有关。公元前 63 年，罗马共和国军事统帅格奈乌斯·庞培占领耶路撒冷后，设犹太行省，管辖以色列地，并下令定期向每个犹太人征收 2 德拉克马①的"犹太税"。与此同时，受末日降临思想影响的狂热的犹太教信仰团体被罗马政府宣布为非法，犹太教信仰因此逐渐趋于"正统"，拉比取代祭司主导犹太教布道与仪式。罗马帝国占领时期，犹太人不甘心被奴役，先后三次起义，反抗罗马人统治，但统统归于失败。公元 135 年，犹太人第三次反抗罗马人的起义失败后，罗马皇帝哈德良下令拆除第二圣殿，驱逐犹太行省的所有犹太人，并将犹地亚-撒马利亚命名为叙利亚-巴勒斯坦，以抹除以色列地的犹太特征。由此，犹太人作为以色列的主体民族的历史宣告终结，并向罗马帝国境内各地流散。

随着基督教在罗马帝国境内取得官方认可并广泛传播，犹太人地位不断边缘化，他们作为"上帝选民"（Chosen People）的时代一去不复返。原先犹太人把不信上帝的外邦人视为上帝的敌人，但是在基督教统治时期，他们自己反倒成为上帝的敌人。公元 438 年颁布的《狄奥西多法典》确定了犹太人在东罗马帝国的地位，规定：禁止修建新的犹太教会堂；犹太人不能成为基督徒的上司，也不允许拥有基督徒奴隶；禁止犹太人对外传教。

中世纪欧洲犹太人的命运先扬后抑。中世纪早期，犹太人在欧洲一些地区受到欢迎，特别是在德意志地区。在加洛林王朝时期，犹太人获准向法兰克王国境内迁徙，并享有广泛的商业特权。公元 9 世纪，犹太人开辟了地中海航线，建立了加洛林王朝与外部世界的商业联系，而犹太人在这条贸易路线上几乎处于垄断位置。到公元 11 世纪，犹太人在德意志各诸侯国的特权地位得到进一步明确和巩固。1090 年《沃尔姆斯特权规定》颁布，要求各诸侯国的统治者保护犹太人人身财产安全；允许犹太人兑换货币；允许犹太人在神圣罗马帝国境内自由贸易；禁止侵占犹太人房屋，禁止征用属于犹太人的马匹；允许犹太人按照自己的法律起誓；禁止强制施洗犹太人子女；若有犹太人要皈依基督教，必须有三天思考时间并且放弃对财产的继承权。由此，犹太人的经济特权和信仰权利得到了法律保障。然而，从 12 世纪开始，反犹排犹成为欧洲文化中的一种常态，对犹太人提供庇护的德意志地区也未能幸免。基督徒为了将自己与犹太人区别开来，经常要求犹太人佩戴特殊的徽章或尖顶帽子。有些基督徒甚至开始攻击、驱逐、谋杀犹太人。

学术界经常思考一个问题，即犹太人在中世纪欧洲的社会地位为何起伏不定。对这一问题，研究者众说纷纭，难以形成共识，但是有三个方面的

---

① 德拉克马：古希腊的银币单位，约重 4.37 克。

原因是比较重要的。第一,基督徒自我意识的发展以及对基督受难的强烈认同。这种认同感在中世纪中晚期变得越来越强烈①。1205 年,教皇英诺森三世在写给巴黎大主教的信件中称,犹太人对杀害耶稣基督负有责任,作为上帝的惩罚,他们必须世代为奴。普通基督徒同样认为,耶稣并不是为洗清全人类的罪而自愿受难,而是被犹太人谋杀。因此,基督徒必须为耶稣报仇。第二,十字军广泛散播反犹谣言和情绪,最终使犹太人普遍被污名化。第一次十字军东征时期,一些十字军士兵就提出"攘外必先安内"。要清除外部的"不忠者",必须先杀光西方基督教内部的犹太人。为此,十字军还不惜制造谣言,煽动广大基督徒的敌意。1144 年,英格兰诺里奇镇指控犹太人将一个小基督徒杀害,用于"牲人祭"。此后,关于犹太人"牲人祭"的传闻在欧洲经年累月不息,成为基督徒定义犹太人的重要参考指标。普通犹太人最终与其他异教徒、麻风病人、妓女、女巫、同性恋者等特殊人群归为一类,被污名化。第三,基督教神学家对欧洲中世纪的反犹浪潮也起到了推波助澜的作用。中世纪早期的神学家对犹太教多有容忍,但是后来有一些基督教神学家认为,犹太人越来越重视《塔木德》,而忽略《圣经》,因而背叛了自己原先坚持的信仰,沦为异教徒。犹太人如果不改信基督教,就是亵渎神明,就应该受到惩罚。面对基督教神学家的指控,犹太教拉比针锋相对,认为基督教从犹太教剽窃了重要篇章,放弃了摩西十诫,掺杂进一些荒诞不经的观点,例如声称耶稣就是弥赛亚,就是上帝的"化身",因此基督教徒才是异教徒。这更是进一步激化了基督教与犹太教的矛盾。总而言之,12 世纪欧洲基督徒对犹太人的攻击,标志着一段惨痛历史的开端,其高潮是纳粹德国对犹太人的"种族清洗"。

近代早期,欧洲兴起宗教改革运动,让犹太人一度看到曙光。起初,宗教改革领袖马丁·路德向犹太人伸出援助之手。他提醒基督徒,耶稣是一位犹太人,是他教诲了爱的纯洁信条,因而基督徒的责任就是用爱和怜悯之心去对待犹太人。1523 年,他在一本名为《耶稣基督生来就是犹太人》的小册子里说:"最初的传道者是犹太人,假如他们对待我们这些异教徒犹如我们这些异教徒对待犹太人一样的话,在犹太人当中就不会再有一位基督徒……我们应该以亲如兄弟的态度对犹太人加以报答,这样我们可以使他们中的一些人改宗皈依……我们只是异教徒的后代。我们是异邦人和外来

---

① 朱迪斯·M. 本内特、C. 沃伦·霍利斯特,欧洲中世纪史(第 10 版),杨宁、李韵译,上海:上海社会科学出版社,2007 年版,第 254 页。

人,他们是基督的血亲、兄弟姐妹。"①但是 1543 年后,路德宗内外部发生了漫长的、十分保守而且反对改革的斗争,路德将自己的怒气发泄到犹太人身上,谴责他们是阴险的寄生虫,"坐在火炉边暴饮暴食,塞满自己的肚子。一边烤着梨,一边放屁。他们剥削我们的钱财"。他告诉读者,犹太人犯有杀害基督以及与魔鬼交易的罪行,因此提出以下建议和指控:"第一,他们烧毁了自己的教会或学校……;第二,我建议拆除和焚毁他们的房屋;第三,我建议没收他们所有的祈祷书和《塔木德》的文本,它们教唆他们通奸、说谎、诅咒、亵渎……;第四,我建议禁止他们的祭司布道;第五,我建议剥夺犹太人在公路上安全通行的权利;第六,我建议没收他们的所有现金和金银财富;第七,让所有人能够向他们投掷硫磺和石块。"②路德对犹太人的指控和侮辱,达到了 12 世纪以来的一个新高度。由于路德的书写和叙事,"犹太人"一词在欧洲特别是德语区具有了可怕的贬义,加剧了欧洲社会特别是底层民众反犹太人的情绪。

随着 18 世纪启蒙运动兴起,欧洲社会开启了理性主义时代,宗教和解与宽容的呼声甚嚣尘上。启蒙运动将近代以来反宗教神权、反世俗权威的观念,推向了顶点。它全面地阐述了中产阶级的价值观念,主张所有人生来自由平等,应该将人类从社会枷锁中解放出来。这种新的解放信条及其衍生的观念,如理性、进步、人类尊严、民意认可的政府、自由事业等等,为世俗的千禧年运动奠定了基础。由此,基督教的千禧年运动,演变为其世俗的对应物。但是两者的区别在于方法不一样。世俗的千禧年运动依靠科学而非宗教的方法,试图带领芸芸众生征服人类古老的敌人——无知、迷信、贫穷和战争,以期进入世俗的天堂。可以说,启蒙运动是人类意识的一次重新定位,也是人类心理的重大转变。

当启蒙观念在民主革命年代(1776—1848 年)成为实践指导原则的时候,犹太人成为新价值观念的主要受益者之一。犹太人特别是普通犹太人逐渐摆脱公民权缺失的状态。1791 年,法国大革命立宪议会承认犹太人具有完全的公民权,此后莱茵兰、威斯特伐利亚、瑞士、意大利北部这些由法国统治的地区纷纷响应。而巴伐利亚、巴登以及符腾堡等地,则模仿奥地利模式,有限制地承认了犹太人的公民权。1806 年,普鲁士被拿破仑战败,之后其内部进行改革。到 1812 年,普鲁士赋予犹太人完整的经济权利。拿破仑战争结束

① Thomas Kaufmann, *Luther's Jews: a journey into anti-Semitism*, Oxford: Oxford University Press, 2017, p. 41.
② Ibid. , p. 42.

之时,几乎所有西欧和中欧的犹太人,都成为其居住国的公民或国民。

启蒙运动及随后的解放运动对犹太人及其信仰带来巨大的冲击。首先是犹太教的分裂。从民主革命年代开始,犹太教正统派信仰中先后分离出改革派、保守派。其中,改革派在欧洲德语区的影响力比较大,它对犹太教而言是一种解构。1843 年,犹太教改革派发表宣言,称:"第一,我们承认摩西教中存有无限发展的可能性。第二,无论从学说还是实践的立场来看,通常以《塔木德》指派的辩论、论文、观点对于我们来说没有权威性可言。第三,我们对把以色列人带回巴勒斯坦土地的救世主不抱希望,他对我们也不抱希望;我们不知道祖国在哪里,但是依靠出身公民权我们知道我们属于哪里。"①这一不同寻常的表述,显现出一部分犹太人同化于主流社会的决心。

其次,犹太人与犹太教徒开始分离,其世俗身份与宗教身份的界限变得更加清晰。一部分犹太教徒特别是犹太知识分子和犹太商人实现世俗化,成为"犹太人"("犹太人"概念是一个现代发明②),他们用犹太教改革派信仰回应了启蒙运动的善意。但是对于绝大多数普通的犹太教徒而言,启蒙运动难以斩断维系他们族群信仰的根——犹太教或犹太主义。

自古以来,流散在欧洲各地、各民族中间的犹太人,只是一个"超民族的民族"。将他们凝聚起来的力量不是源自地域、血缘、肤色、人种,而是源自共同的经典和信念。他们的传统,基于一种有意识的关联和认同之链,是一种共同努力的自由决定。加路特(流散),是上帝施加在以色列人身上的不幸惩罚。犹太先知认为,尽管犹太人遭到放逐,罪在自身,但是以色列与上帝之间的约,仍然有效,以色列人仍然是上帝的特选子民,只要悔过自新,终有一天上帝会赦免其民,使之优宠于世间各民族。当时,欧洲有人称犹太教徒是"反种族的群体"。他们以非主流族群身份生活在主流族群之中,而且还抱有普世救赎的愿望,坚持"特殊神宠论",从而被世俗统治者视为"破坏和毒害其他族群"的阴谋者。普通犹太教徒拒绝启蒙,这为之后反犹浪潮再度掀起,埋下了伏笔。

立足于古代宗教理论与实践的古典反犹主义在 19 世纪中期进入尾声,代之以现代反犹主义。现代反犹主义的构建,是一个复杂的心理和文化过

---

① 转引自克劳斯·P.费舍尔,强迫症的历史:德国人的犹太恐惧症与大屠杀,佘江涛译,南京:译林出版社,2017 年版,第 46 页。

② 有关"犹太人"的身份认同,是一个比较复杂的问题。马克思在《论犹太人问题》一书中曾说:"我们不是到犹太人的宗教里去寻找犹太人的秘密,而是到现实的犹太人里去寻找他的宗教秘密。"马克思认为,宗教问题只是现实问题的反映,是人对现实问题的想象性解决。法国哲学家萨特也有类似的看法,他曾说:"犹太人是被反犹主义者'创造'出来的。"我们认为,犹太人身份认同植根于其悠久的宗教历史传统中。

程。如何去识别反犹主义的现代色彩，很多学者做过努力。现代反犹主义，毫无疑问，具有更多的世俗内容。这些世俗内容是什么？又是如何被添加进反犹主义理论之中？对这两个问题，有必要作一解释。

近代以来，自然科学的强势有目共睹，其理论和研究方法受到重视。人文科学特别是社会学的研究，也尝试借用自然科学理论和方法，以增强理论的彻底性和说服力。从 19 世纪中期开始，反犹主义找到了新的力量源泉——种族主义观念。这一观念反对种族差异与种族混合，将种族认同神圣化、绝对化、永久化[①]。由此，Antisemitismus 概念出现，这意味着反犹主义从反对犹太人的宗教信仰，进入到反对犹太人种族血统阶段。对犹太人种族血统歧视的合理化，有赖于"科学证据"，特别是医学、生物学方面的证据。从某种程度上说，自然科学被动参与了现代反犹主义阴谋。

法国人戈宾诺伯爵的著作《论人类种族不平等的根源》，根据生物学家提出的物种分类理论，模仿科学论证，大肆宣扬种族优越论，竭力论证"雅利安人"的纯净性，美化日耳曼血统，把血统混杂说成是人类文明退化的根本原因，并指出"种族问题如阴云笼罩在所有历史问题之上"，是"解开所有问题的钥匙"。尽管戈宾诺是种族主义者，但并不反犹太人，因为犹太人属于白种人，"没有白种人的帮助，就不会诞生文明"[②]。英国人豪斯顿·张伯伦在《19 世纪的基础》一书中对戈宾诺的观点作进一步发挥，认为除了犹太人和雅利安人之外，所有的血统都是不纯的、混合的，没有资格继承"古代的遗产"，因而整部历史便是雅利安人与犹太人之间的争斗。这是一种赤裸裸的反犹主义言论，后来张伯伦被德国纳粹奉为"先知"，表明张伯伦的思想直接滋养了希特勒的反犹主义种族理论[③]。

20 世纪初，弗洛伊德创建心理分析学派，同样以科学的名义对各种社会现象进行心理学溯源。弗洛伊德本人，作为犹太人，对反犹主义未有深入探讨，但他提出的"厌女症"理论，被其他人用于探析反犹心理的形成机制。当时，有学者认为，犹太人具有女性化特征，这是他们被主流社会排斥的一个重要原因。

20 世纪 30 年代，希特勒糅合基督教反犹主义和种族反犹主义，提出

---

① 吉尔·德拉诺瓦，民族与民族主义，郑文彬、洪晖译，北京：三联书店，2005 年版，第 153—154 页。

② Arthur comte de Gobineau, *Inequality of human races*, New York: H. Fertig, 1999, p. 260.

③ 利昂·P.巴拉达特，意识形态的起源和影响，张慧芝、张露璐译，北京：世界图书出版公司，2010 年版，第 244—245 页。

"理性反犹主义"的理念,反对"犹太之物",像著名的政治思想家卡尔·施米特、威廉·斯塔贝尔等人都为"理性反犹主义"贡献过"邪恶的智慧",从而使现代反犹主义理论达到了一个非常精致的程度。

通过对比古典与现代两种形态的反犹主义,可以发现,古典反犹主义主要是基于宗教文化的仇恨,而现代反犹主义则是建立在"科学"甚至是"理性"基础上的仇恨,是一种非常清醒的仇恨。文化可能还存在相对性,而科学则会在有需要的时候打着真理的旗号党同伐异,所以从后果来看,现代反犹主义更具有残酷性和杀伤力。古典反犹主义与现代反犹主义,哪一个更加野蛮?毫无疑问,答案是后者。

我们简单回顾了漫长的欧洲反犹主义的历史,并试图区分古典反犹主义与现代反犹主义。古典反犹主义具有鬼神学的特点,现代反犹主义则是大众浪漫主义与理性主义、科学精神的古怪结合体。但这些并不是我们要讨论的重点。我们主要关注的是,现代反犹主义为什么最终演变成剥夺犹太人生命财产的集体犯罪行为? 19 世纪中后期以来,欧洲至少存在三种可以辨识的"文化恐惧症",分别是"恐俄症""黄祸"以及"反犹症"。这三种"文化恐惧症"的共同之处在于:第一,西方话语垄断了对文明与野蛮的阐释,他们通过论证其他族群的野蛮,确认西方文明的优越性,并向外界宣布西方文明的启蒙开化之使命。第二,都带有种族主义的偏见。近代以来,西方世界在经济上大获成功,以及在政治上对其他国家压迫,为白种人的种族主义观念提供了"事实依据"。第三,都体现了大众社会心理,是中世纪以来西方社会"猎巫"传统的延续。但是,这三种"文化恐惧症"中,只有"恐犹症",最终发展成为肉体迫害和种族灭绝。纳粹德国对犹太人的种族清洗,是西方2000 多年反犹主义的最高潮。那么,在这最高潮来临之前,沙皇俄国对犹太人长达近 40 年的迫害,是纳粹德国种族清洗行动的预演。从这场预演中,后来的纳粹德国以及希特勒至少能够看到,对犹太人迫害是安全的,不会引起太大争议,因为欧洲没有国家会觉得迫害犹太人是一个问题。

帝俄晚期针对犹太人的种族迫害是分阶段进行的,自有其深刻的社会历史原因。沙皇俄国特别是它的南部和西部地区是世界犹太人最主要的居住地。1881 年时有 500 多万犹太人生活在那里。如果说俄国犹太人可以忍受贫困,但是他们没有办法忍受集体迫害,因为这种集体迫害不仅针对犹太人的财产,而且也指向了犹太人的肉体。从 1881 年亚历山大三世执政开始,到罗曼诺夫王朝垮台,再到协约国支持的白军起义被镇压,俄国迫害犹太人的事件频繁发生,到 1920 年时先后发生过四次大规模的迫害事件,分别发生在 1881—1882 年、1891—1892 年、1903—1906 年、1917—1920 年。

在间歇性的迫害事件中，有大批犹太人伤亡，财产遭到剥夺。1903 年，英语词汇中新添了一个词 Pogrom，专门用来指称俄国人对本国犹太人实施的集体性的暴力攻击①。这个词汇的出现反映了当时俄国集体迫害犹太人事件是非常普遍的，也引起了各方的担忧。在语言文化中，一种现象只有具有重大意义，才会引起人们重新命名的兴趣。我们在这部著作中所讲的"集体迫害"是基于对 Pogrom 这个词的理解。

俄国犹太人备受迫害，处境艰难，这坚定了他们移民的决心。那么，他们该往何处去？犹太复国主义运动先驱者西奥多·赫茨尔希望俄国犹太人到巴勒斯坦去定居，在那里购买土地，从事农耕。由于西欧和中欧犹太社团对犹太复国主义运动不感兴趣，因此赫茨尔一度把犹太复国的希望寄托在讲意第绪语（Yiddish，混合了希伯来语与日耳曼语的一种方言）的俄国犹太人身上。但是，当时巴勒斯坦处于奥斯曼土耳其帝国的统治之下，土耳其方面给犹太人到此地定居设置很多障碍，西奥多·赫茨尔试图以秘密外交的方式促使土耳其人改变态度，许诺让犹太资本家到土耳其投资，并给土耳其政府提供贷款等等，但是土耳其方面支持犹太人移居巴勒斯坦的态度一直不是很坚定，特别是在他们能够从其他渠道获得资金支持情况下，土耳其政府就会犹豫反复。19 世纪末 20 世纪初的土耳其政府更愿意接受来自德国方面的资金。当然，更为重要的一点是，俄国犹太人对从事农业生产兴趣不大，他们本身也缺乏务农的经验。所以，1914 年前，从俄国移民到巴勒斯坦的犹太人只有 1 万多人。

大批俄国犹太人在欧洲犹太慈善机构和社团的鼓动下最终选择移民美国。众所周知，美国南北战争结束后，迎来了一次大规模接受移民的浪潮，一直持续到 1920 年，共计有 3000 多万人迁徙到美国定居生活。这次移民浪潮无论对于欧洲来说，还是对于美国而说，都是一次非常重要的洲际大迁徙，在某种程度上这也是一次全球化浪潮。其后果可以从两个方面来解读，一方面缓解了欧洲的人口压力，使欧洲的革命形势日趋缓和；另一方面，促进了美国的边疆开拓，以及城市工业化进程的深入。俄国犹太人也加入了这次移民浪潮之中。从 1881—1920 年间，共计有 175 万左右的俄国犹太移民至美国，约占这一时期美国移民人数的 8%。与此同时，还有约 50 万奥匈帝国犹太人、罗马尼亚犹太人移居美国②。

---

① Auther Hertzberg, *The Jews in America: four centuries of an uneasy encounter, a history*, New York: Columbia University, 1986, p.159.

② 乔纳森·休斯、路易斯·凯恩，美国经济史，邸晓燕、邢露译，北京：北京大学出版社，2011 年，第 336 页。

　　俄国犹太人之所以选择移民美国，一般认为，美国社会经济繁荣，就业机会比较多，吸引了大批俄国犹太人的到来。另一方面，俄国犹太人在俄国饱受迫害，备受欺凌，而美国社会高度自由宽容，令人向往，这也推动了俄国犹太人离开俄国，并选择将美国作为主要移民目的地。美国的吸引力与俄国的推动力就构成了移民理论中的所谓"推拉因素"。但是，这种推拉理论过于宽宏，并不足以解释俄国犹太人移民美国的原因。美国方面的拉动因素和俄国方面的推力因素共同作用，就必然导致俄国犹太人移民美国吗？事实上，当时很多俄国犹太人对美国是比较厌恶的，特别是俄国的犹太中产阶级对美国的厌恶尤甚，因为在他们看来，美国那个地方是一块没有信仰、充满铜臭的荒蛮之地。20世纪初，俄国的一位犹太教拉比到访纽约后写道："年轻移民从他们的父母那里只获得如何在新世界生存下去的谋生方法，舍此，他们没有获得任何精神方面的训练"[①]。所以，俄国犹太人移民美国之所以成为可能，还有一个因素十分重要，也就是犹太救助机构的积极帮助。犹太救助机构的帮助对于大批渴望迁徙的俄国犹太人而言无异于雪中送炭。由于上述种种原因，用澳大利亚学者斯蒂芬·卡索斯和美国学者马克·米勒提出的"移民系统理论"来透视俄国犹太人移居美国过程是如何启动的，更加有效。

　　俄国犹太人在踏上移民之路时，有犹太移民救助机构帮助他们，给予他们资助；当他们到达美国后，有犹太同胞、犹太机构帮助他们适应美国社会。所以，在俄国犹太移民链条的两端都活跃着犹太移民救助机构，闪烁着博爱的光芒。大西洋两岸的移民救助机构往往联合行动，迎难而上。犹太资本家慷慨解囊，普通犹太人也积极捐赈，给移民救助机构提供资金保证，帮助他们的俄国同胞，这充分体现了犹太人在长期的流散过程中形成的互助精神。可以说，如果没有犹太慈善机构和社团的帮助，那么在1881—1920年间近175万俄国犹太人移居美国是不可想象的事情。

　　当俄国社会迫害本国犹太人的时候，美国社会以开放的态度接纳了来自旧大陆的俄国犹太移民。俄国犹太人从而开始了在美国的奋斗历程。经过长达100多年的奋斗，美国犹太人向世界证明，他们不是劣等民族，而是富有创造力的一群人。美国犹太人在二十世纪缔造了一个又一个创业神话。他们在新闻、报业、电影、娱乐、通讯、时尚等领域取得不俗的成就，并创造巨大的社会财富，犹太利益集团也随之产生，其影响力从经济领域、公共

　　① Arthur Hertzberg, *The Jews in America*: *four centuries of an uneasy encounter*, *a history*, New York: Columbia University Press, 1986, p. 145.

9

领域延伸到政治领域。如今，以色列院外游说集团对美国政治的影响几乎到了令人吃惊的程度。美国的两个最重要的犹太人政治组织"美国以色列公共事务委员会"和"美国主要犹太人组织主席会议"在历次的美国大选中都积极参与，利用他们所掌控的各种资源，直接影响选举结果，从而使犹太人获得与他们的少数族裔地位不相称的政治影响力。从一定程度上讲，是美国拯救了俄国犹太人，也拯救了犹太民族，但更为重要的是，犹太人通过影响美国的政治系统和金融财政体系，拯救了自身。

研究美国的俄裔犹太人移民史的学术价值有二。首先，可以更加清晰地还原 19 世纪末 20 世纪初俄国与美国的社会状况，深化美国史、俄国史、犹太流散史、跨文化交流史甚至是美国城市史（特别是纽约这样的国际大都市的生成史）的研究；其次，有助于弄清美国对犹太复国主义运动的同情与支持的原因，了解犹太人世界影响力的形成过程。总之，移民史不仅仅研究人为什么行走、往哪个方向行走、最终停留在哪里，而且也研究人行走的意义。这或许就是移民史研究的学术价值。它以丰富的面向，展示人与时空的联系；又以一种人文关怀，传递历史的余温。

当然，研究 1881—1920 年俄国犹太移民移居美国问题的意义不仅仅局限于上述方面。这项研究涉及移民问题、民族问题、种族问题、中东和平进程和大国关系，这些问题依然困扰着当今的全球治理议程。我们可以清晰地看到，唐纳德·特朗普治下的美国，不断宣扬"白人至上""美国优先"等种族主义观念，在边境修建"隔离墙"阻断移民潮入境美国，同时在中东冲突问题上毫无保留地支持以色列，无视巴勒斯坦人的诉求和苦痛。尽管历史研究并不能为现实问题提供解决方案，但是我们向我们的过去提出问题，为的是向我们的未来提出问题。所以，这项研究并非徒劳无益，对于正确处理民族问题、移民问题、国际关系甚至是实施人才引进战略均具有一定的启发意义。

本书将分析时段主要限定在 1881—1920 年是基于这样的考虑：首先，1881 年俄国发生第一次集体迫害犹太人的事件，导致俄国犹太人大规模移民美国，从而掀起了俄国犹太人移民美国的浪潮。尽管 1881 年前也有俄国犹太人移民美国，但数量非常少，主要是一些被沙皇暴政驱逐的革命者。1881 年时，美国犹太的人口总数不超过 25 万，其主体是德裔犹太人。但其后的近 40 年时间内特别是 1903 年之后，美国犹太人数量急剧增加。其次，到 1920 年，这轮长达近 40 年的难民危机及其导致的移民潮已经接近尾声。从俄国方面看，随着俄国苏维埃政权的建立，大规模迫害犹太人的事件以及犹太人争取权利的主张均被强力抑制，选择移民美国的犹太人数量急剧减少。此外,俄国境内犹太人也有了其他的移民选择。1917 年《贝尔福宣言》有关建立"犹太民族家园"的承诺,鼓励越来越多的俄国犹太人选择移民巴勒斯坦,而不是美国。1921 年《里加和平条约》签订后,数十万俄国犹太人选择波兰作为他们的居留国。从美国方面来看,到 1920 年美国国内要求严格限制移民的呼声甚嚣尘上。1921 年,美国颁布了新移民法,其中最重要的一条,就是对各国移民美国的人数实行配额制,在移民潮的面前建起了一道闸门,这从根本上限制了移民大规模进入美国的可能性。而且,随着对犹太教和犹太人怀有特殊情感的威尔逊总统卸任,犹太人对美国政治特别是外交政策的影响暂时陷入低潮。因此,将 1881—1920 年作为一个主要的分析时段是有据可依的。

二、国内外相关研究综述

(一) 国外学术界的相关研究

在世界民族大家庭中,犹太人的经历可谓特殊。数千年来,他们在多灾多难中体验到对生存的怀疑,形成了一种英雄史诗般的悲剧意识。他们顽强维持自身的信仰,坚持民族认同,并在流散地创造财富神话,特别是近代以来他们的商业活动推动了资本主义的发展和完善。

第二次世界大战后,国际学术界对犹太民族的遭遇心存同情,开始深刻反思欧洲特别是纳粹德国的反犹屠犹活动,从而掀起犹太人研究的热潮。但研究的兴趣点并未放在犹太移民问题上,这一情况直到 20 世纪 60 年代末美国学界掀起史学变革后才发生改变。20 世纪 60 年代末,"新社会史"作为一个学术领域和一种史学方法出现,并逐渐成熟。原先比较单薄的移民研究受到越来越多的学者关注,加上跨学科研究、传统史料的新运用以及新史料的发掘,使移民研究向纵深方向深入。有关俄国以及其他东欧国家的犹太移民史研究著作层出不穷,令人喜出望外。

对这些移民史著作进行分类的话,大抵可以分为四类。第一类著作,着眼于分析东欧犹太人在美国生活的经历,以及他们的"美国化"过程。美国历史学家欧文·豪的力作《父辈的世界——东欧犹太移民美国以及他们发现与创造生活的历程》研究了 1881—1924 年美国的东欧犹太移民的状况,分析了东欧犹太人移民美国的原因,考察了东欧犹太移民到达美国后的社会生活。此书的特点是整理和收集了大量传记文学、美国报章杂志以及历史研究中的纪实资料，用这些材料勾勒出了东欧犹太移民在美国的生活场景，因而这部著作提供了大量有价值的第一手的参考资料①。美国学者斯蒂芬·伯明翰的著作《我们中的多余人：美国东欧犹太人的崛起》全面透视了东欧犹太移民的成功经历，揭示了 1880—1915 年东欧犹太人如何从难以同化的群体变成在各大城市和各个领域取得突出贡献和影响力的少数族裔，他们在美国的新闻、娱乐、时装、艺术和音乐等方面的发展脉络上烙下了自己的印记②。美国学者内尔·科万和吕特·科万兄弟合著的《我们父母的生活：东欧犹太人的美国化》是一部口述史，他们访谈的对象是 1895—1915 年出生在美国的东欧犹太移民第二代，着重于分析"美国化"过程对东欧犹太移民生活的影响及他们的反应③。这部书史料价值不仅体现在记载了东欧犹太移民第一代对自身经历的讲述，还体现在它收集了一些信件和日记，是非常珍贵的第一手资料，有助于我们深入了解当时东欧移民生活的真实状况。鲁恩·盖伊撰写的《未完成的人：东欧犹太人与美国的接触》，将 19 世纪末 20 世纪初移民美国的年轻东欧犹太人描绘成"未完成的人"，就是说这些人在还未来得及在自己的文化中成长为"成年人"就被"连根拔起"，被迫迁徙到新的生活环境中，因此不但不能将祖辈的宗教传统移植到新世界，反而容易接受新的美国世俗文化的熏陶④，从而揭示了东欧犹太移民第二代能够毫无痛苦地告别隔都的原因。杰弗里·古罗克编辑的《1880—1920 年间美国的东欧犹太人：移民与适应》则分别探讨了 1880—1920 年东欧犹太人移民美国的原因、移民的过程和适应的经历⑤。这些著作的感性色彩过于浓厚，作者对移民本能的同情影响到了判断。

俄国犹太人在美国接受了犹太社团和犹太慈善机构的资助。这方面的情况，也引起了一些学者的关注。达尼尔·索耶的著作《纽约市的犹太移民组织和美国特性，1880—1939 年》对犹太移民同乡会进行了深入研究，揭示

① Irving Howe, *World of our fathers：the journey of the East European Jews to America and the life they found and made*, New York, 1976.

② Stephen Birmingham, *The rest of us：the rise of America's Eastern European Jews*, Boston, 1984.

③ Neil M. Cowan and Ruth Schwartz Cowan, *Our parents' lives：the Americanization of Eastern European Jews*, New York, 1989.

④ Ruth Gay, *Unfinished people：Eastern European Jewish encounter America*, New York, 1996.

⑤ Jeffey S. Gurock, ed., *East European Jews in America, 1880 - 1920：Immigration and Adaptation*, New York, 1998.

了同乡会在缓解移民的乡愁、帮助他们融入美国社会方面所起到的作用①。谢丽·特南鲍姆的著作《给他们社区的信贷：美国犹太信贷社，1880—1945年》，对犹太人在新世界的信贷模式的演变作了比较好的梳理，揭示了俄裔犹太移民能够成功开始新生活的秘密②。迈克尔·R. 韦瑟尔的著作《值得怀念的兄弟情谊：纽约同乡会》，则更加全面和详细地介绍了同乡会成员之间是如何相互扶持的③。

　　第二类著作则是关注和思考长期困扰美国犹太人的纽约"隔都"问题，这个问题在东欧特别是俄国犹太人适应美国社会的过程中显得非常突出。摩西·里施音的《希望的城市：纽约的犹太人，1870—1914 年》考察了东欧乡村犹太人在纽约的陌生环境中重新塑造自我的过程，探讨了他们最初缘何依赖隔都的原因，并努力还原东欧犹太人从体貌、经济和精神方面转变为现代美国人的过程④。哈西娅·迪纳的《下东区的记忆：美国是一个属于犹太人的地方》则考察了纽约下东区对于俄国犹太人历史的重要性。弥尔顿·欣杜编辑的《犹太东区，1881—1924 年》则收集了记者、社会工作者、上流社会和移民后代等撰写的回忆录、小说、新闻报道等，为我们感性地了解纽约犹太"隔都"提供了非常丰富的第一手资料⑤。

　　上述两类著作基本都是研究东欧犹太移民到达美国后，与美国主流社会的同化问题。这对于我们的研究来说具有重要参考价值。尽管这些著作是研究东欧犹太移民，但是我们在前面论述中提到，1881—1920 年东欧犹太移民的主体是俄国犹太移民，占这一时期的整个犹太移民数量的72％。

　　第三类著作则重点关注美国社会与美国政府对俄国犹太移民的回应。我们知道，俄国犹太人大规模到达美国之后，美国社会与美国政府对他们的到来作出了回应。这种回应具体表现在美国的移民政策的调整中，也体现在美国犹太社团自身的变动调整中。舍顿·纽林格的著作《美国犹太人与美国移民政策：1881—1953》对这方面的问题进行了深入的研究⑥。这部著

---

① Daniel Soyer, *Jewish immigration association and American identity in New York*, *1880 - 1939*, Cambridge, 1997.

② Shelly Tenenbaum, *A credit to their community*：*Jewish loan societies in the United States*, *1880 - 1945*, Detroit, 1993.

③ Michael Weisser, *A brotherhood of memory*：*Jewish Landmanshaften in the New York world*, New York, 1985.

④ Moses Rischin, *The promised city*：*New York*, *1870 - 1914*, New York, 1970.

⑤ Milton Hindus, ed. , *The Jewish east side*, *1881 - 1924*, New York, 1996.

⑥ Sheldon Morris Neuringer, *American Jewry and United States immigration policy*, *1881 - 1953*, New York：Arno Press, 1980.

作指出，俄国犹太移民的到来，一度刺激了美国的反犹主义，但是美国的反犹主义的程度同欧洲大陆相比是比较有限的。美国的反犹主义基本上是20 世纪初美国的反移民浪潮中的一个衍生物。美国社会要求限制犹太移民的呼声最早出现在 19 世纪 80 年代，此后，随着世界政治经济环境的变化，美国政府的移民政策从宽松逐步走向严厉。但是并没有把犹太人从美国的少数族群中单个挑选出来加以限制，没有像限制华人进入美国那样来限制犹太人。美国国会中也有议员提出制订类似于《1882 年排华法案》那样的"排犹法案"，但每次都在美国犹太社团的努力与斗争之下，归于流产。纽林格指出，在 1881—1920 年美国犹太社会第一次成功引导了美国的移民政策沿着自由主义的道路继续前进。纽林格在书中以较多的笔墨描述了美国犹太社会领袖、犹太慈善机构人员与美国移民官员之间的较量与妥协。

俄国犹太人大规模涌入美国后，俄裔犹太人取得数量优势，并最终转化为政治优势，成为美国犹太社会的主导性力量，打破了德裔犹太人对犹太社会的家长式的管理传统。这一现象也引起一些研究者的兴趣。阿瑟·赫尔茨伯格撰写的《美国犹太人史：四个世纪的不幸遭遇》虽然是一部通史性质的著作，但是它用了两章的篇幅分析了俄裔犹太人对美国犹太政治的影响，指出俄裔犹太人以数量的优势抵消了德裔犹太人的经济优势，并对布兰代斯成为犹太社会新领袖、新偶像的原因作了比较详细的分析。但是，赫尔茨伯格认为布兰代斯是一个玩弄权术的阴谋家，利用了犹太复国主义运动攫取了美国犹太社会的掌控权，而对布兰代斯的对手——德裔犹太慈善家、美国的"犹太之王"雅各布·舍夫则赞美有加。赫尔茨伯格毫不掩饰个人好恶，自然影响到了相关结论的客观性[①]。美国学者豪伍德·M. 萨切的著作《美国犹太史》也用了比较大的篇幅对美国犹太复国主义运动作了分析，他的立场比较中立，认为不是布兰代斯玩弄了权术，而是相当一部分俄裔犹太人自觉同情和支持犹太复国主义运动，而布兰代斯不过是顺应了潮流才被推举为美国犹太社会新领袖的，同时萨切也对雅各布·舍夫为美国犹太社会所做贡献大加赞扬，指出在日俄战争时期舍夫运用自己的影响力联合国际金融财团，拒绝给予俄国人贷款，而给日本提供大规模贷款，以此报复俄国迫害犹太人的行为。此外，萨切对美国犹太复国主义运动的梳理更加成功[②]，指出了美国的犹太复国主义与欧洲犹太复国主义的不同之处，并指出

---

① Arthur Hertzberg, *The Jews in America: four centuries of an uneasy encounter, a history*, New York: Columbia University Press, 1986.

② Howard M. Sachar, *A history of the Jews in America*, New York, 1992.

这一运动发生在进步运动时期的美国具有合理性和必然性。因此，相比而言，萨切的研究更具有价值。

第四类著作则关注俄国犹太移民的意识形态倾向，特别是他们对犹太复国主义态度。要充分了解俄裔犹太人对美国犹太复国主义运动的支持，很有必要阅读沃尔特·拉克的《犹太复国主义史》，这本书是世界上第一部现代犹太复国主义通史。它首先论述了法国大革命以后欧洲犹太人的状况和犹太复国主义产生的背景，接着以占全书90％的篇幅详细分析和论述了犹太复国主义运动长达51年历史的各个方面。本书内容丰富、资料翔实，对研究犹太复国主义运动、犹太民族文化与思想以及以色列国都有很大的参考价值。其中，对美国犹太复国主义运动及其领袖路易斯·布兰代斯的活动也有比较详细的介绍①。

俄国犹太人对社会主义、劳工运动的态度也同样引起了学者的兴趣。杰拉尔德·索兰的《少数"先知"：美国的犹太移民激进者，1880—1920年》一书，对俄国犹太移民中的社会主义者进行了研究，认为犹太社会主义应该放到移民的个人生活背景下去理解，俄国犹太社会主义者绝不是犹太社会的边缘人，而是"深深地植根于意第绪语思想文化、传统伦理和宗教价值观中"②。尤里·D.埃尔舍与斯坦利·希特合编的《关于犹太人、美国与移民：一个社会主义者的视角》，探讨了犹太移民特别是俄国犹太移民与美国社会主义运动的关系③，从而揭示了俄裔犹太人支持劳工犹太复国主义的原因。

此外，还有一些著作重点关注俄国犹太人移居美国之前的生存状况，俄罗斯学者或俄裔学者在这方面的研究较多。有关这方面的代表性研究成果当属约翰·多伊尔·柯里尔与索罗门·拉姆布洛扎共同主编的著作《集体迫害：俄国现代史上的反犹暴力》。该研究聚焦"栅栏区"（The pale of settlement）这一俄国犹太人高度集中的区域，对帝俄晚期历次反犹暴力活动的前因后果进行深入的分析。对于帝俄的反犹主义传统，这部著作更多的是从经济方面探寻原因，而不像绝大多数同类著作那样，热衷于寻找宗教文化方面的原因，也就是说这部著作的最大特色是揭示帝俄反犹主义的经济原因④。正因为如此，通过此书，我们可以更全面地了解当时俄国"栅栏

① 沃尔特·拉克，犹太复国主义史，徐方等译，上海：上海三联书店，1992年版。
② Gerald Sorin, *The prophetic minority：America Jewish immigrant radicals，1880 - 1920*，Washington，1985.
③ Uri D. Herscher and Stanley F. Chyet ed.，*On Jews，America，and immigration：a socialist perspective*，Cincinnati，1980.
④ John D. Klier and Shlomo Lambroza ed.，*Pogroms：anti-Jewish in modern Russian history*，Cambridge：Cambridge University Press，2004.

区"犹太人的经济状况，评估他们的财富水平，以便更好地解释俄国犹太人移民的原因（绝大多数俄国犹太人是从"栅栏区"出发踏上移民美国之路的）。A. 卡加诺维奇的《迫不得已的朋友：俄罗斯与布哈拉犹太人，1800—1917 年》主要考察了在帝俄征服突厥斯坦期间（19 世纪 60—80 年代）布哈拉犹太人的生存状况。当时，生活在突厥斯坦的布拉哈犹太人获得了与居住在那里的穆斯林几乎平等的权利，这是一个不同寻常的现象。该研究指出，出现这种情况，一方面是由于亚历山大二世统治的最后十年帝俄犹太政策趋于自由化，另一方面是由于沙俄政府承认布哈拉犹太人的"有用性"。布哈拉犹太人的地位变化突出反映在旧帝国主义和新民族主义有关犹太问题和突厥斯坦政治的斗争中[①]。俄罗斯学者 O. B. 布德尼茨基的《红军和白军之间的俄国犹太人》则研究了俄罗斯史学中几乎没有研究过的问题——1917—1920 年俄国犹太人的历史、犹太人的社会角色、俄国革命和内战中的"犹太人问题"等。该研究一方面考察犹太人参与白军运动的情况以及白军领导层的犹太政策。另一方面也探讨了犹太人在俄国苏维埃国家形成中的作用，分析了布尔什维克党的犹太政策[②]。该书大量使用从俄罗斯、美国、英国和法国档案中提取的材料，具有较高的史料价值。

整体上来看，美国学界是研究俄国犹太移民问题的重镇。他们的研究，涉及的面向非常广泛，这在很大程度上得益于美国犹太机构的慷慨资助，以及美国犹太机构长期以来一直注重保存与本民族有关的历史记忆。此外，俄罗斯学者也越来越多地关注帝俄晚期的犹太人问题，试图将乱世中俄犹太人的生存与挣扎展现出来，再度反思俄罗斯历史上的民族问题。

（二）国内学术界的相关研究

跨国、跨社群移民问题在国内世界史研究领域受到关注，最初主要得益于美国史研究受宠。在改革开放之前，国内各类世界史研究成果鲜有讨论跨国、跨社群移民问题。即使涉及，也不过是对非洲黑人奴隶向西方社会被动迁移的现象进行探析，借以控诉资本主义的罪恶。改革开放之后，中国与外部世界的交流日益密切，世界史研究迎来春天，特别是中美关系的解冻与发展，美国史研究受到重视。

在这种时代背景之下，国内学界开始涉猎美国移民史，不过关注点集中

---

①　Каганович А. Друзья поневоле, *Россия и бухарские евреи*, *1800 - 1917*, М. : Новое литературное обозрение, 2016.

②　Будницкий О. В., *Российские евреи между красными и белыми*（*1917 - 1920*）, М. : РОССПЭН, 2005.

在美国移民政策的演变上，而且特别关注移民政策对华人的影响以及华人在美国的文化适应过程，这体现出历史研究中的民族情怀和本土化意识。1990年邓蜀生先生的《美国与移民》一书出版，该书探讨了美利坚民族与外来移民的关系，论述了各移民群体在美国的生活经历，其中也扼要地论述了犹太移民群体在美国的生活状况①。在《美国与移民》一书的基础上，2000年邓蜀生先生写就《世代悲欢"美国梦"：美国的移民历程及种族矛盾》一书，这部书对美国的移民问题和种族关系进行了更为深入的考察，其中设有专章论及美国犹太人的经历。不过，遗憾的是，对俄国犹太移民在美国的生活经历着墨不多②。黄兆群先生撰写的专著《熔炉下的火焰：美国的移民、民族和种族》，对移民、民族和种族构成多样性给美国民族一体化带来的困境进行了分析③。梁茂信先生的《美国移民政策研究》则全面考察了美国立国以来各个历史时期移民政策的发展和变化，重点论述了移民配额制度的产生和变化④。戴超武的《美国移民政策与亚洲移民》考察了美国针对亚洲移民的政策的演变过程⑤。

近年来，随着移民现象越来越普遍，一些年轻学者拓展了移民研究的丰富性，其中移民史研究的触角伸向了欧洲联盟、英联邦等地区，当然美国的移民史仍然被关注。李爱慧的《文化的移植与适应——东欧犹太移民的"美国化"之路》一书从文化移植与适应的视角探析东欧犹太移民融入美国社会的经历，指出犹太移民在东欧的生活经历塑造了其特有的职业选择倾向和文化价值观，这些内在特质正好适用于美国蓬勃发展的经济和开放教育的大环境，因而得以迅速摆脱困境，并成长为社会弄潮儿，同时这部著作还考察了美国东欧犹太移民的互助精神，指出他们经受住了美国主流社会的同化压力，走出了一条独特的文化适应之路⑥。这是一部非常努力的著作，资料详实，梳理细致，但是流于琐碎，没有用一个合适的理论框架将资料合理安置，以至于显得资料密集，而理论缺位。

国内还有些学者对犹太文化的现代性问题进行了探讨。张倩红的《困顿与再生——犹太文化的现代化》一书系统阐述了犹太文化的现代化过程。

① 邓蜀生，美国与移民，北京：人民出版社，1990年版。
② 邓蜀生，世代悲欢"美国梦"——美国的移民历程及种族矛盾，北京：中国社会科学出版社，2001年版。
③ 黄兆群，熔炉下的火焰：美国的移民、民族和种族，上海：东方出版社，1994年版。
④ 梁茂信，美国移民政策研究，长春：东北师范大学出版社，1996年版。
⑤ 戴超武，美国移民与亚洲移民，北京：中国社会科学出版社，1999年版。
⑥ 李爱慧，文化的移植与适应——东欧犹太移民的"美国化"之路，北京：光明日报出版社，2010年版。

这个过程涵盖了 18 世纪末的启蒙时代、19 世纪上半叶的欧洲犹太人解放运动、19 世纪末犹太复国主义运动以及当代美国犹太人思想的转变，同时，该书对历史上犹太宗教文化的沿革、脉络作了深入分析①。作者在该书中还深刻揭示了犹太文化现代化过程中的深刻矛盾，即宗教与世俗的尖锐冲突。因此，这本书对于研究 1881—1920 年俄国犹太人群体的现代性与现代化问题具有一定的借鉴意义。

事实上，很多学者在研究中注意到了美国的俄裔犹太人群体的现代化问题，尽管他们通常使用"美国化"概念。但是美国化从本质上来说，就是现代化，或者说是盎格鲁-撒克逊式的现代化。当然，我们也应该看到，美国的俄裔犹太人群体美国化/现代化的过程，并不是全然被动的。犹太人无法抗拒自身肩负的历史使命。犹太复国主义运动兴起后，他们围绕着救赎与革命两个主题，将现代化打上了自己的烙印。

此外，还有一些论文从各自的角度出发，探讨美国的犹太移民问题，显示出国内学界对这个问题的浓厚而且持续的兴趣，如林广的博士论文《移民与纽约城市发展》一文，论及了 20 世纪初美国纽约犹太移民的职业分布和职业状况②，并指出了俄裔犹太人是纽约这座城市的英雄，特别是他们对纽约制衣行业的发展并成为世界时尚中心之一起到了关键作用。潘光的《美国犹太人的成功与犹太文化的特征》（《美国研究》，1999 年第 3 期）、石涵月的《美国历史上反犹主义的宗教文化根源》（《世界民族》，2005 年第 5 期）、李爱慧的《东欧犹太移民与美国反犹主义的激化》（《历史教学》，2005 年第 12 期）等，探讨了美国社会的反犹主义活动，指出美国的反犹主义活跃于两次世界大战之间，干扰了二战前美国社会对德国犹太人的救助工作。

综上可以看出，国内外学术界在犹太移民研究方面已经取得一系列重要成果，研究的内容涉及犹太人移民美国的过程、对美国新环境的适应、犹太移民自身适应能力的调整、犹太教传统与现代化之间的交融、美国的反犹主义等问题。这些研究面向不可谓不丰富，但是也存在研究的缺憾。这种缺憾主要表现在两个方面。第一个方面，对俄国犹太移民移居美国的情况缺乏更综合、更深入的探讨，毕竟俄国犹太移民在 1881—1920 年是美国移民大潮中的主力军，而且对后来美国与犹太民族之间亲密关系的形成奠定了基础，并在一定程度上影响到现代国际关系和地缘政治。另一方面，大量的注意力集中在了俄裔犹太移民在美国经济活动以及文化适应，而忽视了

---

① 张倩红，困顿与再生——犹太文化的现代化，南京：江苏人民出版社，2003 年版。
② 林广，移民与纽约城市发展，华东师范大学优秀博士论文，1998 年。

俄裔犹太人在美国的政治参与及其对犹太民族命运的影响。这两个缺憾，将在本研究中作一个弥补。我们的构想是，从更大的范围、更多的角度来探析俄国犹太移民问题，并借此展现更为宽宏的世界历史场景。

三、研究方法与思路

1. 史论结合的历史学方法论。历史方法论的特征之一，就是要将历史研究的课题置于产生这一问题的历史过程之中，在这一过程之中而不是之外去探讨其产生、发展和变化的原因、特点与影响。历史方法论的特征之二，在于要将历史研究的依据与记载这一历史事实的历史资料结合起来，以史为据，力求保证历史的严谨和真实性，并在求真的基础上进一步探析和归纳其内在的具有本质性的原因。历史方法论的特征之三，就是要将历史问题的研究与作者所处的时代结合起来，形成鲜明的问题意识，最终通过史论结合的方式解决问题，并为进一步的探析打下基础。

基于这样的认识，本书首先将1881—1920年俄国犹太人移居美国的问题，置于这一时期的俄国历史、美国历史以及犹太历史的背景下加以考察，全面分析俄国犹太人移居美国的原因，以及移居活动的特点与影响。其次，本书广泛且充分利用1881—1920年美国国会报告、美国犹太档案、威尔逊档案、美国公开发行的主要报纸等一手资料，同时也在尽量有机地吸收前人的研究成果，努力将本书的写作建立在坚实的、真实可靠的历史材料的基础之上。最后，本书的研究主题涉及移民问题、民族问题等。这些问题至今仍然困扰着各国现代化进程，乃至全球治理，从而引起研究者的注意。通过研究1881—1920年俄国犹太人移居美国的过程，我们可以从历史的镜像中观照现实，理解现实，获得相应的启发。

2. 宗教社会学的研究方法。犹太人群体最突出的特征，莫过于其宗教信仰与社会行为紧密地联系在一起，难解难分。在研究1881—1920年俄国犹太人移民美国的原因、过程和影响时，不可避免地同宗教社会学这一重要的方法论结合在一起。因此，宗教社会学也是本书写作所依赖的另一个重要的方法论工具。

从宗教社会学所研究的内容来看，自19世纪以来，西方社会学学者爱米尔·涂尔干、马克斯·韦伯、维尔纳·桑巴特等人基于自身的社会体验，认为宗教与社会生活之间形成了一种结构紧密的文化共同体，社会生活的各个层面都与宗教本身紧密相连，而且直接或间接地与各个领域，如经济、文化、政治、教育等等，均存在交互影响的内在关系。所以，对宗教的研究必须与社会生活相联系，而对社会生活的研究则是揭示宗教观念和思想的重要前提，对两者任何一方的研究都必须与另一方的研究联系起来，不可或缺。换言之，在宗教社会学看来，若想对宗教和社会两者间的任何一方加以研究，都必须将两者结合起来才可能取得成效。

基于宗教社会学的研究成果，本书将 1881—1920 年俄国犹太人移居美国这一论题，从宗教和社会两个层面加以把握，在努力分析这两个层面的内容及其作用之后再将两者统一起来，以展示犹太人独特的民族性，并从其独特的民族性出发，探讨其移居活动的社会和文化的原因。

四、本书的主要内容、观点

本书正文部分共计六章。第一章全面分析俄国犹太人的处境，探讨帝俄晚期俄国暴力反犹运动的成因，对 1881—1920 年前赴后继的暴力反犹活动进行现场还原式描述，并总结归纳这些暴力活动的特点。第二章重点探讨俄国犹太人选择移民美国而不是他处的原因，指出微观层面的因素，将大批俄国犹太人引向了新世界。第三章探析美国官方对俄国犹太移民潮的态度，这一态度主要反映在移民法和移民执法过程中。第四章主要考察俄国犹太移民在美国的生存状况，不仅关注其物质生活，而且试图进入他们的信仰世界和精神领域。第五章探讨俄国犹太人对美国犹太社会、犹太政治、美国政治特别是外交政策的影响，并分析俄国犹太人的到来与美国犹太复国主义运动的关系，以及犹太复国主义运动对美国犹太人和犹太社会的塑造。第六章的研究重点是关注俄裔犹太人特别是俄裔犹太精英人物对美国社会经济发展所作出的贡献，并分析原因。

书中提出的重要观点如下：第一，本书不接受俄罗斯学者对俄国犹太人移居美国的原因分析。这些学者指出，改善经济条件是俄国犹太人移居美国的主因。我们认为，19 世纪末 20 世纪初，俄国犹太人出走俄罗斯，是为了反抗沙皇暴政，正如摩西带领希伯来出走埃及，是为了反抗法老的暴政。我们还进一步认为，帝俄晚期对犹太人长达近 40 年的集体迫害，是纳粹德国对犹太人种族清洗的预演。

第二，本书从"移民系统理论"出发，分析俄国犹太人成功移居美国的原因，特别是从微观层面分析犹太机构、社团以及亲友在俄国犹太人移民美国过程中所起的作用，从而突破了以往单纯以"推拉理论"宽泛解释俄国犹太人移民美国原因的窠臼。

第三，本书认为，进步主义运动为俄国犹太人适应美国社会创造了重要条件。俄国犹太移民大规模进入美国恰逢进步主义运动深入发展时期。在这一时期，整个美国社会都在强调改革与管理，向社会不公正的现象宣战，因此改善俄国犹太人的处境，成为一些社会工作者、慈善机构的工作重点。从某种程度上讲，俄国犹太移民是比较幸运的，他们没有再次被主流社会抛弃。

第四，本书认为，路易斯·布兰代斯是早期俄国犹太移民的利益代言人。他不仅参与协调俄裔犹太劳工与德裔犹太雇主之间的劳资矛盾，而且积极回应俄裔犹太人对整个犹太民族的感情，指导美国犹太复国主义运动，并借助这一运动，带领俄裔犹太人取代美国的德裔犹太人，掌握了美国犹太社会的政治话语权。

第五，本书认为，俄国犹太移民大规模移民美国，对美国政治、经济、宗教文化以及犹太民族的整体命运等均产生了重大影响。首先，推动了美国经济发展，特别是纽约能够发展成为世界时尚之都，与犹太人在服装领域的耕耘存在密不可分的关系。而且更进一步，通过劳工运动推动了美国的经济公平；其次，使美国政治生活中融入了犹太元素，比如伍德罗·威尔逊在路易斯·布兰代斯等人的影响下成为基督教犹太复国主义的先驱者，使美国与以色列产生了关键性的政治联系，这对整个犹太民族而言影响深远；最后，促进了犹太教的现代化、理性化，推动了犹太人再一次哈斯卡拉（Haskalah，意为犹太启蒙）。此外，俄国犹太移民还推动了美国的劳工运动、妇女解放运动的发展。

第一章 1881—1920年
俄国反犹运动的形成与发展

近代以来,随着沙皇俄国领土不断扩张,以及中欧、西欧国家对犹太人的驱逐,越来越多的犹太人聚居到沙俄的领土上。到19世纪末,全世界770多万犹太人中有500多万居住在俄国的土地上,特别是俄国南部、西部的"栅栏区"是犹太人主要的定居区域,犹太人在某些南部省份人口中的占比达到13%左右,而在一些城市中更是超过了50%①。从基辅罗斯开始,罗斯人与犹太人的关系就比较微妙,针对犹太人的驱逐迫害与宽容解放交替出现,但是到了帝俄晚期,也就是从亚历山大三世开始,反犹排犹成为其解决所谓"犹太问题"的主要途径,再加上社会经济改革的不彻底性,导致社会运动时有发生,最终犹太人在乱世中成为受迫害的对象,被迫走上迁徙之路,流散到距离以色列地更远的地方。

一、俄国"栅栏区"犹太人的处境

(一) 俄国成为世界上犹太人口最多的国家:原因与过程

19世纪80年代初,沙皇俄国成为世界上犹太人口最多的国家,有500多万犹太人在此定居。大量犹太人聚居沙俄境内,是疆域扩张、人口迁入与自然增长等因素共同作用的结果。

俄国境内的犹太人来源之一,是哈扎尔犹太人。公元7世纪,犹太人的一支从巴比伦、波斯和亚美尼亚迁移到伏尔加河下游的哈扎尔汗国。当时,哈扎尔汗国是联结亚洲与东北欧的重要的贸易通道。犹太人的到来,极大

---

① Oscar Handlin ed., *Immigration as a factor in American history*, N. J, Prentice Hall, 1959, p. 3.

地推动了东西方的贸易往来。除此之外，他们还积极传播犹太教，逐渐成为哈扎尔汗国的上层居民。哈扎尔人是西突厥的一个分支。虽然与拜占庭帝国保持良好关系，但是出于政治上的考虑，哈扎尔汗既不想依附于巴格达的哈里发，也不想屈服于拜占庭的皇帝。权衡利弊后，哈扎尔人放弃了接受基督教或伊斯兰教的想法，在公元 732 年左右（一说公元 740 年左右）哈扎尔汗国国王布兰，召集宗教大会，充分认可犹太教的优势，将犹太教钦定为国教。此后，哈扎尔汗国逐渐实现犹太化，并成为当时拜占庭帝国、巴尔干半岛与波斯南部受压迫的犹太人的避难所。

由于接受了犹太教，哈扎尔汗国与拜占庭的关系不断恶化。拜占庭先后挑拨亚述人、突厥部落的佩切涅格人与哈扎尔人的关系，最后又成功唆使基辅罗斯大公斯维亚托斯拉夫一世（964—972 年在位）进攻哈扎尔人，从后者的手中夺取顿河一带。至公元 969 年，基辅罗斯人已经将全部的伏尔加河沿岸以及哈扎尔汗国首府伊蒂尔（位于里海北岸）收入囊中。公元 988 年，基辅罗斯大公弗拉基米尔拒绝皈依犹太教和伊斯兰教，率领其子民臣服君士坦丁堡的基督教，此后进一步加强了对哈扎尔汗国的攻势，占据哈扎尔汗国大部，迫使哈扎尔汗国纳贡称臣。公元 1016 年基辅罗斯人与拜占庭人联手攻破哈扎尔汗国在克里米亚的最后防御工事，俘虏了已经放弃犹太教信仰并改宗基督教的哈扎尔汗。由此，哈扎尔汗国最终覆灭。对于犹太人来说，哈扎尔汗国的覆灭意味着他们失去了庇护所。大批犹太人作为俘虏被基辅罗斯的征服者带回罗斯境内。在俄国历史上的封建割据时代，蒙古人摧毁了基辅，大批犹太人丧生，但是沃伦和加利西亚的犹太定居点幸存下来。

俄国境内犹太人的第二个来源是西方犹太人。所谓西方犹太人，是指生活在俄国西部欧洲地区的犹太人，又被称为阿什肯纳兹犹太人（目前85％的以色列人都属于这一类的犹太人）。他们是中世纪生活在德意志莱茵河一带的犹太人后裔。十字军东征时期，生活在英吉利、德意志和法兰克的犹太人普遍遭遇掠夺、驱逐、拷打和杀害，当时对犹太人的杀戮被视为宗教虔诚的行为。为了躲避席卷中欧和西欧的反犹迫害，大批犹太人被迫迁往东部的波兰、立陶宛和匈牙利。最后，全世界大约有一半的犹太人在上述三个地区定居下来。十字军东征结束以后，西方犹太人的处境并未好转。15 世纪，德意志的商业城市掀起排犹浪潮。1424—1425 年，科隆开始驱逐犹太人，其后斯特拉斯堡在 1438 年、奥格斯堡在 1439—1440 年、埃尔福特在 1458 年、纽伦堡在 1498—1499 年、乌尔姆在 1499 年相继驱逐犹太人。犹太人继续向波兰等东欧地区聚集。

俄国境内犹太人的第三个世系是塞法迪犹太人。中世纪晚期，兴起于德意志的排犹风气吹到了南欧地区，生活在伊比利亚半岛上的塞法迪犹太人受到的冲击最大。西班牙在 1492 年将其境内 30 万犹太驱逐出境，葡萄牙在 1495 年和 1497 年做了同样的事情。16 世纪，犹太人在意大利的许多城市，也遭遇同样的命运。他们被逐出了那不勒斯(1540—1541 年)、热那亚和威尼斯(1550 年)①。被驱逐的南欧塞法迪犹太人，先是向低地国家、英国和法国聚集。随着宗教改革运动的深入发展，大批塞法迪犹太人迁徙至奥斯曼帝国、波兰立陶宛以及美洲殖民地。最主要的迁移目的地是波兰立陶宛。

据估计，在宗教改革运动时期，波兰犹太人从原先的 5 万增长到了 50 万，考虑到当时人口出生率较低，其中很大一部分是从西欧和中欧迁移过来的。还有一些犹太人的脚步，并没有停止在波兰，而是继续向东行走，15 世纪在明斯克、波洛茨克和斯摩棱斯克等城市随处可见犹太包税商。到 16 世纪，大批原先生活在波兰和捷克的犹太人向东迁徙到乌克兰、白俄罗斯和立陶宛，逐渐形成了庞大的东欧犹太社团(Kahal，卡哈尔)。这些社团拥有特色鲜明的社会形态和文化模式。

整体上看，中世纪以来一直到宗教改革运动时期，西方犹太人(含迁移到中西欧地区的塞法迪犹太人)迁移之路上的一个主要落脚点就是波兰。对于众多犹太人而言，波兰是"哈扎尔汗国"的翻版，是一块乐土。波兰国王鼓励外国人特别是日耳曼人和犹太人移民至此，认为他们所具备的手艺和商业技能有助于波兰城市的发展，而城市的兴起，无疑会促进税收增加，进而会推动军事发展以及文化事业繁荣。这是一个较为理想化的连锁反应。由于犹太人的经济地位十分重要，国家必须照顾他们的利益诉求，于是给他们签发了特许证。波兰统治者认为，制定法律保护犹太人的权益，对于国家的繁荣来说，是不可缺少的。1264 年《波列斯拉夫法规》发布。这份法规保证犹太人的生命财产不受侵犯，禁止拦路抢劫犹太人，禁止向犹太人征收高于基督徒的税款，禁止侮辱犹太墓地，禁止亵渎犹太教会堂。由于在经济上依赖犹太人，所以波兰的统治者试图使犹太人像基督徒一样过正常生活。1386 年，波兰和立陶宛合并，史称"波兰立陶宛王国"。波兰立陶宛王国时期的犹太历史，较少出现腥风血雨的场景。在这样的和平环境中，犹太社会内外部制度日益发展完善，他们拥有了自己的语言(意第绪语)、宗教仪式和

---

① 维尔纳·桑巴特，犹太人与现代资本主义，安佳译，上海：上海世纪出版集团，2015 年版，第11—13 页。

生活方式,在国家经济和政治生活中占据一席之地。作为一个自治的族群,他们社团内部有自己的特殊法律,有确定与中央政权关系、与地方政府关系的司法制度。他们在法律上享有自治权,波兰的贵族则保护他们的生命财产安全。犹太人社区选举他们的社团基层组织卡哈尔,还发展出地区自治委员会以及各地区之间的自治委员会系统,而凌驾于这些委员会之上的就是所谓的"四国委员会"。这个委员会的代表是从大波兰、小波兰、鲁西尼亚和沃林尼亚(位于乌克兰和白俄罗斯境内)四个地区选出来的,后来又加上了立陶宛代表。总而言之,犹太人在波兰境内是一个非常特殊的群体。

这个地方有另外一个问题需要加以简单说明。德国学者维尔纳·桑巴特曾认为,近代以来,犹太人迁徙到哪个地方,那么该地的资本主义经济就一定会发展起来,进而指出犹太人对近代欧洲资本主义经济形成与发展作出了重要贡献。但是,在波兰王国以及其后的波兰立陶宛王国时期,犹太人没有起到这样的作用,"经济发展、税收增加、城市繁荣、军事强盛、文化兴盛"这种具有积极意义的连锁反应并没有真正出现。其中的原因是比较复杂的。最重要的原因是波兰立陶宛王国的贵族不愿放弃农奴制,社会资本、人力资源被束缚在落后的生产方式之中。在这样的经济背景下,无论犹太人的商业技能如何出色,波兰立陶宛王国也不会孕育出像西欧那样的资本主义生产方式,这决定了波兰后来的命运。其东部邻居俄国虽然也存在强大的农奴制,但是它可以动员的资源更加丰富,因而在地缘政治博弈中占据上风,压波兰一头。当然,俄国后来也没有因为其境内犹太人口众多,而实现资本主义经济的大发展。桑巴特显然是没有全面评估犹太人对资本主义经济的作用。

17 世纪中期,由于不满犹太人的欺压,波兰立陶宛王国境内的乌克兰哥萨克发动起义。他们摧毁犹太社区,屠杀了数十万犹太人。1654 年,沙俄军队也闯入波兰和立陶宛境内,杀害了大量犹太人,并将剩余的犹太人流放到本国境内,还强迫犹太人改信基督教。据估计,犹太受难者在 10 万到 50 万之间,有 700 个犹太社团卡哈尔被摧毁,成千上万的犹太人沦为难民。

18 世纪末期,波兰遭遇噩运,先后于 1772 年、1793 年和 1795 年被瓜分三次,波兰贵族共和国/波兰立陶宛王国寿终正寝。由于沙俄政府是这三次瓜分波兰事件的主导者,最终沙俄所吞并的波兰领土达到了 46.3 万平方公里,约占波兰领土总面积的 62%。但是,沙俄并不满足于此,到了 19 世纪,仍不断蚕食波兰,将原来波兰 90% 的土地并入沙俄版图。瓜分蚕食波兰的直接后果之一,就是沙俄境内的犹太人数量增加 90 多万(一说约 75 万)。从某种意义上讲,俄国犹太人的历史与波兰犹太人的历史是一个连续体,是一脉相承的。对波兰的瓜分给俄国留下了一个无时不在的痛苦和纷争的根源，俄国近代历史上"犹太问题"不断发酵并撕裂社会正源于此。

通过历史考察，可以看出近代以来波兰的国家衰落与军事挫败，使沙俄成为世界犹太人最主要的聚居地。另外一个帝国的衰落，也使犹太人口加速向沙俄境内聚集。这个衰落的帝国便是奥斯曼土耳其帝国。在拜占庭帝国覆灭之后，以"第三罗马"自居的沙俄高举宗教复仇、保护基督徒的旗帜，不断在其南部发动针对奥斯曼土耳其的战争。第一次世界大战之前，俄罗斯与土耳其之间曾经爆发过八次大规模战争。历次俄土战争，在没有其他大国势力介入的情况下，沙俄几乎都能取胜。从 1686 年彼得大帝发动大土耳其战争开始，到 1877 年的第八次俄土战争，奥斯曼土耳其帝国被迫与沙俄签署了一系列屈辱性的条约，承认沙俄在高加索、中东和近东地区的权益。特别是 19 世纪初拿破仑战争结束后，沙皇成为"神圣同盟"的领导者，沙俄军队成为"欧洲宪兵"，对奥斯曼土耳其帝国进行肢解、分裂和侵占，成为它持久的兴趣。两个方面的原因驱使它这么做，一是保护基督徒、耶路撒冷圣地的宗教义务；二是基于现实主义的地缘政治。在长达近 200 年的俄土较量中，沙俄获得南部黑海地区、高加索地区的大片领土（克里米亚战争的失败，暂时遏制住了沙俄的野心，到了一战前夕，沙俄再次试图肢解瓜分奥斯曼土耳其，这就是当代历史学家认为，一战的爆发，沙俄要负很大一部分责任的原因）。当然，其终结目标是要控制土耳其两海峡——博斯普鲁斯海峡和达达尼尔海峡，打通黑海与地中海的联系，并在南部获得不冻港。据估计，通过发动对奥斯曼土耳其帝国的战争，沙俄境内的犹太人增加了 50 万之多。

由此可以看出，到近代晚期，沙俄境内犹太人口数量庞大，一方面与沙俄不断发动战争、拓展疆界有关。如前所述，与波兰和土耳其战争，总共为沙俄增加了 140 多的犹太人口。此外，对中亚布拉哈和高加索的征服，使沙俄增加 2 万的犹太人口。另一方面，近代晚期沙俄境内犹太人数口庞大，也与沙俄犹太人口高自然增长率有关（一个犹太家庭的人口数量通常不低于 5 人）。1897 年，沙俄开展了其历史上唯一的一次人口普查，结果显示，当时沙俄的犹太人口总数为 5189401 人，占总人口 4.13%，其中 94% 的犹太人居住在沙俄南部"栅栏区"15 省。"栅栏区"的犹太人口总数 4805345 人[1]。大部分学者估计，1880 年时，居住在沙俄境内的犹太人口总数约为 500 万。如果以 1880 年 500 万为基数，那么其后的 17 年间沙俄的犹太人口增长了

---

[1] 此处引用的人口数据，出自维基百科词条：History of the Jews in Russia.

3%。在整个 19 世纪,有充分的证据显示,沙俄的犹太人口出生率并不比其他族群低。究其原因,一是由于众多犹太人聚居在相对比较温暖的俄国南部地区,这个地方的气候条件有利于生育。二是由于多数犹太人居住在城市,从事商业贸易活动,经济状况好于其他少数族群或职业群体(如广大的农奴),这增强了他们的生育意愿和生育机会。犹太人口数据从侧面证明,帝俄晚期暴力反犹活动的失控是 1900 年以后的事情,俄国犹太人因此掀起向海外移民的高潮。以乌克兰为例,1897 年乌克兰的犹太人口约为 268万,到 1926 年人口统计时,这一数字下降为 158 万。

(二)"栅栏区"的设置

凯瑟琳二世(亦称"叶卡捷琳娜二世")是"栅栏区"构想的始作俑者。她在 1790 年提出为犹太人设置一片专门的定居区,禁止他们向帝国腹地流动。遍布欧洲城市的犹太"隔都"为凯瑟琳二世提供了直接的灵感。亚历山大一世和尼古拉一世在位期间先后通过两部犹太人地位法,进一步确认"栅栏区"的范围及生活其中的犹太人权利。亚历山大一世时期,官方的公文中一般用"省份"(Gubernia)一词称呼犹太人定居区,尼古拉一世时期则开始使用"栅栏区"(Pale of Settlement)一词①。"栅栏区"是俄国犹太人所承受的最沉重的法律负担,而且这个负担延续的时间亦最长,一直到 1917 年"栅栏区"才被撤销。

1772 年,作为第一次瓜分波兰的后果,白俄罗斯并入沙俄版图。此时的凯瑟琳二世算得上是一位具有改革精神的统治者,当时她试图在白俄罗斯的犹太人中做一项政治试验,给予他们足够的权利,以充分释放他们的经济价值。由于白俄罗斯犹太人数量比较少,而且居住分散,凯瑟琳二世觉得作这样的尝试,不至于引发普遍的不满。其时,白俄罗斯的乡村犹太人,通常做一些小生意维持生计,并且通过贿赂的方式从波兰地主那里谋得一些封建特权,特别是酿造和销售酒品的特权。与此同时,这些乡村犹太人也扮演中间商和农产品物流商的角色。白俄罗斯的城市犹太人,一般从事手工业,并完全主导贸易。波兰第一次被瓜分后,白俄罗斯犹太人在城市的经济活动能力引起了俄罗斯官方的关注。此时,凯瑟琳二世正积极鼓励帝国城市商业中心的发展,因此她将犹太人视为城市发展的刺激因素。从理论上说,俄国是一个等级社会,由五个阶层构成,分别是贵族、神职人员、农民、城市商人和市民。1780 年,凯瑟琳二世下令,所有犹太人的身份必须登记为

---

① "栅栏区"一词本身就带有歧视性和羞辱性,含有将犹太人视为牲口圈养起来的意思。

商人或市民,完全享有对应的权利、特权,履行相应的义务,他们也因此比俄国境内绝大多数非犹太人享有更多的权利。这样一来,俄国犹太人的法律地位在欧洲变得独一无二。

然而,由于存在两个障碍,犹太人享有的美好时光未能持续太长时间。第一个障碍,便是信仰东正教的市民不断抱怨犹太人享有优待。他们已经习惯将犹太人视为社会边缘人、宗教弃儿和商业竞争对手。而且,犹太人运用自身的阶级特权积极参与市政自治的努力,遭到怨恨和暴力对待。官员们为了维持地方和平,最终屈服于人数占多数的信仰东正教的民众。第二个障碍,就是地方官员们逐渐发现犹太人并不是一个单纯的、致力于城市发展的商人阶层。更糟糕的是,犹太人被指控从事非生产性的、寄生的、剥削的经济活动,这些经济活动都是以牺牲农民利益为代价,尤其是通过控制蒸馏酒的贸易,对农民实施敲骨吸髓式的盘剥。

沙皇政府不再任由犹太人自行其是。犹太人被视为需要改造的对象,最好将他们引导进生产性的行业,如手工业、制造业和农业。从另一方面讲,通过剥夺特定的权利使犹太人回到"无害状态",这将保护本地人口。对这两个目标的追求,需要将一些特别的规定施加于犹太社群,这样犹太人就成为了特别立法的对象。最终大量的法律制订出来被加于犹太人,其中包含市政会的释法、地方当局的行政命令。这样,"栅栏区"作为俄国的一项大型"社会工程"启动了。

对俄国犹太人生活进行限制成为立法优先考虑的事项。凯瑟琳二世时期,逐渐形成一条原则:犹太人不允许离开其生活的区域,到俄国内地去定居。这个区域主要是第一次瓜分波兰时获得的领土,它扩大了俄国的南部边疆地区。这个地方的犹太人是第一次生活在沙皇俄国的统治下。这种限制的最初意图,是保护像莫斯科和摩尔棱斯克这样的中心城市的商业利益。即使在第二次和第三次瓜分波兰后,数十万的犹太人纳入俄国境内,居住方面的限制也没有立即成为负担。但是,随着时间推移,限制的范围扩大了,增加了驱逐乡村犹太人和职业限制的内容,由此逐渐形成了法律界限明确的犹太人定居区。

1804 年和 1835 年,俄国先后出台两部"犹太定居法",重申俄国犹太人只享有那些专门赐予他们的权利,并详细规定了犹太人可以居住的省份。这些省份包括:立陶宛的维尔纳(Vilna)、科夫诺(Kovno)和格罗德诺(Grodno);白俄罗斯的明斯克(Minsk)、维特博斯克(Vitebsk)和莫吉廖夫(Mogilev);乌克兰的沃利尼亚(Volhynia)、基辅(Kiev)、波多利亚(Podolia)、切尔尼戈夫(Chernigov)、波尔塔瓦(Poltava)、赫尔松

(Kherson)、伊卡特利诺斯拉夫(Yekaterinoslav);克里米亚的塔夫利(Taurida)和摩尔多瓦的比萨拉比亚(Bessarabia)。经过亚历山大一世和尼古拉一世时期对"栅栏区"范围的不断调整,最终这 15 个省份构成了"栅栏区"的主体。此外,犹太人定居法还规定,库尔兰省(Courland)、利夫兰省的里加(Riga)和苏洛克(Shlok)可以保留原先的犹太社区,但不允许新建犹太社区。中亚布拉哈犹太人和高加索犹太人的居住地,在 1835 年后不再纳入"栅栏区"的范围内。"栅栏区"不包括俄属波兰(Congress Poland,亦称为波兰王国)的省份(卢布林省、罗兹省、马佐夫舍省和圣十字省)。根据 1815 年维也纳会议规定,俄属波兰是俄罗斯的附属国,其境内犹太人由另一套法律措施管理①。

　　在"栅栏区"内,俄国犹太人不享有完全的定居权。19 世纪上半叶,一些地方当局规定,犹太人禁止居住在基辅、莫吉廖夫、维特博斯克等省份的城市。在切尔尼戈夫和波尔塔瓦两省,哥萨克或国有农民居住的村庄,不允许有犹太人居住。作为防止走私的措施,1843 年尼古拉一世规定,犹太人不允许在距离西部边境 50 公里的范围内定居。

　　"栅栏区"覆盖了从波罗的海到黑海的一片广阔区域,面积达到了122.4 万平方公里,根据 1897 年俄国的人口普查,有 4805345 名犹太人定居在"栅栏区",占俄国犹太人口 94%,占整个"栅栏区"人口 11.6%。在"栅栏区"的所有省份,犹太人均处于少数民族位置,犹太人口占比最高的省份是格罗德诺,最低的省份是塔夫利,占比分别是 17.5% 和 3.8%。但是,犹太人在城市的定居率比较高。有 82% 的犹太人居住在"栅栏区"的市镇和小城镇,占"栅栏区"城市人口 36.9%,并且在 9 个省份的城市人口中占比超过50%。"栅栏区"人口较多的犹太社区一般位于像华沙(21.9 万)、敖德萨(13.9 万)、罗德兹(9.9 万)这样的大城市。因此,有学者认为,帝俄晚期的反犹暴力活动是一种城市现象。乡村的反犹暴力往往是对城市的模仿,模仿者一般参与过城市反犹暴力活动。

　　1880 年后,"栅栏区"集中了俄国反犹暴力的主火力。如果允许犹太人分散居住,帝俄晚期的反犹暴力活动即使不能避免,但其激烈程度一定会下降。随着反犹暴力越来越频繁,犹太人成批出走"栅栏区",移民海外。一战爆发后,"栅栏区"大批犹太人成为战争难民,他们不顾法律限制,向俄国广阔的内地迁移,但是向圣彼得堡和莫斯科迁移仍然受限。1917 年,二月革

---

① John D. Klier, *Imperial Russia's Jewish question*, *1855 - 1881*, Cambridge: Cambridge University Press, 1995, p. 73.

命后，临时政府宣布撤销"栅栏区"，与其一起撤销的还有其他的限制犹太人的法律。这样，历经 100 多年，将犹太人当牲口一样圈养的"栅栏区"被扫进历史的垃圾堆。

（三）"栅栏区"犹太人的权利状况

俄国设置"栅栏区"，是为了解决所谓的"犹太问题"。"犹太问题"并不是孤立的，而是与俄国更为庞大的民族问题紧密相关。德裔俄国经济学家海因里希·斯托尔赫在 1797 年写道："俄罗斯帝国的居民至少由 80 个不同民族组成，如此众多的民族和种族族群统一在一个国家内，是一件最为罕见的事情，在世界历史上找不到第二例。"①从凯瑟琳二世执政时期开始，由于境内的犹太人数量大幅增长，"犹太问题"作为民族问题的一个重要方面，便频繁出现在官方的议事日程上。

为解决"犹太问题"，1804 年亚历山大一世下令成立"犹太人生活改善委员会"，并颁布《犹太定居法》。从 1804 年《犹太定居法》可以看出，俄国政府解决"犹太问题"的基本思路是同化，这主要体现在有关犹太子女教育的法律规定上。该定居法的第一部分条款规定，所有犹太子女都可以像其他人一样进入公立大中小学学习，在就学过程中，不能强迫他们学习不利于其宗教信仰或违背其宗教信仰的东西。小学阶段，犹太孩子在上学期间穿犹太服饰，但是上中学后必须穿德国或波兰风格的校服。学校使用的教学语言为俄语、波兰语和德语中的一种。如果家长不愿意让犹太孩子到公立学校就学，那么学生家长们需要自掏腰包创办学校，学校使用的语言必须为俄语、波兰语和德语中的一种，不能使用俄国犹太人的母语意第绪语。

俄国政府显然意识到弥补语言差异对于民族问题的处理具有突出的重要性，当时有 99％的俄国犹太人说意第绪语。1804 年《犹太定居法》规定，从 1807 年 1 月 1 日开始，犹太人必须使用俄语、波兰语和德语中一种来书写所有的公文、房契、债券和汇票。如果不使用合法语言（俄语、波兰语和德语），任何文件都不会被官方承认。从 1808 年开始，犹太人如果不能使用俄语、波兰语和德语中的一种进行书写，就不能被选举为市政会成员。从 1812 年开始，犹太人如果不能用上述三种语言中的一种进行读写，那么他们就不允许在犹太自治组织卡哈尔中担任职务或进行犹太教布道活动。

1804 年《犹太定居法》，另一个值得关注的地方，就是它把"栅栏区"的

---

① 这段话引自梁赞诺夫斯基、马克·斯坦伯格，俄罗斯史，杨烨等译，上海：上海人民出版社，2013 年版，第 273 页。

犹太人分为四个阶层，即农民、手工业者、商人和市民。其中，最为重要的规定是，犹太人被允许务农，农民可以成为犹太人的身份，这是一个非常大的突破，因为长期以来俄国以及其他欧洲国家的犹太人被禁止拥有或租种耕地。而 1804 年《犹太定居法》规定，犹太农民是自由人，在任何情况下都不能农奴化，也不能将其视为财产。犹太农民可以与其他三个阶层一样在立陶宛、白俄罗斯、东乌克兰等地的"栅栏区"省份购买无主的土地，可以雇用农业劳工，可以向地主租种土地，也可以迁居到公有土地上进行耕种（当时沙俄政府在"栅栏区"单独拿出 8.1 万英亩的公有土地供犹太人耕种）。

这部法律还允许犹太人在"栅栏区"创办各种工厂，如果创办制衣厂、亚麻织品厂、皮革厂，各地政府将向他们提供特权，方便他们获得工业用地和贷款（每年可获 2 万卢布的信贷额）。但是，在最有利可图的酒品生意方面，犹太人遭遇限制。这部法律的第 33 条规定，从 1808 年 1 月 1 日开始，任何犹太人都不能在"栅栏区"的乡村以自己或他人的名义持有酒馆、酒店，也不能出售酒品，即使在自己的酒馆里也不行。

1804 年《犹太定居法》，除了试图同化犹太人之外，另一个意图就是使犹太人改掉"寄生性"，转向"生产性"，这无疑是对俄国社会舆论的回应。特别是让犹太人成为农民，这个想法在俄国社会受到欢迎，政府也拿出大量资金帮助犹太人去拓荒耕种。但是，这些努力被后来的事实证明既不成功，也不划算，只能向犹太人的敌人证明：犹太人没有能力从事手工劳动，也没有能力过非剥削性的生活。1866 年，亚历山大二世决定国家不再出资为犹太人建设新的农业聚居区。

整体上看，亚历山大一世时期，俄国政府对"栅栏区"犹太人是比较宽容的。在"栅栏区"内，犹太人的权利有比较好的保障。与此同时，犹太人的足迹也并未完全被禁锢在"栅栏区"内，他们被允许短暂离开"栅栏区"，到内地进行商业活动，但是必须穿德国风格的衣服，不允许穿犹太风格的传统服装。当然，亚历山大一世实施这些政策措施，有一个重要背景就是拿破仑战争。他试图稳定白俄罗斯、乌克兰和立陶宛地区的犹太人，争取他们的支持，因为拿破仑已经扬言要夺取这些地区并解放被压迫民族。

尼古拉一世主政后，对 1804 年《犹太定居法》作了一定的调整，在 1835 年出台了新的犹太定居法。与前者相比，这部法律有两个重要变化，一个就是宣布在 1844 年废除"栅栏区"的犹太自治组织卡哈尔，这个自治组织的最主要功能就是在犹太人中征税。另一个变化就是强制年满 12 岁犹太男子服兵役，服役年限长达 25 年。这一做法的目的，就是让犹太男子在军营里改变信仰，皈依东正教的门下，这显示学校教育在同化犹太人方面的效果是比较有限的。当时,为规避公立学校的同化教育,多数犹太子女被家长送到私立学校读书,这些私立学校罔顾法律规定,坚持使用意第绪语教学,将犹太教法《塔木德》设置为主干课程。尼古拉一世决定取消卡哈尔,强制犹太青少年服兵役,意在摧毁犹太人的正常生活,因此推行起来有很大的阻力。卡哈尔并没有因这部法律而消失,而是转向地下活动。有关服兵役,犹太人总是找各种借口逃避。

亚历山大二世上台后,下令取消了一些针对犹太人的歧视性政策,比如禁止征集犹太青少年入伍参军,允许犹太人进入俄罗斯的各地各级学校学习[1],放松对第一行业协会的商人、大学学历拥有者、退伍军人等特权犹太人的限制。当然最重要的改变是,1865年,亚历山大二世下令,允许犹太手工业者离开"栅栏区",到俄国内地去就业谋生。这一规定使将近1/5的犹太人获准离开"栅栏区",社会上因此第一次出现了废除"栅栏区"的呼声[2]。

亚历山大二世致力于放松对犹太人的限制,赋予犹太人更美好的生活前景,但是农奴制改革引起的社会经济的变化对犹太人命运产生了负面影响。首先,由于大量农奴解放后到城市谋生,传统上由犹太人主导的乡村职业,如走卖商、小商贩,逐渐消失。随着铁路网的建设,犹太人主导的另一个乡村职业马车夫也渐渐消失。在城市,犹太人则在贸易和手工业领域面临的竞争更加激烈。

其次,亚历山大二世的改革,提高了人民对现实问题的敏锐感,改变了人民对现实问题的思考方式,因此社会矛盾异常尖锐,陷入到所谓"托克维尔悖论"之中(专制政府最危险的时候,就是它试图进行社会改良的时候)。从这个时期开始,俄国国内的改革与革命呈现出赛跑竞争的态势。犹太人也是从此时起,像美国南北战争时期的黑奴一样,参与争取自由与解放的革命运动。他们的革命精神与亚历山大二世被谋杀事件以一种似是而非的方式联系在一起,沙俄境内的反犹运动从此逐渐成为不可遏制的趋势。亚历山大二世究竟命丧谁手? 主流看法是俄国民粹派秘密组织民意党所为,沙俄贵族阶层成员也有一定嫌疑。尽管如此,犹太人的嫌疑也不能完全排除,当时确实有不少犹太青年参与社会革命组织,从事极端主义活动。亚历山大二世的死因,可以说是俄国历史上的一桩悬案。

(四) 亚历山大三世与反犹主义立法

沙俄对犹太人的态度一直是比较矛盾的。俄国是一个相对落后的农业

---

① 此前犹太人不允许到圣彼得堡和莫斯科的高校就学,除非有特殊的天赋。

② Abram L. Sachar, *A history of the Jews*, NewYork, 1965, p. 315.

国家,有大片区域需要开发利用,因此俄国政府希望犹太人凭借自身的商业才能,促进地方经济的繁荣,这就使得他们有理由去保护犹太人的权利,但是另一方面俄国社会基于宗教、经济伦理等原因将犹太人视为宗教异端、社会寄生虫和经济剥削者,从而对犹太人表现出较大的敌意。

俄国反犹主义传统可以追溯到伊凡四世时期(亦称"伊凡雷帝",1533—1584 年在位)。他曾公开指责犹太人是"有毒的进口商,是基督教的蛀虫"。1563 年,军事占领白俄罗斯波洛茨克之后,面对一众被俘的犹太人,他作出一个非常著名的指示:"三分之一驱逐,三分之一同化,三分之一淹死。"[1]最终,300 多名拒绝改宗的犹太人以水刑方式处死,同意改宗的犹太人,则沦为农奴。伊凡雷帝在反犹方面为后来者作出了"榜样",此后俄国的反犹活动呈现零星散发状态,直到亚历山大三世执政时期形成气候。

在 19 世纪,俄国的主流意识形态是所谓的"官方的人民性"。它包含三大根本原则:东正教、专制制度和民族性。东正教,是俄罗斯的精神支柱、立国基础;专制制度,是沙皇统治权威的根本,俄国社会对专制的效用深信不疑;民族性,是以俄罗斯化的形式来表达的。对于生活在沙俄境内的非斯拉夫民族而言,这三条原则就像三道线索一样,勾勒出俄国少数民族的前景。犹太人,既是异教徒,又是少数民族,这使他们随时可以成为官方民族政策的牺牲品。可以说,19 世纪的俄国反犹主义,植根于主流的意识形态之中。

亚历山大二世遇刺身亡是俄国犹太社会史上一个关键性的转折点,直接导致暴力反犹活动在俄国境内的兴起。当时,俄国社会舆论风传犹太人参与刺杀活动。亚历山大二世死后,继任沙皇亚历山大三世采取彻底压迫犹太人的政策,亲手点燃了"大众反犹主义"的怒火,将其治下的 500 多万犹太人推向了困境和绝境。亚历山大三世对犹太人毫无怜悯之心,这一方面是受到当时反犹社会舆论的影响,发誓要报"杀父之仇";另一方面亚历山大三世本身就是彻头彻尾的反犹主义者,其思想受俄国反犹太主义理论家波贝多纳斯彻夫的影响相当大。波贝多纳斯彻夫当时是莫斯科大学的民法教授,曾经奉旨给亚历山大二世的孩子们讲授法律与政治学。波氏的政治思想相当保守,如他认为民主其实是个骗局、学校教育是一种浪费、雇用童工的行为值得鼓励等等,不一而足。关于犹太人,他认为这个民族是由一群阴谋家组成的,寄生在其他民族的机体内吸食营养。而犹太人参与刺杀亚历山大二世,似乎印证了波贝多纳斯彻夫的观点具有正确性,从而坚定了亚历

---

① 转引自杨申,俄国犹太人,载《外国问题研究》,1982 年第 1 期。

山大三世剥夺犹太人公民权利的意志和决心。

1881 年 10 月，"犹太人问题中央委员会"作出决定：俄国应该回到将犹太人视为异族人的传统政治轨道上。此决定未经国务会议的同意，只是在 1882 年 5 月经过大臣委员会通过就成为法令（又被称为《五月法令》）。该法令禁止犹太人在集镇和乡下定居；不允许犹太人在"栅栏区"以外拥有不动产，并支付财产税；禁止犹太人在周日和基督教的节日做生意（犹太人是"假日经济"的开创者，在所有宗教信仰中，犹太人的经济伦理可以说是最为宽容的）。1887 年，犹太人又被限制从一个乡村迁居另一个乡村。这些规定主要是针对犹太人的财产权和迁移权。

亚历山大三世和他的政府并不满足于此。很快，犹太人的其他社会权利也受到严格限制，甚至剥夺。首先，犹太人在军中服役的人数以及服务的范围收缩，只能从事医疗卫生类的后勤保障工作，但不能从事战斗，而且其人数不得超过军医总数的 5%。其次，犹太人从事司法工作的权利受限。1889 年，司法部出台法令，禁止犹太人作为陪审员参与司法活动。再次，犹太人参与地方自治机构的权利从 1892 年起被剥夺。最后，犹太人的受教育权被限制，对犹太学龄人口实行入学百分比制度。沙俄在 1886 年试行这一制度，1887 年在全国推广。该制度规定，在犹太人定居区，犹太男性中学生和大学生在学生总数中的占比不得超过 10%，在定居区外不得超过 5%，在莫斯科和圣彼得堡不得超过 3%。该制度实施后，犹太中学生的比例减少了 50%—70%，犹太大学生的比例减少了 50%，在莫斯科和圣彼得堡则减少了 60%—65%。

亚历山大三世本人及其领导的中央政府，对犹太人也动过"恻隐之心"。他曾数次苦口婆心地劝说犹太人向境外移民。这显然是要驱逐犹太人。1890 年，经亚历山大三世同意，"支持叙利亚和巴勒斯坦犹太农民和手工业者协会"成立。这个协会有一个更为人熟知的名字，叫"敖德萨委员会"，由俄国犹太复国主义运动先驱者利奥·平斯克领导①。从某种程度上讲，这个俄国早期的犹太复国主义运动组织，充当了沙皇政府的政策工具，双方各取所需，但是被驱逐者与移民之间的身份区分变得模糊。因此，我们可以认为，俄国早期的犹太复国主义者为沙皇驱逐犹太人的行为亲手披上合法外衣。

总之，亚历山大三世统治时期，俄国的反犹主义具有系统性特征，既有

---

① *The Hovevei Zion in Russia*：*the Odessa committee 1889—1890*，www. Zionistarchives. org. il.

理论,又有实践,对犹太人权利的剥夺是全方位的。后来,尼古拉二世循着亚历山大三世开辟的反犹路径,最终将沙俄境内的反犹主义运动推向了高潮。之所以这个时候形成反犹高潮,除了老生常谈的宗教仇恨因素之外,一是由于俄国境内革命形势日益严峻,从政府自身来讲需要有替罪羊为社会之乱担责。二是由于犹太人对国家经济的作用在弱化,各地政府不再像以前那样依赖犹太资本来搞活地方经济,因为帝俄晚期外国资本特别是法国资本大规模涌入,使本国犹太资本的重要性降低(像罗斯柴尔德家族那样的国际犹太资本对俄国仍然是比较重要的)。所以,亚历山大二世农奴制改革以来,俄国资本主义的发展,对于犹太人而言是一把双刃剑。

长期以来,俄国对"犹太问题"采取的政策措施,掺杂着经济机会主义与文化绝对主义。当犹太人在经济上变得不再重要的时候,文化绝对主义的破坏力便会显现出来,犹太人因此被推向俄国社会的对立面,正如利奥·平斯克所言:"对于活着的人,犹太人是死去的人;对于当地人,他们是异己和流浪者;对于有资产的人,他们是乞丐;对于穷人,他们是剥削者和百万富翁;对于爱国者,他们是没有祖国的人;对于社会各阶层的人,他们是令人厌恶的竞争者。"[1]这段话旨在告诉世人,俄国的非犹太人无论身处哪个位置,都可以找到歧视犹太人的理由。反犹主义无处不在,犹太人无处可藏,他们完全暴露在社会歧视之中。

从一个更为广泛的层面上来看,俄国犹太人的悲剧性命运,其实也是整个俄罗斯帝国悲剧性命运的一部分。这个帝国,对权力和生存空间具有天生的饥饿感,但是它的消化能力随着时间的推移而不断退化。沙皇俄国与其说死于革命者之手,倒不如说死于自身的贪婪与消化不良。民族问题,始终死死纠缠着帝俄这片占地球1/6的土地,给这片广袤的土地施下了魔咒,并在肥沃的土壤里不断孕育成长。历史上,所有帝国的衰亡,几乎都与未能妥善处理民族问题有关,这是一个值得深思和警醒的现象。

二、1881—1920年的俄国集体暴力反犹事件

(一) 1881—1882年与1891—1892年的暴力反犹活动

1881年3月,沙皇亚历山大二世遇刺身亡,引起社会持续动荡。随着

---

[1] Peter L. Berger, *The capitalist spirit toward a religious ethic of wealth creation*, San Francisco, 1990, p. 84.

"刺杀案"调查不断深入，警方发现被捕的一众嫌疑人中，有一名犹太女子，一时间谣言四起，刺杀罪名被顺理成章地转嫁到这位犹太女子及犹太社群身上（沙俄政治经常受到社会谣言的影响，在一定程度上说明俄罗斯人在政治上是不成熟的）。

由于亚历山大二世在俄国的农民阶层中享有很高的威望，经俄国报纸大肆渲染，俄国历史上第一次集体迫害犹太人的浪潮汹涌而至。1881 年 4 月，也就是沙皇被刺后的第一个月，首先在乌克兰的伊丽莎白格拉镇拉开了迫害犹太人的大幕。此后，类似的迫害行动便在周围近 30 个城镇陆续发生。5 月初，迫害犹太人的行动扩大到赫尔松、基辅、波尔特瓦、切尔尼戈夫等乌克兰省份。其中，基辅的袭击事件最为严重。当地民众对犹太人的迫害持续了整整 3 天，导致近千名犹太人伤亡。基辅市政官员和警察部门听任事态的扩大，不采取任何制止暴力的行动，让犹太人感到绝望和无助。当年 8、9 月间，切尔尼戈夫和波尔特瓦两省再度发生迫害事件，导致 2000 多名犹太人伤亡。1881 年入秋以后，由于天气逐渐变冷，迫害犹太人的热情似乎也随之冷却，但是小规模的袭击犹太人事件仍有发生，比如在 1881 年圣诞节期间的华沙和 1882 年复活节期间的巴尔塔都发生了袭击犹太人的事件，导致两名犹太人丧生，120 人受伤，大量犹太妇女惨遭奸淫。这起迫害事件的参与者，主要是地方上的暴民，他们把自身的不幸迁怒到了犹太人身上。整个 1881 年，仅乌克兰一地，就有 166 个城镇发生过杀害犹太人的行为。此外，犹太人的财产损失也比较惨重。在乌克兰的敖德萨，有 552 间犹太商铺遭到抢劫和破坏，863 家犹太住所被洗劫，损失高达 1000 万卢布[①]。集体迫害行动和反犹政策更使犹太人陷入贫困，约有 40％的犹太人失去生计，靠犹太社团和犹太机构的接济度日。

从 1882 年春天开始，俄国南部的民间反犹迫害活动获得了官方的认可和鼓舞，这是一个重要变化。亚历山大三世的恩师波贝多纳斯彻夫借"恐怖伊凡"的名言，提出俄国犹太人问题只有通过"1/3 的俄国犹太人皈依基督教、1/3 的犹太人驱逐出境、剩余 1/3 的犹太人被加以肉体消灭"才能最终解决。沙俄官方对犹太人的态度，是与其国家政策目标紧密联系在一起的。历史学家认为，19 世纪后期，俄罗斯化才成为政府的一项常规政策。一方面，它是政府对各民族中日益增长的对帝国统一构成潜在威胁的民族情绪的一种应对措施；另一方面，也是对大俄罗斯本身日益高涨的民族主义的一

---

① John D. Klier eds. , *Pogroms: anti-Jewish violence in modern Russian history*, Cambridge: Cambridge University Press, 2004, p. 24.

种反响。亚历山大三世被视为俄罗斯沙皇中的第一位民族主义者。

在 1881—1882 年的迫害事件结束后,俄国犹太人的生存处境变得愈发艰难。如前所述,《五月法令》中的相关条款具有"恶法"的所有特征,对犹太人的权利剥夺,达到了空前的地步。1891—1892 年,俄国社会掀起新一轮迫害犹太人的运动,导致更多的犹太人逃离他们的出生地,开始了漂泊的旅程。这一次的迫害事件,是天灾与人祸共同作用的结果。1891 年沙俄南部省份发生了严重的饥荒,而相对富裕的犹太人成为乡村饥民打劫的目标。当然,不可否认的是,对犹太人权利的全面剥夺,使犹太人的社会地位更为脆弱,更容易受到极端组织和暴民的大肆攻击。这一轮针对犹太人的集体迫害呈现出与前一次不同的特点,即迫害主要是以强制驱逐犹太人为主,而不是以人身伤害为主。

(二) 1903—1906 年的暴力反犹活动

1903—1906 年,俄国社会掀起了第三次集体迫害犹太人的浪潮。此次迫害事件的发生与俄国国内的革命形势发展、日俄战争进程存在密切关系。为了镇压革命运动,沙皇政府允许报刊自由刊登反犹文章,借以转移人民对政府的不满情绪,并制造一种错觉,即俄国的革命运动是犹太人庞大阴谋计划的一部分,诚如列宁所言,沙皇就是要让全社会明白"俄国社会所有的不幸都是犹太佬造成的"。《锡安长老议定书》就是这个时期的俄国媒体《旗帜》(*Znamya*)月刊炮制出来,主要内容是关于犹太人如何利用自由主义和社会主义,瓦解基督教文明,建立起犹太人联合共治的世界,如果颠覆失败,则破坏欧洲各国首都的稳定。这份议定书被指控为世界各国犹太社会的世俗领袖在 1897 年于瑞士巴塞尔召开的第一届犹太复国主义代表大会的会议记录,是犹太人试图控制世界、挑战现存国际秩序的证明[1]。这份议定书数十年后也被纳粹党作为反犹太主义的经典文本广泛宣传。后来的事实证明,《锡安长老议定书》不过是具有强烈反犹主义倾向的、供职于莫斯科的官员尼勒斯为了诬告犹太人阴谋统治世界所杜撰出来的文件。这份文件是《君士坦丁御赐文》之后欧洲又一著名的伪造文书,可谓影响深远。

政治谣言也是一种社会动员的手段。20 世纪初,俄国极右组织"黑色百人团"正在努力从社会创口中汲取邪恶力量,让自己成长为一头让人恐惧的怪兽。因此,它抓住机会,积极行动起来,对犹太人施以重手,以挫败犹太人所谓的"阴谋"。"黑色百人团"是一个总称,实际上有众多小型极右组织

---

① Louis Greenberg, *The Jews in Russia* (*vol. 2*), Yale University Press, 1944, p. 31.

聚集这个名号下采取行动，如"沙皇与秩序"(Tsar and Order)、"白旗"(The White Flag)、"人民联盟"(People's Union)等等，都以"黑色百人团"为幌子行事。在行动中，他们往往打着爱国主义旗号，高举沙皇尼古拉二世的画像，高唱国歌《上帝拯救沙皇》，高喊口号："Bei Zhidov"(打倒犹太人)。

"黑色百人团"参与的第一起暴力反犹事件，发生在基什尼奥夫。当时，正值 1903 年犹太逾越节。事件由克鲁金瓦主编的一家当地报纸的反犹宣传拱火挑起。在这次袭击事件中，50 多名犹太人丧生，数百人受伤，1500 多户犹太家庭和商店被抢劫或被毁坏。尽管这一事件遭到当时世界舆论的一致谴责，但一系列的迫害事件还是不断发生。1903 年 9 月，戈梅发生了另一次袭击事件。到 1904 年，沙俄中央政府借皇太子阿列克谢诞生的机会，颁布一些法令，来安抚社会情绪，但是效果不佳。这一年秋季，斯梅洛、罗夫诺、亚历山德里亚等地纷纷发生袭击犹太人事件，许多犹太人被迫强征入伍，送到前线与日军作战。1905 年初，"黑色百人团"在费奥多西亚、梅利托波尔、日托米尔制造了迫害犹太人事件。

1905 年日俄战争的失利，使沙俄政府陷入内外交困的境地。当年 10 月 30 日，沙皇政府不得不作出妥协，颁布赋予人民自由和建立国家议会的诏书，俄国历史上著名的"十月诏书"就此诞生。"十月诏书"的颁布，宣告罗曼诺夫王朝成为一个立宪君主制国家。沙俄政府希望通过政治改革限制沙皇权力，从而平息境内的社会革命浪潮。沙皇在政治权力上的让步达到了部分目的；因为沙皇的让步使俄国革命运动的队伍发生分裂。对于广大的俄国犹太人来说，"十月诏书"最大的意义就是废除了亚历山大三世时期颁布的恶法——《五月法令》。

一纸诏书在一定程度上缓解了革命形势，但是没有阻止反犹暴力活动的继续。在诏书颁布后的三个多月的时间内，反犹暴力活动达到了高潮，共发生 690 起暴力反犹事件，也就是说 1903—1906 年俄国暴力反犹事件中有近七成是在"十月诏书"颁布之后发生的，而 690 起暴力反犹事件中 642 起是发生在"栅栏区"(见表 1.1)，导致 2600 多犹太人丧生，其中 1/4 的遇难者是妇女和儿童。1905 年 11 月的第一个星期，发生一系列严重的屠犹事件，其中发生在敖德萨的屠犹事态最为严重，300 多犹太人丧生，数千人受伤。另外，发生在叶卡捷琳诺斯拉夫的一次袭击就造成了 120 名犹太人死亡。1906 年，又发生两起集体迫害犹太人事件，一次发生在 6 月的比亚韦斯托克，80 余名犹太人丧生，被抢劫的财产不计其数。另一次发生在 8 月的谢德尔采，30 余人丧生，180 人受伤。据统计，1903—1906 年共发生上千起袭击犹太人事件，波及 6000 多个城市，626 个村镇，财产损失超过 6000 多万卢布。"栅栏区"外的犹太人也未能幸免,财产损失超过 800 万卢布①。此后,随着犹太人大规模向海外移居,暴力反犹活动慢慢平息。

表 1.1 1905—1906 年"栅栏区"的暴力反犹次数和犹太遇难者人数

省　份	暴力反犹次数	犹太遇难者人数
切尔尼戈夫	251	76
赫尔松	82	371
比萨拉比亚	71	942
波尔特瓦	52	53
叶卡捷琳诺斯拉夫	41	285
基辅	41	167
波多利亚	37	35
莫吉廖夫	15	48
明斯克	5	100
维捷布斯克	10	36
格罗德诺	10	356
沃利尼亚	9	49
塔夫利	8	131
维尔纳	5	0
科夫诺	5	2
总计	642	2651

资料来源:Shlomo Lambroza,*The pogrom movement in Tsarist Russia*,*1903 -1906*,Ann Arbor:University Microfilms,1985,pp. 165 - 166.

在 1903—1906 年间的集体迫害犹太人浪潮中,极右组织"黑色百人团"高调行动。他们向富裕的农民和城市中产阶级下层宣扬种族主义和宗教仇恨,与官方公开勾结,虐待、劫杀犹太人。这个极右组织本质上是法西斯主义的原型。正是由于"黑色百人团"的介入,这一轮迫害活动呈现出与以往不同的特点:首先,对抗性空前。犹太人不再任人宰割,他们主动站出来反抗,并勇敢地提出自己的政治主张,从某种程度上说,19 世纪末 20 世纪初俄国的社会革命在政治上对犹太人进行了启蒙。其次,具有恐怖主义色彩。"黑色百人团"有组织地介入到一系列反犹暴力活动中,将大量无辜的犹太

①　Louis Greenberg,*The Jews in Russia*(*vol. 2*),Yale University Press,1944,p. 27.

平民置于恐惧之中，来帮助沙皇实现政治目标，同时为自己攫取政治利益。最后，暴力反犹手段特别残忍。一些犹太人，无论妇孺，遭到非人的对待，比如在妇女的乳房上钉钉子、将儿童摔出窗外等等，这些事实显示反犹暴力活动具有歇斯底里性。

这一轮迫害事件结束之后，沙皇尼古拉二世继续火上浇油。他明确表示，犹太人和波兰人是 1905 年革命的罪魁祸首，因此继续在非俄罗斯民族中实行俄罗斯化政策，坚持将俄语作为教育和政府的语言，支持东正教活动，压缩犹太人接受高等教育的限额，容忍反犹太人的暴力。他先后颁布了600 多项反犹性质的法令，创下了纪录。尼古拉二世毫无疑问是一位极端保守的君主。19 世纪末 20 世纪初，俄国需要的是一位彼得大帝式和叶卡捷琳娜大帝式的君主来拯救混乱的社会，但是上帝却派给俄国一位沉默寡言、喜欢蛰居的"末日君主"尼古拉二世。尽管他的手下有一批能干的大臣，但是他主动疏远这些人，对社会改革的呼声不闻不问，因此革命成为人民的选择。改革与革命赛跑，最终革命战胜了改革。在尼古拉二世的治下，俄国犹太人完全看不到希望，向外迁徙的步伐加快了，因为他们越来越无法容忍权利丧失、朝不保夕的生活，无论是贫困的犹太人还是富裕的犹太人都将远走海外作为重生之道。

（三）1917—1920 年的暴力反犹活动

帝俄晚期的社会混乱形势表明，只要帝俄境内仍有犹太人，反犹主义运动就没有办法停息，它已经成为难以遏制的社会冲动，就像一个怪异的生命体一样。

一战期间，由于俄国犹太人将德国军队视为解放者，对后者持欢迎态度，遭到了俄国人特别是俄国贵族阶层的怨恨。所以，在一战后期以及协约国反苏维埃的战争期间，俄国再次出现一系列集体迫害犹太人事件，这些迫害事件无论在规模上还是在严重性方面都大大超过了前三次。造成大屠杀的原因：一是社会报复心理；二是革命和战争导致社会秩序极度混乱，俄罗斯边疆地区陷入无政府状态；三是有军队参与反犹活动。

1917 年十月革命胜利前夕，沙俄军队便在前线地区屠杀犹太人和抢劫犹太人的财产。苏维埃政府成立后，曾下令采取有力措施制止红军中和国内的迫害犹太人行为。但是，由于国内战争的爆发，屠杀事件愈演愈烈。1919 年，红军攻占基辅前夕，乌克兰反动军队制定了一系列用军事手段屠杀犹太人的计划。1919 年 2 月 15 日，普罗斯库罗夫发生一场大屠杀，仅几个小时，就有 1700 余名犹太人被枪杀。第二天，在临近的菲尔西汀镇又屠杀了 600 人。随后,乌克兰各地不断发生枪杀犹太人事件。到 1919 年夏,已有近 6 千名犹太人丧生①。1919 年秋,由邓尼金统帅的反革命武装白军从北高加索向俄罗斯进犯,一路以"打击犹太人、拯救俄罗斯"为口号,有目的、有组织地杀害犹太人。仅 1919 年 9 月上旬就有 1500 名犹太成年男女和儿童遭到屠杀。1921 年,白军又在捷利耶夫进行报复性屠杀,4 千犹太人丧生,整个村镇被大火焚毁。屠犹事件只是在苏维埃政府控制了局面之后才逐渐平息下去。

1919 年,列宁曾在演讲中指责针对犹太人的大屠杀。他说道:"沙皇警察联手地主、资本家,组织实施了反犹太人的大屠杀。这些地主和资本家试图让被贫困折磨的劳工将仇恨转移到犹太人身上……只有最无知的人和被践踏的人才会相信有关犹太人的谎言和诽谤……劳动人民的敌人不是犹太人,而是各个国家的资本家。犹太人中的绝大多数是劳动人民。他们是我们的兄弟,像我们一样,受到资本的压迫。在为社会主义事业奋斗的过程中,他们是我们的同志。犹太人中间有富农、剥削者和资本家,这种情况同样存在于俄国人民及他国人民的中间。富裕的犹太人,与富裕的俄罗斯人和所有国家的富裕者一样,通过结盟,来压迫、分裂、抢劫工人,并使他们团结。……为受诅咒的沙皇体制感到可耻,它折磨并压迫犹太人。为那些挑起对犹太人和其他民族仇恨的人感到可耻。"②

列宁从阶级立场出发,主张区别对待犹太人,反对迫害底层犹太劳工。但是苏维埃政权建立后,包括犹太教会堂在内的犹太人财产遭到没收,犹太社团与机构被解散,犹太人的宗教活动被法律限制,同时犹太复国主义运动也被禁止。1920 年 4 月 23 日,俄国犹太复国主义者大会召开,莫斯科肃反委员会逮捕了 109 名与会者,并指控他们勾结国外敌对势力,进行反苏维埃宣传,其中 19 人被分别判处半年至五年不等的劳役。1921 年起,大批俄国犹太人选择移居波兰,因为这一年波兰、苏俄和乌克兰三方签署《里加和平条约》,根据这一条约,俄国犹太人有权重新选择居留国,这让犹太人看到了新的生机。

1917—1920 年集体迫害导致的犹太人伤亡数字难以作出准确估计。根据已知的材料,大约 530 个地区先后发生过 1000 余起屠杀事件,有 6 万

---

① Bruce Stave, ed., *From the old country: an oral history of European migration to America*, University Press of New England, 1991, pp. 21-22.

② 列宁在 1919 年录制了 8 篇演讲,内容被保存在留声机唱片中。"反犹太大屠杀"是其中一篇,但是迟至赫鲁晓夫执政时期才最终公布。

多犹太人丧生，受伤人数是死亡人数的10倍①。国内学者估计，1917—1920年，俄国发生了1500多次针对犹太人的有组织的杀戮，导致20万犹太人丧生②。美国的犹太史专家亨利·艾布拉姆森则给出了更详细的数据，指出在1917—1920年期间有资料记载的被屠杀的犹太人31071人（详情见表1.1)③。从这些数据可以看出，一战结束前后，俄国犹太人夹在白军与红军之间，成为受革命与反革命运动青睐的祭品。

表1.1　1917—1920年俄国境内犹太人遭屠杀的状况

施暴者	屠杀次数（至少）	丧生人数
格里戈里耶夫集团	52	3471
乌克兰民族共和国政府	493	16705
白军	213	5235
各种帮派组织	307	4615
红军	106	725
其他	33	185
波兰军队	32	134
总计	1236	31071

（四）1881—1920年俄国暴力反犹活动的后果

1881—1920年间，俄国是世界范围内反犹主义运动的主阵地。俄国上演的这些反犹主义情节，在后来的纳粹对犹太人的种族清洗过程中都有对应的情节，比如权利限制、肉体消灭、财产剥夺等等。区别在于，一战退伍老兵希特勒比沙皇们更有想象力，对犹太人的仇恨也更为强烈而清醒。

行文至此，我们需要反思俄国反犹太主义运动兴起并逐步走向高潮的原因。有这么几点原因值得注意。一是俄国根深蒂固的、基于东正教信仰的反犹主义传统使然。在漫长的岁月里，东正教通过布道等活动成功地将犹太人树立为社会公敌，对普罗大众的心理影响可谓深远。二是帝俄晚期

---

① Louis Greenberg, *The Jews in Russia* (*vol. 2*), Yale University Press, 1944, p. 36.
② 这一数据出自肖洪的论文"俄裔犹太人移民与以色列农业定居点研究"，载《犹太人在美国：一个成功族群的发展和影响》，潘光等主编，北京：时事出版社，2010年版，第153页。但论文作者没有注明数据获取渠道。
③ Henry Abramson, Jewish Representation in the Independent Ukrainian Governments of 1917‐1920, *Slavic Review*, vol. 50, No. 3(Autumn, 1991), pp. 542‐550.

的社会,因转型而深陷动荡,社会矛盾持续激化,俄国统治阶层有意用犹太问题来转移甚至替代社会矛盾的焦点,犹太人最终成为替罪羊和牺牲品。甚至可以说,反犹主义暴力活动本身就是社会革命运动的一部分。三是民族主义的兴起,沙皇试图构建一个真正意义上的统一帝国。犹太人的存在,被视为统一帝国构建的重大障碍,这是沙俄官方反犹的一个重要原因。四是犹太人多为城市居民,其整体富裕程度超过除俄罗斯族以外的族群,这就使得迫害犹太人成为一项有利可图的"事业"。五是犹太人本身在经济活动中时常违背伦理,从而授人以柄。最后,不能忽视的是,"栅栏区"的设置,为暴力反犹活动的实施提供了便利条件。它等于直接告诉暴民们在哪里可以找到犹太人及其财产,因此"栅栏区"本身成为风暴中心并不偶然。所以说,发生在俄国的集体迫害犹太人事件是反犹文化、民族主义、社会矛盾、政策缺陷等多种因素共同作用的结果。

这一系列的迫害事件所导致的后果主要有三个。首先,越来越多的犹太人选择了离开俄国,移居其他地方,导致犹太历史上的又一次大离散,而美国成为他们的首选之地。他们为美国发展成为世界强国作出了重大的贡献。一方面他们以劳动者的身份,为美国的社会经济发展注入了新活力,在服装时尚、电影艺术、通信、媒体等新兴领域,均表现出非凡的创造力。另一方面,欧洲资本特别是欧洲犹太资本追随俄国犹太人大量流入美国经济活动中,为犹太人提供工作、食物、住房和衣服。

其次,犹太人加入各种革命组织,成为革命者,在革命的洪流中,亲自参与甚至领导了埋葬沙皇政权的一系列行动。马克思、恩格斯曾称赞俄国是欧洲革命的先进部队。那么,在这支先进部队中,常常可以看到犹太人的身影。据历史学家估计,20 世纪初,在俄国所有的革命组织中,犹太人的比例达到了 30%,因此有人称,俄国革命基本上是一种犹太现象。在犹太人参与或者建立的革命组织中,最著名的当属"崩得"(Bund)。这个组织成立于 1897 年,是 19 世纪末 20 世纪初俄国工人运动中的一个著名的犹太工人政党。其主要成员是俄国西部、南部各省的犹太人,成员总数高达 4 万人。它的宗旨是争取取消对犹太人的种族歧视,主张在俄国实行社会主义联邦国。1898 年"崩得"集体加入俄国社会民主工党,1903 年又退出,1906 年又一次加入。这个组织以自己的方式,推动 1917 年俄国革命进程。在 1917 年俄国革命中,我们不仅可以看到"崩得"成员的影子,还可以其他犹太革命者的身影,比较著名的有加米涅夫、托洛茨基、斯维尔德洛夫、季诺维也夫等等。犹太人成为革命者,是为了埋葬不公平、不公正的苦难世界,但是也正因为他们的社会主义革命者身份,欧洲的反犹主义又增加了新的内容。这个新内容就是，犹太人阴谋推动世界革命，挑战各个国家现存的政治经济秩序。这是后来希特勒对犹太人进行种族清洗的借口之一。

最后，犹太复国主义成为俄国犹太人的政治诉求。俄国犹太人认识到，要从根本上摆脱生存困境，免遭人身财产方面的伤害，必须建立一个属于自己的民族家园，最好同时能建立一支独立的、强大的犹太人的武装力量，以暴抗暴才是可行的选择。犹太复国主义运动先驱者利奥·平斯克于1882年写成一本小册子《自我解放：一个俄国犹太人对其同族的忠告》，受此影响，俄国南部的犹太人掀起了"比卢运动"和"热爱圣山运动"，号召犹太人奋起抗争，建立自己的民族家园。即使在俄国犹太人逃离俄国之后，他们仍然为建立民族家园奋斗。与此同时，犹太复国主义运动与社会主义结合在一起，催生劳工犹太复国主义运动，对后来以色列的国家政治产生重大影响。

由此可见，19世纪末20世纪初，俄国屡屡发生的集体迫害犹太人事件，不仅对犹太民族的命运产生影响，而且对世界历史进程也产生了影响。就其对犹太民族的影响而言，帝俄晚期的迫害犹太人事件，重塑了现代犹太人。民族国家代替宗教信仰成为他们身份认同的又一标准，公平正义代替宗教伦理成为他们社会权利诉求的核心。就其对世界历史进程的影响而言，一方面犹太人在巴勒斯坦寻求建国，对地缘政治构成重大冲击；另一方面，俄国犹太人向美国大规模移民，最终使美国政治融入了犹太因素，也使犹太政治融入美国元素。借助美国犹太资本和基督教犹太复国主义者的支持，犹太人的世界影响力最终形成，从而在地缘政治博弈中处于优势地位。此外，犹太人在俄国养成的革命意识和好斗精神，也推动了欧美各国的劳工运动以及其他社会运动。

小　结

俄国成为世界上犹太人口最多的国家，是一系列因素共同作用的结果。这些因素包括：第一，历史上欧洲其他国家和地区对犹太人驱逐，将犹太人驱赶到欧洲东部地区。第二，俄国的领土扩张，特别是三次瓜分波兰和吞并奥斯曼土耳其的领土，使其境内的犹太人数量不断增长。第三，历史上由于发展地方经济的需要，经常给予犹太人特权，使犹太人乐于在俄国境内定居谋生。第四，俄国犹太人生育率维持在较高的水平上。一方面，众多犹太人生活在气候条件比较好的俄国南部地区；另一方面，多数犹太人生活在城市，从事商业活动，收入状况较其他少数族群或职业群体要更好，这增强了他们的生育意愿。

从凯瑟琳二世时期开始,"犹太问题"作为更广泛的民族问题的一部分,成为俄国政府的重要议题。设置"栅栏区"是俄国政府解决所谓"犹太问题"的办法。"栅栏区"本身,反映了俄国政府在"犹太问题"上的矛盾态度。一方面,它需要利用犹太人的经济能力,对南部、西部广阔的边疆地区进行开发;另一方面,它又不得不对由来已久的反犹传统作出妥协。因此,通过禁止犹太人的迁移内地,将犹太人的影响力限制在边疆地区成为官方的选择。但是,正是由于"栅栏区"的存在,为后来的反犹暴力活动提供了便利性。这样,在帝俄晚期,"栅栏区"被犹太人抛弃,接着又被俄国政府抛弃。

帝俄晚期的暴力反犹活动始于亚历山大三世时期,是以压制方式解决"犹太问题"的产物,也是整个社会动荡的一部分。与 19 世纪的其他沙皇不同,亚历山大三世完全站到了犹太人的对立面,是一位旗帜鲜明的反犹主义者。反犹主义在俄国并不是特定条件的特殊现象,而是一个长期的文化传统。那么,帝俄晚期的反犹主义运动为何会失控?除了亚历山大三世本人脱不了干系之外,还有一些其他原因值得注意。首先,亚历山大二世遇刺身亡是导火索,社会谣传犹太人要为此负责;其次,犹太人的经济价值下降,俄国政府不再需要犹太人来搞活地方经济,再加上亚历山大二世改革之后,俄国社会矛盾尖锐,俄国政府需要有犹太人这样的目标来吸引社会的怒火;最后,根本原因在于反犹主义是俄国社会文化心理结构的固有成分。

帝俄晚期的暴力反犹活动对犹太民族的命运和世界历史进程均产生了重要影响。在新的流散地,俄国犹太人打造出属于自己的经济版图,同时他们积极参与犹太复国主义运动,成功取得美国对这一运动的实际支持。由此可见,帝俄对"犹太问题"的处理方式,扰动了世界历史进程。

第二章　1881—1920 年 俄国犹太人向美国移民

帝俄晚期的暴力反犹活动，使大批俄国犹太人开启了流散模式，走向未知的生活。起初，俄国犹太人并不知道何处才是流散的终点，但是中欧和西欧的犹太慈善机构和社团帮助他们开辟了移民之路，并将这条移民之路的终点定在了美国。19 世纪末 20 世纪初的美国，政治相对自由宽容，经济繁荣，社会进步，这对犹太人产生了巨大的吸引力。当然，不可忽视的是，在处理俄国犹太移民问题时，美国犹太社团以及各种慈善机构表现出比欧洲同行更为负责任的态度，也付出了更大的努力。

一、美国作为跨国移民目的地的比较优势

（一）移民理论：推拉理论与跨国移民系统理论

美国学者帕特里克·曼宁将人类移民分为四类，分别是本土社群内迁移、殖民、整体性社群迁移和跨社群迁移。本土社群内迁移，主要是个人在本土范围内从一个地方迁移到另一地。殖民，是指人们离开原先的地方，在别处仿效本土社群建立一个新的社群。整体性社群迁移，是指一个社群全体成员的迁移置换。跨社群迁移，是指部分个体或团体脱离原先的社群，迁移并加入另一个社群①。从分类上来看，1881—1920 年俄国犹太移民，应该属于跨社群移民。

移民理论，是对移民现象的理性分析和解释，其关注的重点是跨国移民或者跨社群移民运动。1885 年，德裔英国地理学家恩斯特·G. 莱温斯坦（Ernst G. Ravenstein）发表《移民的规律》一文，开创了对移民及其规律进行

---

① 帕特里克·曼宁，世界历史上的移民，李腾译，北京：商务印书馆，2015 年版，第 5 页。

研究的先河,成为公论的现代移民特别是跨国/跨社群移民研究的奠基者。他认为,人口迁徙并非完全盲目无序流动,而是遵循一定的规律。左右人口迁徙的动力,是推动因素和吸引因素共同作用的结果。在莱温斯坦研究的基础上,此后的人口统计学家、地理学家和经济学家们提出著名的"推拉理论"①。他们认为,"推"和"拉"双重因素,决定了跨国/跨社群移民的出现及其迁徙路径。

近年来,"推拉理论"因其对复杂且多侧面的跨国/跨社群移民过程只进行简单化的解释而受到批评。移民研究学者,如澳大利亚的斯蒂芬·卡索斯和美国的马克·米勒,越来越多地把跨国/跨社群移民模式看作是一个"系统",是宏观层面因素与微观层面因素之间相互作用的产物②。宏观层面的因素指的是上层问题,诸如某国某地的政治状况、控制移入和移出的法律、规章或者国际经济的变化,而微观层面的因素主要包括移民人口自身具有的资源、知识和理解力等,也就是说"跨国/跨社群移民系统理论"不仅关注移民接受地的政治、经济和法律状况,更重要的是它也考虑移民自身所具有的能力,这种对自身能力的认识和定位在一定程度上也决定着移民流动的方向和趋势。而"推拉理论"更多的是关注前者,即移民接受地、出发地的政治、经济和法律状况。所以说,"跨国/跨社群移民系统理论"是对"移民推拉理论"的有效补充。

我们认为,国际移民确实是一个非常复杂的社会现象,"推拉理论"由于其过于强调移民接收地的吸引力,正丧失对移民现象进行整理的能力和解释的力度。以19世纪末20世纪初俄国犹太人移居美国为例,如果我们单纯指出美国政治经济以及社会文化在全球范围内存在某种比较优势,从而吸引了俄国犹太人的到来,那么我们不禁要问,西欧和中欧一些国家相比于美国更具有比较优势,俄国犹太人为何舍近求远? 况且在19世纪末的欧洲文化认知中美国不过是荒蛮之地。所以说,"推拉理论"在解释了一些问题的时候又遗漏了一些,只留下了模糊的骨架,而丢失了鲜活的血肉。基于这方面考虑,我们采用"跨国/跨社群移民系统理论"来解释19世纪末20世纪初俄国犹太人移民美国的现象。

(二) 以"跨国/跨社群移民系统理论"分析俄国犹太人移民美国的原因

美国是一个移民国家,其人口由移民及其后裔构成,所以美国长期以来

---

① 乔纳森·休斯、路易斯·凯恩,美国经济史,邸小燕、邢露译,北京:北京大学出版社,2011年版,第338页。

② 安东尼·吉登斯,社会学,赵旭东等译,北京:北京大学出版社,2003年版,第331页。

被称为"流动的国家"。正如河水的流动冲刷出沙洲一样，人口大规模的跨国流动冲刷出一片新世界——美国。19 世纪中后期至 20 世纪初，也就是南北战争结束至第一次世界大战结束，国外移民再次大量涌入美国，形成了蔚为壮观的人口跨国/跨社群流动的景象。期间，共有 3000 万移民来到美国①，其中 75% 来自东欧和南欧，而俄国犹太人移民美国的人数达到了 170 多万（表 2.1②）。那么，究竟是哪些因素共同作用，使这些犹太人作出了移民美国的决定呢？

表 2.1　1880—1928 年俄国犹太人跨国移民数据

移民目的地	人数（单位：万）
澳大利亚	0.5
加拿大	7
欧洲	24
巴勒斯坦	4.5
南非	4.5
南美洲	11.1
美国	174.9

资料来源：Jewish emigration from Russia, 1880 - 1928

　　首先，从宏观方面来说，俄国犹太人选择美国而不是其他国家作为移民目的地的因素，主要包括国际经济形势的变化、美国的社会与政治状况以及美国的移民立法等。就国际经济形势的变化而言，南北战争结束后，美国经济迎来了一个发展的高峰期，成为世界经济中极其活跃的一极，特别是在 19 世纪末 20 世纪初，美国开始向工业化社会转变，在第二次工业革命中异军突起。1880—1920 年间，美国的工业增长了 28%，产值净增长 168%，制造业部门的附加价值增长了 12.5 倍，人均附加价值提高至 4 倍以上，这些数据说明美国整个工业部门都处于高盈利高增长之中。工业增长所带来的最直接的后果就是，美国的就业岗位大幅度增加，而且工人的工资普遍较高，超过了欧洲各国公认的工资水平，这对外国移民有着较大的吸引力。1860 年之前，美国人在棉纺生产上取得巨大成就，而此后他们又在商品制

---

① 乔纳森·休斯、路易斯·凯恩，美国经济史，邱小燕、邢露译，北京：北京大学出版社 2011 年版，第 337 页。

② 表格中的数据来源：http://www.friends-partners.org/partners/beyond-the-pale/eng_captions/39-4.html。

造业上复制了这一成就，美国一举从林肯时代的农业国家变成了西奥多·罗斯福时期的城市化工业大国。对于急需摆脱贫困的俄国犹太人来说，美国经济所展示出来的诱惑力确实难以拒绝。

从政治状况来说，19世纪末20世纪大西洋两岸的政治状况可谓天壤之别。内战之后，美国政治趋于稳定，到19世纪末20世纪初美国的进步主义运动兴起，其矛头直指经济领域的垄断寡头，旨在将发展和变革的红利更多地回馈给底层民众，通过确立更加平衡的社会系统来维持社会正义和社会公正，因此这一运动具有中间偏左的特点，对垄断寡头的力量起到了一种平衡的作用。此外，美国长期以来奉行孤立主义的外交政策，不卷入欧洲大陆的纷争之中，这也保证了它能够长期保持和平发展。从地缘政治的角度来看，美国的周边形势比较稳定，没有哪个国家有实力挑战美国在北美的霸权地位。总之，美国19世纪末20世纪的政治状况可概括为：对内追求公平，对外追求和平。

反观欧洲大陆，拿破仑战争之后，欧洲各国在维也纳体系下实现了短暂的和平，但是1848年革命，导致保守的"维也纳体系"瓦解，之后欧洲社会特别是除西欧以外的尚未完成民族统一的地区一直处于动荡之中。首先，民族解放浪潮此起彼伏，意大利、德意志先后通过战争争取民族统一，希腊、保加利亚等一些弱小民族也以同样的方式谋求独立。种种现实显示，和平在欧洲仍然是一种奢望。其次，人口爆炸性增长，使资本主义社会发展面临新问题和新挑战。18世纪中期到19世纪中期的一百年间，欧洲人口由1.4亿增长到2.5亿，增长率为80%。人口大幅增长的主要原因在于18世纪中期开始的工业革命及其扩散，使得西欧和中欧国家先后摆脱了"马尔萨斯陷阱"，新增的社会财富不再轻易被"内卷化"，这为人口持续增长创造了条件。而人口增长使社会在生产和消费两端释放出巨大能量，促进了资本主义发展形态的自我更新，欧洲各主要资本主义国家由此先后进入垄断阶段，其后出现了生产过剩现象，经济危机时有发生，社会矛盾不断激化，人数庞大的劳工阶层的政治立场呈现出激进化趋势。对此，欧洲各国一方面采取以社会公正为目标的改革措施，如实施各种福利计划、劳工保险政策等等，试图安抚劳工阶层的情绪，但是对经济寡头、托拉斯和辛迪加的约束远不如美国那样有效、坚决（经过进步主义运动的洗礼，经济正义成为美国企业家精神的一部分），因此欧洲劳工阶层的处境难有较大改观，社会激进化难以避免，经常游走在革命的边缘。另一方面，欧洲各国通过将剩余资本转移到海外殖民地的方式来缓解资本家的经济焦虑，这直接导致了欧洲各主要国家之间形成难以解决的结构性矛盾，对抗情绪弥漫在古老的欧洲大陆。通过对比大西洋两岸的政治状况，我们不难理解，俄国犹太人选择移民美国而不是他国的政治原因。

从社会层面上来讲，俄国犹太人选择美国而不是他国最主要的原因就是美国在 19 世纪末 20 世纪初的反犹主义没有成为一种普遍的、激烈的社会性运动。不能否认，美国知识分子也会发出一些反犹太人的声音。1890年，新闻记者出身的社会改革家雅各布·里斯说："节俭是犹太城的名言，它既是犹太人的力量所在，同时又是其致命的弱点；既是其美德，也是其可耻的地方。"①言下之意，就是说犹太人是一群缺乏社会责任感的守财奴。历史学家戈温德·史密斯则为欧洲各国政府禁止犹太人享有与非犹太人同等权利辩护。他认为犹太民族具有"寄生性"，根本不属于他们赖以为生的那个国家，所以他们不配享有平等权利。主张对移民实施严格限制的学者普雷斯柯特·霍尔于 1908 年称："纽约和费城的犹太人身体上的恶化伴随着道德、精神和政治上的堕落。"②尽管存在各种各样反对犹太人的声音，但是美国从未形成类似于欧洲那样的社会性反犹运动。这一情况直到 20 世纪 20 年代才有所变化，当时美国犹太人的数量急剧增长以及犹太人在诸多领域取得成功引发了社会恐慌，从而导致了反犹活动的兴起，但即便如此，美国的反犹主义从来都没有从各色社会运动中脱颖而出，引起高度关注。

相比之下，欧洲大陆，一直是反犹主义的天堂。反犹主义自宗教改革运动以降，作为一种社会思潮和运动定期出现。反犹主义在欧洲具有意识形态特征。19 世纪末，随着德国学者赫尔德的人类学在欧洲大陆的畅行，种族主义理论的兴起，为反犹主义注入了所谓"科学"因素，因而在欧洲大陆又掀起了一波高潮。法国、俄国等地先后发生了反犹、排犹浪潮，正如我们在前面所言，以俄国的反犹主义浪潮最甚，因为它主要是以限制犹太人的权利、剥夺犹太人财产、威胁犹太人的人身安全的形式出现的。如果说反犹主义仅仅作为一种社会舆论，犹太人尚可忍受，但是反犹活动进一步升级，威胁到人身和财产安全，那么犹太人只能背井离乡，走上迁徙之路。从反犹主义者的角度来看，俄国犹太人选择美国作为移民目的地并不让人感到意外。如果移居其他欧洲国家，那实际上还是在原地转圈，对生存处境的改变没有实质性的作用。

其次，从微观层面来看，俄国犹太人能够成功移民美国而非他处也取决

---

① Jacob Riis, *How the other half lives(special illustrated edition)*, New York: Createspace Independent Publishing Platform, 2009, p. 63.

② Howard M. Sachar, *A history of the Jews in America*, New York: Alfred A. Knopf, 1992, p. 176.

于他们所具有的资源。1881 年,俄国发生反犹暴力事件后,"栅栏区"的犹太人纷纷向俄国西部与奥匈帝国毗邻的地区迁移,奥匈帝国的加里西亚小镇布罗德(Brody)成为俄国犹太人移民之路上的第一站。中欧和西欧的犹太救助机构在这里设立了办事处,向俄国犹太人提供人道主义救助。最初,俄国犹太人自身并不知道自己的最终目的地在哪里。后来,欧洲的犹太救助机构协商决定将布罗德聚集的俄国犹太人全部分散到美国,并获得了美国犹太救助机构的同意。这个决定为之后的俄国犹太人向美国移民打开了大门。

在推动俄国犹太人向美国移民过程中,美国本土、中欧和西欧的犹太社团与犹太慈善机构发挥了重要作用。对于绝大多数俄国犹太人而言,他们的知识水平以及经济能力并不足以保证他们能够实现跨大西洋的迁移,毫不夸张地说,很多口操意第绪语的俄国犹太人甚至不知道怎么去为自己购买一张前往美国的船票,但是好在他们的背后有一个强大的跨大西洋两岸的犹太移民救助体系发挥作用。

通过微观层面的观察,我们也能发现,俄国犹太人自身的职业技能素养决定了他们选择美国而不是巴勒斯坦作为移民目的地。1881 年沙俄发生集体迫害犹太人事件之后,巴勒斯坦第一批犹太人定居点(伊休夫)在罗斯柴尔德家族的资助下便快速建立起来,当时世界犹太复国主义运动领袖西奥多·赫茨尔也非常希望俄国犹太人移民巴勒斯坦,充实这些"伊休夫"。但是绝大多数俄国犹太人考虑到自身缺乏务农的经验,最终只有 1 万多人选择移居巴勒斯坦,再者巴勒斯坦地方狭小且贫瘠,容纳不下数以百万计的俄国犹太人生存。比起巴勒斯坦这片尚待开发的土地,美国的比较优势自不待言。

最后,还是有必要讨论一下俄国犹太人为何在这一时期选择大规模移民。正如前文所分析,学界主流的看法是俄国境内的反犹运动、对犹太人的集体迫害是形成犹太移民浪潮的最主要原因。但是俄国学界对犹太移民潮成因问题有不同理解。他们指出,19 世纪末,在东欧的其他国家如奥匈帝国以及罗马尼亚并未发生集体迫害犹太人的事件,但也出现向美国移民的热潮。此外,俄国犹太人中的富裕阶层在当时基本上都选择留在俄国而不是跨国移民。所以,针对这些差异性的事实,一些俄罗斯学者认为,促使俄国犹太人移民的根本原因还是在于犹太人有更高的财富期待,他们试图通过移民改善经济状况,而集体迫害只是俄国贫穷犹太人下定决心移民的辅助性原因。我们认为,东欧其他国家未发生迫害事件也出现移民美国的浪潮,这说明是移民示范效应在起作用,决定他们移民的动力是移民美国的趋势和风气。从移民理论来说，也就是美国方面显示的"拉力"要大于欧洲方面的"推力"。

"改善经济状况是俄国犹太移民的根本原因"这一说法，不符合历史事实，是站不住脚的。1918 年 6 月 2 日，俄国作家高尔基在《新生活报》上提及他收到一包反犹主义的传单，其中一份是基督教社会主义者同盟彼得格勒分会印刷的。这份传单问道："你们看见过大量的从事低级劳动的犹太人吗？你们看见过我们的犹太人在街上乞讨吗？没有。""不喜欢犹太人，只是由于犹太人明显更好，更机灵，更能劳动。""打他们，因为他们比我们好。"透过传单的内容，我们可以大致了解到当时俄国犹太人的生活状况并不差，后来他们向美国移民时人均随身携带的美元现金（每人 12.8 美元），也比其他族群的移民携带的都要多。事实上，帝俄晚期对犹太人的迫害是有经济动机的。说到底，此起彼伏的集体迫害事件让俄国犹太人看不到任何改变生存处境的希望，移民是一种在绝境中的救赎行为。当年，摩西带领希伯来人出走埃及，是为了反抗法老的暴政。那么，19 世纪末 20 世纪初，俄国犹太人出走俄罗斯，是为了反抗沙皇暴政。只不过这一次他们是自我救赎，而没有等待"弥赛亚"的降临。

俄罗斯学者不接受"集体迫害是导致俄国犹太人移民的根本原因"的说法，可能是出于以下两个方面的考虑：第一，"俄罗斯特殊论"有失公平。对犹太人的迫害并非俄罗斯特有，19 世纪中期以后反犹排犹在欧洲几乎是普遍现象，这从大批的犹太人被迫改宗基督教或成为伪基督徒（马拉诺）就可以看出。但是，欧洲其他国家的犹太人并未大规模移居海外，所以把迫害与移民联系起来，指责俄罗斯通过迫害，驱逐犹太人，剥夺他们的财产，是不公平的。他们甚至认为，犹太人在这一时期移民海外，主要是为了躲避社会革命与战争的冲击，与迫害无关。他们指出，1903—1917 年是犹太人移民美国的高潮期，期间有 130 多万犹太人移民美国，而这 14 年间对犹太人的集体迫害并非社会常态。第二，他们可能认为对犹太人的集体迫害是俄罗斯历史上的一个污点，因而出于维护国家声誉，有意淡化集体迫害这个因素。其实，从时间节点上看，俄国犹太人大规模移民美国有四次高峰，这四次高峰都出现在沙俄集体迫害犹太人时期。可见，俄罗斯学者所坚持的"贫困说"实际上是站不住脚的。

我们认为，俄国社会对犹太人的集体迫害是导致犹太人移民美国的根本原因。19 世纪末 20 世纪初，从俄国移民美国的犹太人比例要远远高于其他的由俄国移民美国的族群（见表 2.2），在由俄国移民美国的总人数中占比 43.8%，而根据 1897 年俄国人口普查数据，犹太人在俄国全部人口的占比仅为 4.1%。数百年来,俄国犹太人一直忍受偏见、歧视和压迫,把这个整体上并不算友好的帝国当成自己的安身立命之场所。从 19 世纪初开始,欧洲人向美国移民已经成为风气,但是犹太人作为一个非常习惯流散的民族并没有追随风气,而是留在俄国境内,其中有一个相当的重要原因就是,俄国南部边疆地区从地理空间上看离耶路撒冷犹太教圣地比较近。让这些犹太教正统派信徒恋恋不舍的仍然是他们的故土——以色列地,对于他们来说每天朝着锡安山的方向朝拜一下,在心理上是莫大的安慰。在以色列地周围流散与远离以色列地流散在犹太人看来区别很大。如果 19 世纪末 20 世纪初,俄国境内的反犹运动不是如此激烈和惨无人道,大批犹太人是不会背离锡安山,走上移居美国之路的。

表 2.2 1899—1910 年间从俄国移民美国的各民族人口占比(%)

芬兰人	日耳曼人	犹太人	波兰人	立陶宛人	俄罗斯人
8.5	5.8	43.8	27	9.6	4.4

资料来源: Samuel Joseph, Jewish immigration to the United States, from 1881 to 1910, *Columbia University Studies in History, Economics and Public Law*, Vol. LIX, no. 4,1914, p. 165.

二、俄国犹太移民潮抵达之前的美国犹太社会

(一)德裔犹太人主导美国犹太社会

美国犹太人最古老的世系是塞法迪犹太人,也就是葡西犹太人(来自伊比利亚半岛)。他们的祖先乘坐殖民地开拓者哥伦布或达·伽马的航船,先是来到了东印度,之后于 1654 年又辗转来到了北美殖民地[1],并在此繁衍生息,开枝散叶。另一个比较小的世系是波兰犹太人,来自普鲁士的波兹南省(Province of Posen)。18 世纪后半期,大德意志地区的犹太人抵达了美国,到 19 世纪 30、40 年代,他们成为美国犹太人中人丁最兴旺的一支世系。从人种上来讲,他们属于西方犹太人,也就是阿肯纳什兹犹太人。到 1881 年,美国犹太社会的人口大约有 25 万人,其中德裔犹太人占绝对多数。

美国的德裔犹太人有很多是小城镇商贩和工匠的后代。在这方面,他

---

[1] Zosa Szajkowski, How the mass immigration to America began, *Jewish Social Studies*, Ⅳ, 1943, pp. 291 - 297.

们与其俄国犹太同胞很相似。与俄国犹太人不同的是，这些德裔犹太人没有在旧大陆"隔都"生活的经历，他们与信仰基督教的人群混居同一个街区或乡镇。由于未经历种族隔离的生存状态，德裔犹太人丧失了对正统犹太教的信仰，而这些信仰仍是绝大多数俄国犹太人严格遵循的。因此，讲德语的犹太人移民美国后丧失了对本民族宗教的严格信仰，这大大缓解了移民过程对其精神领域的重大冲击①。他们在"美国化"的过程中较少感受到精神剥离的焦灼与痛苦。

当然，德裔犹太人的"美国化"并不是一蹴而就的。直到19世纪40、50年代，受启蒙思想影响，美国的德裔犹太人才消除对新大陆的疏离感和情绪上的不适应。当时，身在美国的犹太知识分子群体——犹太教改革派拉比，给美国的犹太人社会带来了一种在很大程度上类似于基督教新教的宗教信仰，并推动犹太教改革派运动在美国兴起。犹太教改革派拉比向德裔犹太人灌输的宗教观念，有助于后者更好地适应新世界的社会环境。

（二）犹太教改革派信仰

俄国犹太移民潮涌入之前，美国犹太社会主要信仰犹太教改革派。犹太教改革派是对启蒙运动回应的结果。这一信仰派别虽然肇始于大德意志地区，但是在美国获得了更为充分的发展。1869年，犹太教改革派在费城召开会议，最终形成了现代犹太教的经典——《费城纲领》。该纲领由著名的"七大原则"构成，"第一，弥赛亚拯救以色列的目的不在于恢复大卫子孙统治下的旧犹太王国，再次将以色列与世界各国隔开，而在于承认上帝的独一性，联合上帝所有的子民，以便实现全部理性造物的统一，实现他们所需要的道德净化。第二，我们认为，第二犹太共和国的毁灭不是在惩罚以色列的罪孽，而是上帝启示给亚拉伯罕的那个神意的结果。随着世界历史的推进，神意更加明确，即让犹太人遍布整个地球，完成他们崇高的祭司使命，引导世间万国万民真正认识和崇拜上帝。第三，亚伦大祭司身份和摩西的献祭礼拜，是全体犹太人真正祭司身份的初级准备阶段，它始自犹太人散居于世界各地，也是虔诚信奉和道德净化的准备阶段，仅仅这一点就是上帝所喜悦和所接受的。这些机制是为更高形式的宗教虔诚所筑就的基础，随第二圣殿的毁灭，他们彻底地成为过去；祷告时提及它们，也只是在过去的教化影响这个意义上。第四，亚伦后裔与非亚伦后裔之间的任何区分，就宗教仪

---

① Bernard D. Weinryb, Jewish immigration and accommodation to America, *Publication of the Jewish Histocal Society*, Mar. 1957, pp. 375 - 392.

式和宗教职责而言,都是不可接受的,不论是在宗教崇拜,还是在社会生活中。第五,上帝拣选以色列选民为信众,让他们承载最崇高的博爱思想,这一点要一如既往地予以强调。正因为如此,每逢提及这一点,必定充分强调以色列人救助全世界的使命,强调上帝怜爱所有子民。第六,肉体复活的信条没有任何宗教基础,灵魂不朽说仅指灵魂在来生存在。第七,当务之急是修习希伯来语,因为神圣的启示是用希伯来语给出的,希伯来文学影响着所有开花的民族,其不朽作品通过希伯来语保存下来;修习希伯来语必须是我们为履行宗教职责和义务所一直希望掌握的,然而,大多数信奉同派宗教的人已经不能理解希伯来语;所以,在这种情况下,祷告时希伯来语必须让位于通俗易通的语言,这才是明智之举;如果祷告文无法理解,祷告也就徒具形式了。"①

这份宗教纲领不是狂热的煽动,而是非常理性地劝说信众。它要求犹太人在宗教仪式和语言文化方面,应形势之变作出相应的调整,放弃传统的希伯来文化。当然,更为重要的是,要求犹太教徒放弃对以色列国的追求,以免犹太教徒的忠诚性受到主流社会的质疑。这份纲领,影响深远。一方面,它为日后处理犹太社团与主流社会的关系奠定了基调;另一方面,它也为日后德裔犹太人与俄裔犹太人的冲突埋下了伏笔,因为俄国犹太人无论是作为政治迫害的受害者还是作为犹太教正统派信徒,都不会放弃对以色列故土的追求,都支持在以色列故土重建犹太国家。

1885 年,犹太教改革拉比发表《匹兹堡纲领》,进一步确认了《费城纲领》的原则。《匹兹堡纲领》宣称:"基督教和伊斯兰教是我们的兄弟宗教,值得我们尊重;犹太教和科学是一致的;道德法则比圣典法规更加重要;礼拜仪式只有具备伦理价值才有保留的必要;我们犹太人并不是一个民族;我们的使命不是返回我们祖先的故土,而是教导全世界接受我们的道德真理;我们抛弃传统的复活观念;我们相信灵魂(就道德意义而言)不朽;我们不会放弃安息日,但也不反对星期天举行仪式;现在就是我们直面现代社会的罪恶、为社会工作而努力的时候。"②这份纲领比《费城纲领》更进一步,要求犹太教与其他信仰和解,与科学和解。

犹太教改革派一再义正辞严地宣扬自己的纲领原则,一方面当然是为了表明自身接受"美国化"的决心,但是另一方面也反映了德裔犹太人内心

① 此处引用的《费城纲领》全文来源:诺曼·所罗门,犹太人与犹太教,王广洲译,南京:译林出版社,2014 年版,第 132—133 页(附录 B)。

② Sylvan D. Schwartzman, *Reform Judaism: then and now*, New York: Union of American Hebrew Congregations, 1971. p. 214.

的渴望与焦虑。他们渴望融入美国主流社会,遵循一种适应美国环境的宗教信仰(犹太教改革派信仰),但还是没有办法避免在基督徒占优势的国家出现种种"排异"现象,这让他们感到焦虑。在1881年,绝大部分德裔犹太人本身是移民或者是移民第二代,同化程度尚显粗浅。残留的异域行为方式以及源自他们自身的不安全感引人关切。1887年的一份犹太周刊劝告读者:"很多针对希伯来人的偏见是希伯人自身的错误所致……我们中的一些人是如此的德国化,以为非希伯来化就是美国化,这是个理解上的误区。美国化不仅要非希伯来化,还要去德国化。"①从这段表述,我们可以看出,德裔犹太人在美国生活得小心翼翼,主张全盘接受并适应美国的主流文化,放弃犹太主义的价值,甚至放弃生活方式中仅存的德国文化。德裔犹太人努力获取美国主流社会的认同,成为真正意义上的美国人,这是一种趋势。

俄国犹太人大规模涌入美国时,犹太教改革派运动正在美国犹太社会中深入推进,改革派信仰被德裔犹太人普遍接受。但来自"栅栏区"的俄国犹太同胞普遍信仰犹太教正统派。这种信仰上的差异,预示着俄国犹太移民的美国之路将充满艰辛曲折。

三、美国犹太组织对俄国犹太人移民活动的协助

(一)欧洲犹太组织主张向美国疏散俄国犹太难民

流散曾是犹太人命运固有的一部分,因为他们的先祖该隐被判流放。1881年,沙俄境内的反犹主义运动最终导致对犹太人的集体迫害,进而在事实上引发了一场难民危机与新的流散,引起欧洲犹太社团和犹太机构的广泛关注。中欧和西欧的犹太组织迅速采取行动,给予俄国犹太人必要的帮助。当年7月,德国中央救助委员会(Hilfsverein der deutschen Juden)成立。它与奥地利以色列人联盟(Israelitische Allianz)、英国豪宅基金会(Britain's Mansion House Fund)共同协作,将8000多名俄国犹太难民引导至奥匈帝国加里西亚地区的布罗德小镇,此处在地理上靠近沙俄。之后,总部设在法国巴黎的世界以色列人联合会(Alliance Israelite Universelle)这一欧洲最古老、最有影响力的犹太慈善组织介入俄国犹太难民处置工作。

---

① Bernard D. Weinryb, Jewish immigration and accommodation to America, *Publication of the Jewish Histocal Society*, Mar. 1957, pp. 387 - 388.

欧洲犹太机构的想法是,把俄国犹太人堵截在沙俄与奥匈帝国的边境处,防止他们盲目流散,特别是防止他们盲目流散到中欧和西欧地区。

世界以色列人联合会迫切需要准确的一手情报。它派出一位名叫查尔斯·奈特的官员,前往布罗德,实地评估形势,并指导难民处置工作。奈特抵达布隆迪前,本来只打算用几天的时间,处理一下临时的应急工作,然后向联合会提交一份评估报告,便结束任务。但是,抵达布罗德后,他发现自己对形势的估计过于乐观。状态糟糕的俄国犹太人源源不断地逃向布罗德,几近失控。他怀着惊慌之情,赶紧给巴黎的总部写信,说:"我们必须争分夺秒,埋头苦干,因为形势的剧变才刚刚开始,更艰巨的任务还在后面。我担心我们会不堪重负。"[1]由于俄国犹太人向布罗德聚集的势头难以遏制,奈特不得不成立临时指挥所,增加人手。他的本能反应就是,必须设法使俄国犹太难民立即离开布罗德,最好将他们疏散到美国去。他称"美国是一个地域辽阔的、自由的、富裕的地方。在那里,所有想工作和能工作的人,都能找到安身立命之所。"[2]奈特的说法受到欧洲犹太社团和慈善机构领导人的肯定和欢迎。奈特还提出建议:在俄国犹太难民被疏散到美国之前,必须将他们集中隔离在布罗德,以免他们流散到中欧和西欧。为阻止难民危机的波及面扩大,奈特决定从源头上堵截。他向俄国"栅栏区"的犹太教拉比、犹太社团领导人和犹太报纸主编发出警告:"必须马上阻断逃难潮,布罗德已经容不下额外的逃难者,因为慈善资金即将告罄。"[3]但是他的警告没有人理会。从1881年春季到秋季,逃难潮持续不断,先后有1.2万多人聚集到布罗德。

种种迹象表明,救助俄国犹太难民的工作需要进一步协调,并形成有效的机制。1881年10月,来自中欧和西欧犹太慈善机构的代表们在巴黎召开应急会议,商讨下一步的工作方案,最终达成了协议。根据协议,第一步:世界以色列人联合会负责为奥匈帝国布罗德地区的俄国犹太难民提供必要的生活保障;第二步:德国中央救助委员会和奥地利以色列人联盟承担将俄国犹太人送至德国港口的费用,并负责监管整个的运送过程。英国豪宅基金会和其他英国基金会负担将俄国犹太人送至英国港口的费用,并负责途中的照料工作;第三步:世界以色列人联合会承担将俄国犹太难民经大西洋送往的费用;第四步:美国的俄国移民救助基金纽约委员会负责接受

① Stephen M. Berk, *Years of crisis, years of hope, Russian Jewry and the pogroms of 1881－1882*, Westport: Greenwood Press, 1985, p. 69.
② Ibid., p. 69.
③ Ibid., p. 70.

并照顾这些即将抵达的新移民。这些犹太机构的资金有相当一部分来自于罗斯柴尔德家族的资助。这样，第一批 900 多名俄国犹太难民于 11 月初从德国汉堡登船前往美国纽约①，其中绝大部分是健康的男性青年。

临行前，查尔斯·奈特向这些即将启程的难民发表公开讲话。他告诉这些人乘火车前往汉堡的途中每个人的食物和饮用水的配给量，告诉他们汉堡的肉价贵贱情况（须用自己的生活津贴购买肉制品）以及到了汉堡之后在哪里购买寝具和炊具比较划算，最后奈特还不忘揶揄这些即将启程的幸运者是美国急需的那一类优秀的劳动力。

（二）1881—1882 年美国犹太慈善机构对俄国犹太移民的救助活动

起初，美国两个最主要的犹太慈善组织"誓约之子"（B'nai B'rith，世界上最古老的犹太人兄弟会）和希伯来人慈善联合会，并没有介入救助俄国犹太难民的行动中。救助任务主要由美国希伯来教会联盟代表委员会和一个临时性机构——俄国移民救助基金及其设在各地的委员会负责。前者负责政策指导，后者负责处理具体事务。

1881 年 8 月，美国希伯来教会联盟代表委员会向世界以色列人联合会作出承诺：他们将提供帮助，负责在美国安置 500 多个犹太难民，但前提条件是，被救助机构送到美国的俄国犹太人必须是"强壮的、健康的、愿意从事繁重的劳动的人和具有一定技术能力的人。"②

希伯来教会联盟代表委员会最初试图采取两方面措施来安置俄国犹太移民：一是鼓励分散定居，二是推动农业定居。具有一定技能的移民可以被送至美国内地城镇，由内地的犹太社团会给他们安排工作；那些渴望务农的移民可被组织起来进行农业垦殖或者到个人的农庄上工作。这两种计划的基本逻辑就是希望使新移民不要聚居在一起，同时将移民援助的负担从东部海岸城市的犹太社团转移给内地的犹太社团。

1881 年 11 月下旬，1000 多名犹太难民抵达美国，人数是犹太社团最初同意接纳人数的两倍。俄国移民救助基金会的秘书长、律师 M·A. 库斯赫德特给世界犹太人联合会写了一封长信，抱怨"这 1000 多移民中至少有 1/3 的人是不适合移民的"，"其他信仰集团移民到美国的那些人要么是老练的

---

① 按照美国方面的说法，第一批转移到美国的俄国犹太难民的人数为 1000 余名。双方说法不一，一定程度上反映出当时的救助工作不够细密。

② Stephen M. Berk, *Years of crisis, years of hope, Russian Jewry and the pogroms of 1881–1882*, Westport: Greenwood Press, 1985, p. 73.

商人,要么是身强力壮的劳动者……而你们送来的犹太同胞几乎都是小商贩"①。库斯赫德特埋怨道,大量的俄国犹太难民已经变成了不法商贩,"这些人给我们带来烦恼。他们已经在这个城市定居,聚居在纽约东部肮脏的租屋内。"②库斯赫德特也认识到新来的俄国犹太移民很少拥有从事农耕的能力或兴趣。他还在信中重申美国犹太机构的诉求:"你们送来的人,必须健康且有一技之长,必须随身带够干净的、能满足美国各种气候变化的衣物……就目前的情况来说,你们一周内送来的人不得超过 50 人,一月之内不得超过 150 人。"③在这封信的结尾,库斯赫德特指出大量的老年人、寡妇和被抛弃的、领着孩子的人妻涌入了美国,指责世界以色列人联合会正在按照错误的思路行动,因为它强迫迁徙到美国的俄国犹太移民成为美国福利制度的拖累。类似于库斯赫德特的抱怨并不局限于纽约(俄国犹太移民的主要接收地)一地,其他城市的犹太社团也发出类似的针对俄国犹太人的抱怨之声。密尔沃基的一份报纸称,"如果有更多的俄国犹太移民被送往密尔沃基,他们将被原路送回,不允许跨出船舱一步。"④美国犹太社团第一次组织参与如此规模的救助活动,毫无经验可言,发发牢骚也是人之常情,而且欧洲的犹太慈善机构确实表现傲慢,对美国同行的诉求置若罔闻。

尽管救助过程充斥各种牢骚与抱怨,但是美国犹太社团与机构的主流意见仍然是不能放弃救助新抵达的俄国犹太移民。一些人认为,持久的帮助是必须的,因为"许多移民缺乏保护和指导,他们将自然而然地加入黑社会性质的社团,从而使犹太社团蒙羞。"而且,犹太人担心,如果他们强迫新来的同胞接受官方的公共福利的救济,那么会使犹太社团处于非常尴尬的境地。对于美国犹太人而言,照顾贫困同胞一直是他们赖以骄傲的事情,让同胞依赖其他组织会使他们在美国主流社会中的形象受到损害。

1881 年 11 月,一群犹太社会精英对俄国移民救助基金进行改造,在此基础上创建了美国希伯来移民救助协会。希伯来移民救助协会的创建者中,有纽约的金融家、慈善家、犹太社团领袖雅各布·舍夫,纽约商人和长期担任希伯来人慈善联合会纽约分会主席的亨利·赖斯,华盛顿律师、犹太人的重要代表西蒙·伍尔夫。这些人在未来数十年内一直主导或参与俄国犹太移民的救助工作。创建美国希伯来移民救助协会的目的是,加大对已经

---

① Jewish Messenger, Sep. 2, 1881, p. 4.

② Ibid., p. 4.

③ Ibid., p. 4.

④ Stephen M. Berk, *Years of crisis, years of hope, Russian Jewry and the pogroms of 1881 -1882*, Westport: Greenwood Press, 1985, p. 71.

抵达美国的俄国犹太人的救助力度,但是不再接收额外的犹太移民①。因此,1881年12月,美国希伯来教会联盟代表委员会和希伯来移民救助协会共同向世界以色列人联合会发出通知,称美国犹太社团将不再接收新的犹太难民。

然而,1882年春,沙俄境内又发生了新一轮的迫害犹太人事件。这起事件导致比上一年更多的犹太人聚集到加里西亚地区的布罗德。情况突变,再次引发美国犹太人的怜悯之心,促使他们改变先前不再接受额外犹太难民的决定。为减轻美国犹太社团的负担,美国犹太代表向欧洲的犹太救助机构提出更加严格的条件。在这些条件得到应允的情况下,他们表示可以接受新一批俄国犹太移民到来。最终,美国与欧洲的犹太救援机构达成妥协。在这些妥协中有一条规定,就是欧洲犹太移民救助机构同意在美国以外的地区选择犹太难民再定居的地点。更重要的是,欧洲犹太移民救助机构同意资助美国的救助工作,承诺尽更大的努力指导那些"能够在新的生活环境自立的犹太人"前往美国。

尽管欧洲犹太救助机构竭力保证1881年出现救助混乱的情况不会再现,但是事与愿违,1882年甚至出现了更加紧张的状况。犹太难民又一次大规模涌向美国,人数超过预期。这些移民又很多是难以适应新环境的人。到1882年5月,美国犹太移民救助工作由于资金严重短缺而陷入困顿。那些指导救助工作的人直接向全国范围内的美国犹太人发出呼吁,要求他们慷慨解囊,以完成手头的救助工作。犹太媒体发出紧急呼吁,声称如果俄国犹太移民得不到救助,犹太社团与机构将陷入困境,"犹太流浪汉和贫民将玷污'以色列人'(Israelite)这个称呼"。与此同时,不少美国犹太人开始觉得"我们为移民做得越多,他们来得就越快,所以我们不得不限制我们的人道主义冲动"②。

1882年7月的第二个星期,被当时的美国犹太媒体兴奋地称为"英雄一周"。这一周,难民危机达到顶点,创下了仅一天时间就有1000多俄国犹太移民抵达纽约卡斯特尔花园的纪录。为此,美国希伯来移民救助协会紧急召开全国性的犹太组织联席会议。会上,慈善界的领袖们一方面竭尽全力地募集更多的资金,从而使整个的移民救援计划立足于更加坚实的财政基础上;另一方面,强烈谴责欧洲的犹太移民救助机构不负责任的甩包袱行为,因为欧洲的救援机构没有给予俄国犹太人足够财政资助,同时他们也违

① Jewish Messenger, Nov. 11,1881, pp. 2,5 - 6.

② New York Times, July 16,1882, p. 8.

背了"只输送最有能力的难民"的承诺。到 7 月底,美国希伯来移民救助协会的资金告罄,而欧洲承诺的救助资金也没有跟进,协会的官员不得不宣布,今后所有新到来的俄国犹太移民将接受美国公共慈善机构的援助[①]。

如果接受美国公共慈善机构的接济,这对于美国犹太人而言是一种耻辱,因为这有违当年的"斯图文森特誓言"。1654 年,英属北美殖民地总督斯图文森特试图驱逐来自巴西的塞法迪犹太移民,而荷兰西印度公司则打算用这些移民来促进当地经济的发展。斯图文森特最终让步,他与西印度公司之间达成的妥协,被称为"斯图文森特誓言"。这份誓言约定,允许犹太人定居下来,但是他们必须自我满足自身的社会福利需求。他们一致同意,新大陆的犹太人不能接受也不能要求政府提供救济。不接受非犹太人的救助,成为了一种传统,美国犹太社团领导人说过:"一个犹太人与其剁掉自己的手,也不要从非犹太人那里接受资助。"[②]美国犹太人首次接受国家慈善系统救助,是在 1929—1931 年大萧条时期。当时,整个美国社会的私人救济系统均瘫痪崩溃。

犹太移民救助工作因资金问题难以为继的时候,俄国迫害犹太人的活动也接近尾声。1882 年中期,这一轮的反犹主义迫害已经减弱,俄国犹太人停止了向加里西亚地区聚集,而且奥匈帝国政府为回应劳工组织的抗议,下令向所有的俄国难民关闭边界,除非他们持有船票或拥有足够的买船票的钱。8 月,世界犹太人大会在维也纳召开,讨论如何将尚留在布罗德的剩余俄国犹太难民疏散出去。美国希伯来救助协会的爱德华·劳德巴茨作为美国代表参加这次大会,他告诉欧洲救援机构,美国犹太社会已无力接纳犹太难民。对此,欧洲的犹太救助机构表示理解和接受。随着布隆迪犹太难民疏散中心的关闭,一小部分特殊难民被分配给美国,但是绝大部分滞留难民被遣送回沙俄,或者遣散到中欧和西欧各国。

对于美国犹太人社团及机构而言,发生在 1881—1882 年的事情是令人痛苦的。但是,抱怨俄国犹太移民缺乏经济自主能力及其对美国犹太社团产生难以承受的压力,并不意味着逃避责任。事实上,美国犹太人社团的抱怨是有原因的。一方面,这种抱怨是针对西欧救援组织的草率的工作态度。当时西欧许多犹太移民救助机构在布罗德设置了办事机构。俄国犹太难民聚集在布罗德,他们热切地想摆脱俄国水深火热的生存环境前往美国。一

---

① Jewish Messenger, Sep. 8,1882, p. 2.

② Oscar Handlin, *The uprooted: the epic story of the great migrations that made American people*, Philadelphia: University of Pennsylvania Press, 2002(2nd), p. 165.

些等待迁徙的难民经常会对这些办事机构人员撒谎，声称他们拥有技术，而且他们在美国的亲朋好友会帮助他们，但事实并非如此。同时，这些机构也希望尽早地疏散这些难民，这种心情也导致它们不会认真地判断难民们所讲的情况是否属实。另一方面，就是美国犹太人社团与机构并不是真的缺乏慷慨之心。1881—1882年，总计有1.9万名俄国犹太移民进入美国。这些人中有1.4万是接受美国希伯来移民救助协会的资助移民美国的。这1.4万人大约占当时全部美国犹太人口的5.5%，这给人口基数本来就小的犹太社团带来的压力是难以想象的①。因此，美国犹太社团和机构的抱怨并非无病呻吟。

尽管美国各个犹太救助机构对西欧犹太救助机构的组织移民迁徙的工作颇有微词，但是双方还是比较有效地完成了疏散俄国犹太难民的工作。这是犹太人救助精神在危难时刻的体现，也是俄国犹太人的福音。

（三）1882年后美国犹太组织在俄国犹太人移民活动中的作用

1883年早期，美国希伯来移民救助协会寿终正寝，完成了自己的使命，自行解散。虽然对外宣称它解散的原因是俄国迫害事件已经结束，但主要原因在于其领导人认为，如果它继续存在，势必会吸引更多的俄国犹太移民到来。奥古斯图斯·列维的态度最为典型，他在辞去希伯来移民救助协会秘书长的声明信函中，先是赞扬新抵达的俄国犹太移民具有种种优点，接着对俄国犹太新移民作出苛刻的评价，认为这些俄国犹太新移民先前在俄国的生活模式已经"给他们打上了永久性贫困的烙印"②。这一说法虚张声势，引起美国犹太社会的恐慌。

对俄国犹太移民会成为慈善负担的持续担忧，在费城犹太人保护协会的活动中表现得很明显。费城犹太人保护协会于1884年成立，旨在资助俄国犹太新移民在费城的定居，但1888年这个协会陷入财政危机。协会官员称，当地的犹太社区对这个协会的存在感到愤怒，因为正是这种协会的存在才吸引了俄国新移民的到来。

巴龙基金的成立，更是加剧了美国犹太人对移民成为慈善负担的担心。这个基金的创始人是巴龙·穆里斯·德·希尔茨，他是德国出生的拥有巨额财富的银行家和慈善家。他希望通过这个基金，帮助移居美国的俄国犹

---

① Gerald Sorin, *Tradition Transformed*: *The Jewish experience in America*, Baltimore: The John Hopkins University, 1997. p. 126.

② Samuel Joseph, *History of the Baron de Hirsch Fund*: *the Americanization of the Jewish immigrant*, Philadelphia: Jewish Publication Society, 1978(2nd), p. 91.

太同胞。该基金在 1890 年开始正式运行,拥有 240 万美元的活动资金。

人们或许会认为犹太社团会对巴龙的慷慨心怀感激,但实际情况没有这么简单,因为许多人担心这个基金的存在将会吸引贫穷移民来到美国。奥斯卡·斯特拉乌斯是基金会的负责人之一,他在 1889 年给巴龙写信称,"基金管理委员会希望,这个基金不应该鼓励或刺激移民来到美国。如果你的愿望就是如此,那么我要说大量移民的到来无论对于美国还是对犹太人本身而言都是一场灾难。"①直到 1891 年早期,美国犹太人都对希尔茨基金的资助意图持怀疑态度。后来,希尔茨对美国方面的要求作出了妥协,指定这个基金用于资助在美国已经定居至少两年的俄国犹太人。

尽管美国犹太社会对各种犹太救助团体的存在一定程度上心存疑虑,但是当灾难降临到俄国犹太人身上的时候,他们的态度会发生重大转变,民族的整体利益、宗教的人道主义情怀最终会战胜狭隘的团体利益和个人利益,而各种犹太救助机构以及犹太社会领导人物的行动就是这种态度转变的具体表现。

1891—1892 年,俄国再次发生迫害犹太人的事件,导致了 12.5 万的俄国犹太人在短时期内蜂拥到美国。巴龙基金会虽然对美国犹太社会的主流民意作出妥协,但是它仍然在帮助俄国犹太人移民美国的过程中发挥了作用。当然,更为重要的是从 19 世纪 90 年代中期开始,移民美国的俄国犹太人,其技术素养、自身财力、受教育程度等都有了一定程度的改观,对美国犹太救助机构的依赖减小,自我谋生的能力整体提高,收入也不断见涨。以俄国犹太移民主要的就业领域服装行业为例,1891 年时,周薪大约是 3 美元,到 20 世纪初的时候,涨到了 8.8 美元,而且他们在遇到财政困难的时候,也更愿意寻找同乡的帮助,这就部分缓解了犹太慈善机构的压力。

表 2.3 显示,19 世纪末 20 世纪初由俄国移民美国的各族群的特征。通过对比,我们可以看到犹太人自身具备的优势。美国的犹太移民中,有67.1% 的人精通一门生意,而且他们移民时随身携带的美元现金比波兰人和立陶宛人要高,这是后来俄裔犹太人取得比其他族群更大成就的一个重要原因。移民中女性占比比较高,达到了 43.3%,与男性移民的比例相当,这表明犹太人通常以家庭为单位举家移民,渴望在美国永久定居,因为他们没有退路可言,所以他们的回迁率相比于其他族群要低很多,只有 11.1%,而俄罗斯人的返迁率高达 42.2%。既然绝大多数俄国犹太人打算在新大陆扎下根来,这也就意味着他们的自我奋斗程度要超过其他族群。俄国犹

① Joseph, *A history of the Baron de Hirsch Fund*, Jewish Messenger, Feb. 13,1891, p. 4.

太人中 14 岁以上的文盲占比要低于其他移民族群,这说明移民美国的成年犹太人的受教育程度相对较高,也反映出犹太人相较于其他族群更重视教育的事实。

表 2.3　19 世纪末 20 世纪初由俄国移民美国的各民族人口的特征数据

	犹太人	波兰人	俄罗斯人	立陶宛人
年龄不满 14 岁和超过 44 岁的(%)	30.4	11.7	9.7	9.7
女性(%)	43.3	50.5	15.0	29.4
精通一门买卖的(%)	67.1	6.3	9.1	6.7
农民、无技术工人、用人(%)	25	93.2	88.1	92.7
商人(%)	5.3	0.1	0.9	0.1
14 岁以上的文盲(%)	26.0	35.4	38.4	48.9
返回俄国的(%)	11.1	29.7	42.2	27.2
之前就居住在美国的(%)	2.1	6.9	4.1	3.5
每人拥有的现金(美元)	12.8	11.9	19.2	11.1

资料来源：Noah Lewin-Epstein, Yaacov Ro'i and Paul Ritterband, eds., *Russian Jews on three continents: migration and settlement*, London and New York, Routledge, 2013, p. 26.

　　我们应该更加全面地看待美国犹太社团与犹太救助机构在俄国犹太人移居美国过程中的作用。他们对俄国犹太移民的帮助还不仅仅局限在经济援助的层面上。我们知道,1891 年至 1892 年俄国犹太移民涌入所引起的社会反应比上一次更加强烈。面对大批俄国犹太人移民入境,美国联邦政府再也不能坐视不管,试图对甚嚣尘上的限制移民的呼声作出回应,这个回应具体来说就是修改美国移民法。当时美国国会议员中,有人持反犹立场,力图利用修改移民法的机会,限制俄国犹太移民的到来。对此,美国犹太社团以及社团的领导人据理力争,最终使这些议员的企图落空。从这个意义上来讲,从 19 世纪 90 年代开始,美国犹太社团与机构对俄国犹太人的帮助已经从单纯的经济层面向经济援助与政策斗争层面并重、维护俄裔犹太权益的方向发展,这为后来越来越多的俄国犹太人争相进入美国奠定了基础。

　　从 20 世纪初开始,随着第一批俄国犹太移民逐渐适应美国的新环境,俄国犹太人移民美国的模式也相应地发生了改变。美国犹太救助机构还在提供力所能及的帮助,但是这种帮助通常是在俄国犹太人抵达美国之后才提供,因而间接地帮助了俄国犹太人向美国移民,因为美国移民法在 1891 年经过又一次修订,增加了限制社会组织特别是慈善机构向移民提供旅费的条款。除此之外,另一个事实也决定了移民救助模式需要更新。1900 年以后,移居美国的俄国犹太人数量成倍增长。1900 年之前的近 20 年内,抵达美国的俄国犹太人大概有 40 万,年均移民入境的俄国犹太人数量在 2 万左右,而此后的 20 年时间内则有 130 多万,平均每年有将近 7 万多俄国犹太人移居美国,要求大西洋两岸特别是美国犹太社团和机构依然像以前那样从这些俄国犹太人踏上移民之路开始,一直到美国定居就业提供全程救助、全员救助、全方位救助,这在财政上是有困难的。

这一时期更具决定作用的救助模式是亲友同乡救助模式。这种移民模式成为主导,反映了先期抵达美国的俄国犹太人在经济状况方面已经取得一定的改善。很多俄国犹太人起初只身前往新世界,在纽约等城市的“血汗工厂”出卖苦力,挣血汗钱,然后省吃俭用,为家庭成员买好前往美国的船票寄回去。还有一些俄国犹太人积攒一定的资金后,开始了在美国的创业之路,成为企业主、个体经营者或者分包商,这就使他们有能力和财力去资助俄国犹太同胞,同时也给自己的工厂、雇主或作坊引进廉价劳动力,这在一定程度上是双赢的举措,此时的俄国犹太移民具有一定的劳务输出性质。纽约“血汗工厂”的分包制度也就是在这样的背景下兴起的。

当然,也有一定数量的俄国犹太人采取“曲线移民”方式。他们从“栅栏区”抵达德国汉堡或者英国利物浦后,并不立即继续自己的旅程前往美国纽约等地,而是留在当地寻找工作机会,积攒生活费和旅费。据统计,1921 年美国实行移民配额制时,尚有 7 万多的俄国犹太人滞留在德国汉堡一地,一边谋生,一边等待官方签发旅行文书,以便前往美国。

总而言之,从 1882 年之后,美国的犹太社团和机构虽然对移民美国的俄国犹太人存在不满情绪,但是这并没有阻碍他们的救助行动。针对俄国犹太人移民美国过程中出现的新情况,美国犹太社团的救助行为发生了重大变化,不仅注重经济层面救助,而且也注重对国家移民政策发挥自身的影响力,保证俄国犹太人能够顺利抵达美国,并得到相应的权利保障。从 20 世纪初期开始,美国犹太社团和机构的救助作用逐渐下降,亲友同乡救助逐渐成为主流。当然,还有一些经济状况比较好、知识水平比较高的人是通过自主移民进入美国的。1881—1920 年,共有 170 多万俄国犹太人成功移民美国,其中 130 多万是在 1900 年之后成功移民美国的[①]。

---

① George Pozzetta ed., *Emigration and immigration: the old world confronts the new*, New York, 1991, pp. 37 – 39.

小　结

犹太人成为帝俄晚期民族问题、反犹主义运动的牺牲品之后，在大西洋两岸的犹太机构的引导下，走上移民美国之路，这是一条相对有序的流散之路。19 世纪末 20 世纪初推动俄国犹太人向美国移民的因素有很多，从宏观方面来说，主要有国际经济的变化、大西洋两岸的政治状况、欧美社会对犹太人的态度等等，从微观方面来讲主要就是有一个组织高效、运作良好的犹太救援体系作为依赖。在这些因素当中，俄国的反犹主义及其引起的集体迫害犹太人事件是促使俄国犹太人向美国移民的最主要因素，而美国犹太人社团以及救助机构（大多数是临时性的应急救助机构）在能力许可的范围内积极地帮助俄国犹太难民则是关键因素。

历史不是神话，历史学的兴趣也不在于撰写神话谱系。在救助俄国犹太人过程中，美国犹太人社团对俄国犹太难民的到来产生过排斥甚至抗拒的情绪，这一方面是由于救助资金方面的压力，另一方面是由于担心俄国犹太人干扰犹太教改革派推进的"美国化"，但一个基本的历史事实是美国犹太人和犹太社团还是从民族整体利益、宗教情怀以及人道主义精神出发，帮助了俄国犹太难民实现了洲际迁徙。

总之，从 1881 年俄国发生第一次迫害犹太人事件发生后，一条通往美国的迁徙之路就已经打开了。在这条道路的两端都有犹太移民救助机构活动的身影，我们认为，这些救助机构特别是美国犹太救助机构先后接力，不遗余力，在俄国犹太难民的迁徙过程中发挥了关键性作用。可以说，除犹太民族群体迁徙之外，其他任何一个民族群体在迁徙过程中都没有获得过如此有组织、有效率的帮助。1903 年之后，犹太机构的救助性移民模式逐渐退居次要地位，同乡互助移民模式受到更广大俄国犹太移民群体的青睐。那么，随着俄国犹太移民的到来，美国官方又会什么样的反应呢？对这个问题，我们将在下一章论述。

第三章　美国官方对俄国犹太移民潮的反应

　　1881—1882 年间,俄国发生的集体迫害犹太人事件,导致大批俄国犹太人移居美国。当时,美国社会普遍认为,这是一起突发事件,而不是一段历史的肇始,因此美国政府在移民政策方面并未作出过特别的反应。但 1890 年夏俄国再次发生集体迫害犹太人事件,大批俄国犹太人踏着前人的足迹,再次涌入美国,最终引起美国社会各方的高度关切。同时,19 世纪 90 年代中期,美国经济一度陷入萧条,失业现象增加,移民问题变得格外突出。美国社会要求限制俄国犹太人入境的呼声越来越高,美国政府在制订和执行移民政策时,力度也越来越大,以求将俄国犹太移民规模控制在一个合理的水平上。当然,美国移民政策制定与执行能否达到预期效果,在一定程度上也取决于美国政府与美国犹太社会组织之间的博弈。

一、美国国内反犹太移民情绪的出现

(一) 俄国犹太移民问题持续发酵

　　19 世纪 80 年代初之前,美国的移民政策坚持"自由主义原则",对外国人移居美国整体上采取宽容态度,鼓励移民远涉重洋来美国参与经济建设,特别是南北战争后,美国国内掀起了工业化高潮,需要有更多的劳动力,这种形势促成美国工矿业竞相以高工资和优惠条件从海外招工,从而推动移民潮涌向美国大陆。

　　从 1865 年到 1872 年,每年从海外移民美国的人数都在 30—40 万之间,1873 年移民人数突然增加到 40 多万,达到巅峰,之后每年进入美国的移民人数徘徊在 10 万—20 万之间,直到 1882 年再次迎来移民人口大爆炸。这一年,美国国会出台了有史以来第一部系统性的移民法,即《移民归化法》,同时还出台了另一部广为中国人所知的移民法律——《排华法案》。以这两部法律为标志，美国自由主义移民时代开始走向终结，限制性移民时代正式开启。此后，针对移民的限制性立法呈现出加速势头。这意味着美国联邦政府对哪些外国人可以入境进行甄别挑选，而不完全由劳动力市场和经济周期来决定，同时也意味着移民政策也不再是各个州的地方事务，美国国会可以立法的形式为全国的移民政策定下基调。1891 年，美国联邦政府在纽约的埃利斯岛（美国东部最大的移民人口集散地）"美国移民办公室"的基础上，成立由财政部负责的国家移民局，作为移民法的执行机关。1903 年，美国商业与劳工部组建，国家移民局转划归该部统辖。1906 年，美国国会通过法案，成立"美国移民归化局"，下设移民处与归化处。1913 年，归化处独立出去，升格为美国归化局，由新成立的美国劳工部负责管理。整体上看，1880 年以后，美国对移民的入境管理趋于规范化、制度化。

美国从 19 世纪 80 年代起，逐步收紧移民政策，原因当然比较多样而且复杂。对此，邓蜀生先生在《美国移民政策的演变及其动因》一文简单提及，"随着（美国）国内人口增加，经济发展和国力增强，从 1882 年开始，美国的移民政策发生了显著变化，限制和排斥移民的法律相继制定出来。"①邓蜀生先生的研究可能受文献资料方面的限制，所以无法深入。他比较含糊地认为，美国移民政策收紧，是由于人口饱和。事实是，限制性移民法相继出台后，美国接受移民的数量并没有减少，而是在增加。一战前的 15 年时间内，美国接受了 1290 万移民，在当时相当于一个中等规模的欧洲国家人口，年均接受 86 万移民，这显示美国社会还是有能力吸纳更多移民的，而移民对于美国的社会经济发展所起的作用仍然是有正向的、积极的。

丁则民先生的分析似乎更加有说服力，与主流观点更为接近。他在《百年来美国移民政策的演变》一文中说到，限制性移民政策的出台，主要是美国社会认为移民"带来了贫困、疾病和犯罪等严重的社会问题"，从而"结束了美国对欧洲社会弊病的免疫性"。更重要的原因是宗教偏见促使美国收紧移民政策。最初的宗教偏见，主要是针对来自爱尔兰和德国的天主教教徒，后者被视为对美国新教的威胁。后来，这种宗教偏见扩大到了东正教徒、犹太教徒以及不信教的华人群体。但是，从 1882—1920 年，移民美国的人口主要来自东欧，而这些人多信仰东正教、东仪天主教和犹太教，所以美国社会的主流倾向，还是在于限制天主教及其影响力在美国的增长，阻止天主教的"血统"淹没新教②。当然，最根本的原因，就是美国经济的进一步发

---

① 邓蜀生，美国移民政策的演变及其动因，历史研究，1989 年第 3 期。
② 丁则民，百年来美国移民政策的演变，东北师大学报（哲学社会科学版），1986 年第 3 期。

展,需要有高素质的劳动力注入市场。

　　俄国犹太人就是在美国移民政策由自由向限制过渡的时代背景下移民美国的。第一波俄国犹太移民于 1881—1882 年间抵达美国后,美国社会对俄国犹太人的攻击开始见诸报端,这种公开的敌意行为传递出的信息非常明确,就是俄国犹太人会阻碍美国社会发展和文明的提升。当时,对俄国犹太新移民的抱怨,主要是针对他们邋遢、不讲究居住条件、心甘情愿在血汗工厂里面低价出卖劳动力等。媒体虽然没有公开表示要限制俄国犹太人移民美国,但是对俄国犹太移民不够友好,不够宽容,这不仅是俄国犹太人的问题,而且也是媒体自身的问题。

　　1890 年夏,俄国的反犹活动在前期短暂中止后,又重新抬头。新一轮的迫害没有以暴力迫害的方式出现,而是以对犹太人的权利加以严格限制、逼迫其离境的方式出现的。这一轮迫害在 1891 年春达到高潮,先前被允许在"栅栏区"之外的地区定居的犹太人遭到大规模驱逐。美国犹太人担心,俄国的这一轮迫害会导致更多的俄国犹太人向美国移民。1891 年夏,沙俄集体迫害犹太人的后果在美国显现出来了。入境美国的俄国犹太人数量达到了 12.5 万,加上先期移民美国的俄国犹太人,其人数在美国犹太人口中的比例也达到了创纪录的 60%[①]。

　　俄国犹太人数量的增长以及他们的处境,引起了媒体和公众的关注,俄国犹太移民问题持续发酵。大量报道将俄国犹太人的移民行为与沙皇政府的迫害政策联系在一起,认为这些犹太人是难民,是由于政治迫害和宗教迫害,才来到新世界寻求生路的。犹太人在俄国的遭遇固然令人同情,但是他们出现在新世界制造了社会恐慌,而新闻媒体则放大了这种恐慌。一些人认为,新近从俄国抵达美国的犹太移民中,大多数人的财产已经被剥夺,他们要在美国生存下去,只有两个途径:一是接受公共慈善机构的资助,这会加重税收负担;二是要出卖廉价劳动力,这会增加劳动力市场的竞争压力。犹太慈善家巴龙将大规模资助俄国犹太移民的消息,经过媒体的大肆渲染,在美国民众的心中同样引起恐慌。尽管巴龙一再申明,他将选择阿根廷作为安置俄国犹太难民的另一个目的地,但是联邦政府官员和一般民众担心,仍会有大批的俄国犹太移民自愿选择移民美国。

　　在获知英国犹太慈善机构为俄国犹太人支付前往美国的旅费后,美国联邦政府处理移民事务的官员无法坐视不管,决定采取行动。1891 年 7 月

---

① John Bodnar, *The transplanted*: *A history of immigrants in urban America*, Indianapolis: Indiana University Press, 1985, p. 23.

10 日,财政部部长查尔斯·福斯特向纽约和其他的港口的移民官员下达指令,要求他们严格执行新颁布的《1891 年移民法案》,试图限制入境的俄国犹太人数量[①]。

(二) 美国犹太社会组织克服《1891 年移民法案》设置的障碍

《1891 年移民法案》为俄国犹太移民的入境设置了重重障碍。这部新移民法有一个条款,要求移民局的官员拒绝可能对公共福利造成负担的移民入境,这进一步表明美国对移民的态度——不欢迎穷人的到来。《1882 年移民法案》中也含有排斥穷人移民的条款,但当时条款里所指的“会给公共福利造成长期负担的移民”,主要是年老者、慢性病患者、残疾者和带多个孩子的寡妇[②],也就是一些明显难以自食其力的人。而《1891 年移民法案》扩大了甄别和排斥的范围。移民审核机构可以禁止正常的健康人入境,认为这些人也可能由于缺乏金钱或者工作技能,在入境一段时间后会依赖公共福利的资助。

《1891 年移民法案》对俄国犹太移民影响较大的另一个条款,是有关协助移民的规定。这个规定,要求自动扣押那些由海外个人或组织资助才得以走上移民之路的人。被扣留的移民,即使他有钱,也必须接受特殊的调查,必须证明自己不可能接受政府救济。俄国犹太移民很显然会受到该规定的影响。此外,《1891 年移民法案》中的政府救济和协助移民条款还授予了移民机构自由裁量的权力,从而使禁止数目庞大的犹太难民的入境成为可能。

《1891 年移民法案》直接回应了始于 19 世纪 80 年代后期要求限制移民入境的社会呼声。它不仅要求给从欧洲持续涌入美国的移民设置法律障碍,而且它也明确了这些法律障碍所针对的目标人群,这是一个非常重要的变化。1891 年前,遭排斥的目标人群一般是那些身体、心理以及道德有缺陷的人。此后,美国官方觉得也有必要限制一些身心健康的人入境。

1891 年移民法案正式颁布前夕,美国犹太社会对于是否支持限制移民是比较纠结的。当美国国会通过《1882 年移民法案》时,美国犹太社会表示支持,但是隐隐透出忧虑,因为 1882 年还通过另一部移民法律,即《排华法

---

① New York Times, July 11,1891, p. 4; American Hebrew, July 24,1891, p. 246.
② Roger Daniels, *Coming to America: A history of immigration and ethnicity in American life*, New York: HarperCollins University Publishers, 1990. p. 76.

案》。这部法案遭到美国犹太媒体的强烈批评,称这是"国家的耻辱"①。很显然,美国犹太社会不希望自己的同胞像华人一样遭到排斥。1887 年,希伯来人慈善联合会的官员詹姆斯·霍夫曼断言:"我们不能同意限制移民的措施——如果这个措施限制了我们受压迫的同胞中的任何一人在这个国家受到款待的话。"②但是该联合会主席亨利·赖斯在 1890 年参加众议院的听证会时,说他赞成征收 3 美元的人头税,并进行读写测试。而早前被问及他是否支持有关针对文盲和无技术移民的法律限制时,他强调任何一个健壮和有雄心的人,不管他的受教育水平如何,都应该得到美国的欢迎③。

　　1891 年 3 月,哈里森总统签署移民法案时,所有的主要犹太报纸都没有发表社论来评价这部新的移民法。犹太人的喉舌拒绝对他们关心的相关重要条款表明立场,主要原因在于《1891 年移民法案》相对来说比较温和。它没有写入特别严厉的限制移民的措施,比如在 19 世纪 90 年代后期就已经传播得沸沸扬扬的读写测试措施和增加人头税的措施均被忽视。

　　尽管《1891 年移民法案》比较温和,但并未减少俄国犹太人移民美国的困难。与过去一样,美国德裔犹太人的俄国同胞在 1891 年受迫害的处境激起了他们的同情心。这一年,美国财政部部长福斯特下达命令,为限制俄国犹太难民进入美国,必须加强《1891 年移民法案》执行力度。1882 年的俄国犹太移民潮退去之后,美国犹太社会由于无法预见未来的事态,开始放弃自身责任。但是,随着 1891 年财政部命令的下达以及俄国迫害犹太人的事件再次发生,美国犹太社会发现他们自己又面临着痛苦的选择,要么对他们受苦的同胞置之不理,要么挑战美国官方的移民政策。美国犹太社会纠结之下,还是选择了后者④。

　　1891 年 7 月末,美国希伯来人慈善联合会代表委员会主席西蒙·伍尔夫给美国财政部长福斯特写了一封信,称"无论是这封信函还是我们国家的法律精神,都没有要求我们向俄国犹太难民关闭慈善的大门"⑤。他站在美国犹太社会的立场上作出保证,称"任何一个犹太移民都不会成为政府的接济对象"。这一挑战财政部命令的保证,具有里程碑意义,它第一次表明美国犹太社会试图将美国移民政策引上更加自由的道路。

―――――――――

① John Bodnar, *The transplanted*: *A history of immigrants in urban America*, Indianapolis: Indiana University Press, 1985, p. 27.

② *New York Times*, January 16, 1887, p. 4.

③ Roger Daniels, *Coming to America*: *A history and ethnicity in American life*, New York: Harper Collins University Publishers, 1990, p. 97.

④ *Jewish Messenger*, June 5, 1891, p. 4.

⑤ *Jewish Messenger*, July 24, 1891, p. 4.

伍尔夫的保证源于一种自信，也就是俄国犹太难民潮不会耗尽他们的慈善资源。首先，巴龙·希尔茨于 1890 年成立了总金额高达 240 万美元的基金会，这表明美国犹太社会可以依靠自身财力，处理内部事务。其次，美国犹太人已经获得承诺，并且事实上也从欧洲的犹太社团接受了更多的捐助，比 1881—1882 年间接受的要多。第三，1891 年犹太移民的类型虽然是难民，但是他们属于能力更强的一类人，这些人的生存能力比那些在 1881—1882 年危机期间达到美国的移民要强不少。

财政部长福斯特很快给西蒙·伍尔夫回了一封信，表示赞成美国犹太社会的态度。福斯特首先担心贫困移民涌入美国会给劳工阶层带来压力，然后他作出承诺："移民法会宽容地对待俄国犹太难民，只要美国犹太机构和社团采取措施，将他们分散到各地，而不是让他们聚居在拥挤的工业中心城市。"[1]

福斯特在回信中称俄国犹太难民不会被归类为"欧洲贫困家庭的淘汰者"，这一表态在犹太社团和犹太机构中广受欢迎。美国犹太社团和机构开始考虑满足由财政部确立的有关移民法案中宽大申请的条件，与此同时，资助难民的活动也在进行中。8 月，三个犹太组织：巴龙基金会、美国希伯来慈善联合会、"誓约之子"，各自提出将新到移民疏散到内地定居点并使之适应新生活的计划[2]。9 月，三个组织的代表们和其他两个组织的代表成立了"犹太难民生存条件改善委员会"，旨在协调整个的救助活动。与 1881—1882 年的救助活动相比，10 年后进行的救助活动明显在组织方面更胜一筹，而且也很少有人抱怨新移民的素质低下[3]。

整体来看，面对 1891—1892 年俄国犹太难民潮的过程中，美国的犹太社团和机构很好地协调了与美国官方的关系，取得了他们的谅解，其中最关键就是保证新抵达的俄国犹太移民不成为美国慈善的负担，而在这方面贡献最大的当然是巴龙基金会。没有这个基金会慷慨解囊，俄国犹太人想要顺利地到达美国是非常困难的，因为美国移民法律开始精心甄别挑选移民。

(三) 反俄国犹太移民强硬派人物与《1893 年移民法案》

尽管所有的犹太社团和机构努力降低俄国犹太移民潮的负面影响，降

---

① Sheldon Morris Neuringer, *American Jewry and United States immigration policy*, *1881 - 1953*, New York: Arno Press, 1980, p. 53.

② Gerald Sorin, *Tradition Transformed: The Jewish experience in America*, Baltimore: John Hopkins University, 1997, p. 211.

③ American Hebrew, August 7, 1891, p. 3.

低俄国犹太人在整个移民群体中的关注度,但是针对这些移民的忧虑情绪并没有彻底消失,对于那些主张限制移民的人而言尤其如此。

来自新罕布什尔州的共和党议员威廉·钱德勒是主张限制移民的代表性人物。他是参议院移民委员会的主席,他和亨利·卡波特·罗杰两人在19世纪90年代活跃于参众两院,是移民限制政策的积极倡导者。由于钱德勒等人施压,美国移民局官员在1891年8月扣押了一批俄国犹太移民,准备将他们驱逐出境。《美国希伯来人》杂志主编给钱德勒写了一封信,向钱德勒对《1891年移民法案》中的协助移民条款的解释提出质疑。钱德勒在回应中强调,他本人赞赏美国人对"移民效应"的情感,但同时认为"必须对移民问题严格对待,要将潜在穷人排斥在外,而不是放他们进来。"[1]

1891年11月,俄国犹太移民问题已经引起更广泛的关注。哈里森总统在向国会所作的年度报告中谈到了俄国犹太移民问题。哈里森总统对俄国犹太人的贫困表示同情,赞扬他们具有勤劳、守法的特点。他也赞扬美国犹太社团和机构积极帮助俄国犹太人,从而保证了这些人没有成为国家救济的对象。尽管总统的表态整体上还算友好,但是他在最后还是表达了某种关切。他注意到,未来可能有超过100万的犹太人将被迫离开沙俄。后来的事实证明他的预言大致是准确的。针对这样的前景,他说:"如果这个庞大的人群在他们积累的小额财富被剥夺,以及他们的精力和勇气被耗尽的情况下突然涌入美国,那么无论是对于他们而言还是对于我们而言,这都是不幸的。"[2]哈里森的发言实际上是要求国会执行严格措施,控制俄国犹太移民的到来。

1892年早期,新移民政策的出台越发具有了可能性。当时,美国国会有两种考虑:一是更加严格地执行现有的移民法;二是制定一部新的移民法,规定新措施,来筛选俄国的犹太难民。2月,美国财政部部长福斯特发表了一份由五人委员会起草的报告。五人委员会成员曾前往欧洲实地调查欧洲人向美国移民的刺激因素。五人委员会的负责人约翰·韦伯以及他的助手、纽约移民委员会委员沃特·开普斯特对俄国情况给予特别关注,花了一个月时间在俄国进行实地调查,并形成《韦伯-开普斯特报告》。

韦伯和开普斯特两人结伴前往俄国在很大程度上是美国犹太社团领导人奥斯卡·斯特拉乌斯和银行家詹姆斯·塞利格曼不断敦促的结果。1891

---

[1]　American Hebrew, August 14, 1891, p. 3.

[2]　John Higham, *Strangers in the land: patterns of American nativism, 1860-1925*, New York, 1963, p. 99.

年 7 月,斯特拉乌斯和塞利格曼请求哈里森总统派一个观察团到俄国,以便让美国人进一步了解俄国犹太人的困境。五人委员会调查后得出结论:沙俄治下的领土上充斥着严重的反犹主义,与其他欧洲国家由于物质原因移民美国不同,俄国犹太人移民美国主要是为了逃避不能承受的政治压迫。《韦伯-开普斯特报告》给予了俄国犹太人同情,指出俄国犹太移民与一般的经济移民是不一样的,严格来说,他们的身份是难民。这份报告对于俄国犹太移民是比较有利的。

俄国犹太人的处境确实令人同情,但移民政策考虑的重点是移民过程导致的种种现实问题,而不是促成移民的动机。1891 年 9 月,57 名俄国犹太移民乘坐“马希利亚”号游轮抵达纽约时感染了伤寒,美国各大报纸在头条报道这起事件。议员钱德勒抓住这个机会,提出要完善入境制度,并调查设在埃利斯岛的国家移民局是否存在渎职行为。钱德勒不仅要求更严格地检查移民的身体状况,而且要求进一步限制可能成为国家接济对象的俄国犹太移民,这表明他对俄国犹太人持有毫不动摇的敌意态度。此后不久,钱德勒呼吁废除协助移民制度,因为这个制度允许移民救助机构提供财政担保,使贫穷移民能够顺利入境。

不利于俄国犹太同胞入境的人为障碍不断增加,这激起了美国犹太社团和机构的抗议。纽约著名银行家、慈善家雅各布·舍夫与共和党方面关系融洽,他给哈里森总统写信,恳求总统利用自身影响力,劝说那些试图关上移民大门的人放弃主张,因为这些人给出的理由仅仅是“某一条船上的移民中不幸暴发了疫病,出现这种情况更应该指责其他人,而不是指责移民本身。”[1]同时,《美国希伯来人》杂志的编辑也指责钱德勒的观点是剥夺了穷人坐邮轮的权利,认为这是与目前执行当中的移民法律制度的精神相违背的[2]。

然而,钱德勒等人提出的严格执行移民法的主张并没有因为犹太社团和机构的游说活动而取消,他们组织人员对位于纽约埃利斯岛上的国家移民局的人员进行了调查,一些人受到处罚。1892 年 7 月,东欧暴发大规模霍乱。1892 年 9 月 1 日,哈里森总统颁布命令,要求来自欧洲的邮船在进港前须有 20 天的检疫期。这道命令几乎等于中止欧洲移民的入境,5 个月后霍乱威胁不再,这道命令才停止实行。

---

① John Higham, *Strangers in the land: patterns of American nativism*, 1860-1925, New York, 1963, p. 86.

② American Hebrew, August 28,1891, p. 4.

同时,钱德勒利用霍乱作为引子,向国会提交了一份法案,要求一年内停止移民。哈里森总统接受钱德勒的建议,并更进一步从卫生健康角度着手限制移民入境。美国国会于 1893 年 2 月通过了《检疫法》,该法为跨洋运行的交通工具确立了更严格的公共卫生标准①。一个月后,国会通过《1893年移民法案》,其中对 1891 年的移民法案作了些微修改,规定所有移民在登船奔赴美国前必须接受美国官员的例行体检。

虽然钱德勒等人主张严格限制俄国犹太移民入境美国,但是最终出台的《1893 年移民法》只是针对整个移民群体,并没有把犹太移民挑选出来,专门对待,这在某种程度是各方力量较量与妥协的结果。美国犹太社团及其领导人在这场较量中发挥了作用,使得《1893 年移民法案》中没有写进对犹太人不利的条款。

(四) 1893 年之后美国犹太社会管理者努力克服分歧

到 1893 年,俄国犹太移民潮或者说难民潮暂时消退。如前所述,从1891—1892 年,大约有 12.5 万俄国犹太人移民美国。期间,美国犹太社团和机构仍然顶着压力,帮助这些新移民的到来,并且努力克服对俄国犹太移民潮引起的恐惧,充满热情地为移民政策的公平公正进行斗争。

1893—1896 年在美国犹太社会中又出现要求限制移民的呼声,其强度与 19 世纪 80 年代相当。出现这种情况的主要原因在于这一时期美国发生了经济危机,使美国犹太人担心移民会成为公共福利的负担。1894 年,希伯来人慈善联合会的管理人员报告:"一个穷人是令人恐惧的,也是值得同情的,但是他给社会资源带来了压力。这种情况以前没有经历过,犹太公共慈善机构的资金已经极度匮乏,难以解决穷人的问题。"②

如前所述,针对俄国犹太移民的抱怨和控诉早在 19 世纪 80 年代就已经出现,只是当时还不够强烈。俄国犹太移民到达美国后,引发大量问题。他们最初愿意在恶劣条件下拿较低工资从事艰苦工作,从而使自身在劳动市场竞争中处于有利地位,这引起了美国本土劳工以及老一代的移民劳工的不满。1891 年,对俄国犹太移民的敌意短暂消失,主要由于这些人刚刚脱离受压迫的境地,人们在心理上比较同情他们。但是 1892 年后期,这种同情逐渐变得模糊。美国劳工领袖开始指责犹太社团和机构,认为像巴龙

---

① John Higham, *Strangers in the land : patterns of American nativism, 1860–1925*, New York, 1963, pp. 93–94.

② Vincent Parrillo, *Strangers to these shores : race and ethnic relations in the United States*, New York: Wiley, 1985, p. 98.

基金会和希伯来人慈善联合会这样组织积极从事犹太移民救助活动，在事实上鼓励了大批贫困劳工涌向美国。毫无疑问，美国劳工领袖主张限制移民。虽然美国犹太社会对国际犹太人导致经济萧条的言论感到愤怒，但是对劳工领袖提出的控诉也表示了认可。

美国犹太社会对鼓励穷苦劳工移民美国的控诉比较敏感，典型例证就是1894年费城的犹太教改革派拉比约瑟夫·克劳斯科普夫博士前往俄国执行任务，这是一次公共外交行动。他此行的目的是劝说沙俄政府"允许犹太人获得可耕种的田地，缓解他们国内迁徙或移民海外的愿望。"①（事实上，俄国犹太人曾被允许耕种田地，俄国政府甚至拿出资金帮助俄国犹太人进行农业垦殖，但是俄国犹太人对务农没有兴趣，以至于亚历山大二世时期取消了对俄国犹太人农业垦殖的资助。很显然，克劳斯科普夫博士对这一情况并不了解。）在克劳斯科普夫博士看来，美国犹太社会尝试阻止近来的"意外事件"（劳工领袖的抗议），因为"（美国犹太社会）注意到当前美国劳工中存在的种种不满情绪，主要是由于大量移民进入劳动力市场造成竞争压力引起的，而劳动力市场增加的劳工主要来自犹太人居住的俄国'栅栏区'。"②克劳斯科普夫使团得到了美国希伯来人慈善联合会的资助，但是使团无功而返。他们认识到，与沙俄政府协商谈判，还不如与劳工领袖直接协商。

19世纪90年代中期，美国犹太社会领袖奥斯卡·斯特拉乌斯也大幅度改变了他对俄国犹太同胞渴望移民美国的看法。1891年7月，这位犹太领袖强烈批评提高移民门槛的建议，反对限制移民特别是歧视性地限制俄国犹太移民。然而，四年之后，也就是1895年，他的态度发生了转变。他敦促巴龙运用自身的影响力来说服俄国犹太人向拉丁美洲移民。他对巴龙说："在美国已经形成了特殊的反对俄国犹太移民的情绪，这种情绪主要基于两个理由：首先，他们总是聚居在纽约、费城和其他的大城市，而不是散居美国各地；其次，他们激起了劳工领袖甚至整个劳工阶层的更大愤怒，而且他们组织参与罢工，结果引火上身。"③

俄国犹太移民潮的涌入，引发了美国犹太社会的深深忧虑。面对反犹

---

① Gerald Sorin, *Trandition Transformed：The Jewish experience in America*, Baltimore：John Hopkins University, 1997, p. 165.

② Doron Ben-Atar, *The Jewish American question*, *Journal of Urban History*, vol. 26, p. 98.

③ Vincent Parrillo, *Strangers to these shores：race and ethnic relations in the United States*, New York：Wiley, 1985, pp. 101 - 102.

情绪,一些犹太媒体甚至强烈质疑将俄国犹太人分散到各地是否明智。分散定居是俄国犹太移民适应计划中长期考虑的一个因素。1893 年,一份犹太报纸的记者问道:"尽管俄国犹太移民留在纽约并不是最好的选择,但是他们留在这里的话,那么反犹太人和反犹主义的偏见就不会扩散到其他地方去,这样难道不好?"[1]通过将俄国犹太移民聚集在特定区域,从而阻止反犹主义的扩散,这种想法可谓用心良苦,但并不现实。

美国犹太社会对俄国犹太移民的消极态度是显而易见的,也是不可避免的。消极态度源于一系列的担心。首先,担心俄国犹太移民的不良习俗玷污犹太人在美国人心目中业已建立起来的形象,阻碍"美国化进程",同时引发反犹主义。其次,担心救助新移民的任务超出犹太社团的财政能力。单是担心移民会给慈善事业带来负担这一条就足以解释美国犹太人主张限制移民的原因,更不要说反犹太人的偏见了。第三,担心俄国犹太移民加剧劳动力市场的竞争压力。

与消极态度相伴随的是对俄国犹太同胞的同情,美国犹太社会认识到俄国犹太人在其居住国正在经受着压迫,而且他们具有政治难民的身份,而非普通的经济移民。此外,俄国犹太人的到来也是加强美国犹太社会力量的重要契机(见表 3.1)。积极态度还是占据了上风,这也是救助计划能够持续进行下去的关键。

表 3.1　德裔犹太人支持或反对俄国犹太人移民美国的原因

反对俄国犹太移民的原因	支持俄国犹太移民的原因
犹太教正统派的宗教信仰和生活习俗、支持和同情犹太复国主义对犹太社会"美国化"进程有负面影响	俄国犹太人是同胞,有必要给予他们同情和资助
俄国犹太移民普遍贫困,加大慈善系统的压力	俄国犹太人是政治难民,其身份不同于一般移民
给劳动力市场带来更大的竞争压力	俄国犹太同胞的到来会加强犹太社团的力量,增强美国犹太人"政治议价"能力
怪异的文化言行刺激反犹主义	有助于平衡犹太教改革派信仰

客观来讲,从始至终,德裔犹太精英作为老一代犹太移民,同时也作为美国犹太社会的资助者与管理者,他们的富裕与爱心在很大程度上滋养着俄国犹太移民。19 世纪 90 年代,美国犹太社会的管理者认可俄国犹太移

---

① Stephen Steinberg, *The ethnic myth*: *race*, *ethnicity*, *and class in America*, New York: Atheneum, 1981, p. 83.

民的合法性,开始拓展慈善机构的覆盖范围,将俄国犹太移民纳入犹太慈善体系之中,这是需要做一些进步的事情才能实现的。早在数十年前,美国中产阶级就认同了主流的卡尔文主义的观点——贫穷是道德之痛,而非社会之痛。然而,19 世纪末 20 世纪初,对新教徒社会责任的重新定义,激发了富人的社会良心。以安德鲁·卡耐基为榜样,富裕的新教世俗信徒接受了这样一个观点:事业上的成功导致一种相应的管理慈善活动和行为的责任。在纽约市,圣公会教堂作为上层人士的精神指导,开始采取措施,解决贫民窟里滋生的种种邪恶问题。教堂的管理者协助建立贫困移民社会中心。在政治领域,像西奥多·罗斯福、罗伯特·拉·富特雷、阿尔伯特·贝弗里奇这样的进步主义者,倡导"后美西战争时代"的新乐观主义精神,通过立法促进社会改革。这是一个银行与工业立法、反托拉斯立法以及新闻工作者曝光政治腐败的时代。19 世纪末 20 世纪初的美国,以社会改革与社会管理作为信条,砥砺前行。

对于身处上层的德裔犹太精英来说,管理工作的原则并不陌生,不过是加强一种更古老的传统。面对不够体面的俄国犹太移民,无论他们的精英文化受到何种程度的震撼,他们都不打算放弃一种古老的社会道义。戴维·菲利普拉比写道:"尽管俄国犹太人在人们的眼中是一群没教养、无知、迷信的人,但是这并未改变问题的悲惨性。他们身后的故乡,数千个家庭被彻底地、无情地摧毁。他们背井离乡,来到陌生的土地,精神压迫难道还要继续下去吗?我相信,巴龙基金会的理事们有智慧和力量履行自身的职责,为无家可归的贫穷的俄国犹太移民争取最大的利益。我们欢迎这些有缺陷的同胞,欢迎他们作为人、作为犹太人、作为受迫害者,来到我们中间。在自由的天空下,在自由的家园,他们会取得成功。"[①]菲利普拉比的文字流露出道德上的怜悯,同时他也相信犹太慈善机构的管理者德裔犹太精英会承担起责任。

戴维·菲利普拉没有失望。1901 年,第一批大规模的俄国犹太移民抵达底特律,受到比较暖心的照顾。当地报纸《犹太美国人》写道:"向他们挣扎的同胞伸出援助之手,是义不容辞的职责。忘掉现有的差异,只要记住俄国犹太人完全不该是他们目前表现出来的样子,因为压迫已经暂时剥夺了他们的刚毅。然而,从信仰上说,他是我们的兄弟。作为犹太人,我们同样

---

① Salo W. Baron, *Steeled by adversity: essays and addresses on American Jewish life*, Philadelphia: Jewish Publication Society, 1978, p. 116.

应该接受他们。"①在底特律,"拜斯·厄尔希伯来救援社团"建立一个工作小组,为初来乍到的俄国犹太移民寻找住房和工作,其他的宗教救助委员会与拜斯·厄尔齐心协力,最终大约有 10 个犹太慈善机构投入共同行动。

底特律的协作救助模式发挥了榜样的作用。1901 年,巴尔的摩的移民机构将一批俄国犹太移民作为"穷人"扣留起来,这时地方上的希伯来人慈善联合会、希伯来医疗和难民协会、希伯来孤儿难民所等三家救助机构的董事会抵押不动产,筹得保释金。巴尔的摩的其他犹太富人,自掏腰包,弥补保释金的缺口。在亚特兰大,希伯来孤儿院这一专门为犹太移民儿童服务的机构建立了,这是当地第一家犹太社会服务机构。在其他城市,犹太社区常常为俄国犹太人紧急提供符合犹太教规范的药房和诊所,因为俄国犹太人宁愿去死,也不愿接受其他医院里的非犹太教食物以及基督教传教士的改宗动员。这样,蒙特菲尔医院在纽约快速崛起,它合并了老牌的西奈山医院。蒙特菲尔医院作为先例被其他城市效仿。之后,米歇尔斯医院在芝加哥建立,其他的犹太医院在圣路易斯、克利夫兰、巴尔的摩、波士顿、丹佛、费城以及洛杉矶纷纷建立。

德裔犹太精英主导的美国犹太社团和机构在 1881—1882 年以及 1891—1892 年表现出了应有的社会道义,这一点在前文已有论述。这两个时期,特别是在后一个时期,美国犹太人为了帮助他们的受压迫同胞的到来以及适应美国的生活,显示出克服恐惧与偏见的大义。1891—1892 年,德裔犹太精英第一次试图将美国官方移民政策引上更公平的道路。19 世纪 90 年代中期,美国经济陷入了短暂萧条之中,对俄国犹太人采取入境限制的呼声也随之提高了分贝,德裔犹太精英仍然没有放弃救助同胞的责任。

从 1900 年开始,又有大批的犹太人涌入美国,彻底改变了美国犹太社会的生态。德裔犹太精英可以继续主导犹太社团和机构,无论是世俗的,还是宗教的,但是无法左右俄国犹太人的社会角色,因为俄裔犹太人拥有了属于自己的舆论阵地,可以自我界定角色与身份。1885—1914 年,仅纽约一地,就有 150 多种意第绪语的日报、周报、月报、节日刊物和年鉴定期出版。其中,影响比较大的是《意第绪语日报》和《犹太前进日报》。不仅如此,俄裔犹太人利用自身的数量与激情,挑战德裔犹太人家长式的权威。这是另一个层面的故事,我留到后面再讲。

---

① Salo W. Baron, *Steeled by adversity : essays and addresses on American Jewish life*, Philadelphia : Jewish Publication Society, 1978, p. 118.

二、读写测试：限制俄国犹太移民的另一手段

（一）读写测试方案的缘起

19 世纪中期以后，反移民情绪不断累积，最终在美国掀起了一场反移民运动。这场运动旨在给试图移民美国的人确立法律障碍。1893 年至 1895 年美国经济短暂衰退，移民入境美国的人数有所下降，但是主张限制移民的人认为在经济再度复兴后新移民的数量将会恢复正常水平。排外主义者和主张限制移民的劳工领袖承认，《1891 年移民法案》已经是一个强大的对付移民的武器，符合他们的愿望，但是他们仍然坚持认为需要出台更有效的措施，排斥那些不符合他们胃口的移民入境。

在这种背景下，反移民运动找到了新的支撑点——种族主义。1891 年，参议院议员亨利·卡波特·罗杰首先在国会中提出文化测试方案，认为通过文化测试的手段可以将大多数东欧、南欧的移民排斥在外，而与此同时这种测试却对来自西欧和北欧的所谓"高等种族"群体毫无影响①。1894 年，波士顿权贵团体成立了一个组织，名为"移民限制同盟"（Immigration Restriction League），卡波特·罗杰是这个组织的重要成员。这个同盟在接下来的二十年时间内一直为制定一部符合他们想法的新移民法而积极活动。按照他们的想法，未来新移民法应该针对犹太人、斯拉夫人、意大利人和其他的南欧人、东欧人，通过提高法律门槛，阻止这些人玷污种族纯洁，威胁美国文明的整体素质。美国政府的统计数据显示，犹太人、斯拉夫人、意大利人等移民团体的文盲率（不会用英语读写）比较高。这一数据让移民限制同盟的成员如获至宝。他们以这一数据为支撑，坚持认为通过文化测试的政策是实现他们目标的最好措施。

1896 年，亨利·卡波特·罗杰以参议员身份发表长篇大论，言语间散发着浓厚的种族主义情绪。他指出，思想信仰有别于主流社会的种族之间的大规模混杂是危险的，进行文化读写测试则是避免这种危险的最好措施。在参议院中，来自马萨诸塞州的参议员萨缪尔·柯克考则提出了一个稍微宽容但非常相似的建议，强调移民文化水平对移民本身适应新环境具有种

---

① Stephen Steinberg, *The ethnic myth : race , ethnicity , and class in America* , New York: Atheneum, 1981, p. 105.

种好处,从而将文化测试的种族主义色彩隐藏起来。1896 年 5 月,罗杰和柯克提出的文化测试方案被交与参议院投票。结果,52 票赞成,10 票反对,获得通过。在众议院,罗杰方案的表决执行人更为审慎,决定对方案的表决推迟到总统大选之后。11 月,威廉姆·麦金莱在大选中获胜,共和党控制了众议院,罗杰方案在投票中获得通过,其中 195 票赞成,26 票反对①。国会参众两院联合组成的协商委员会对文化测试方案的顺利通过,起到了决定性的作用。

(二) 围绕读写测试方案的争论

美国绝大多数老一代犹太人(德裔犹太人)起初对读写测试法案表示接受。少量的反对声,主要来自纽约的一份英语犹太周刊《美国希伯来人》。这份周刊有一个编辑是费城出生的年轻律师赛鲁斯·苏尔茨伯格,这个人后来在反对移民限制的斗争中发挥了重要作用。与美国德裔犹太人的立场不同,以俄国犹太新移民群体为主的泛东欧移民群体也反对读写测试法案②。这份法案刚提交给参议院后不久,纽约的《意第绪报》刊文指责,参议员罗杰是不折不扣的沙文主义者③。

美国犹太社会公开表示接受文化测试方案的,是两份具有广泛代表性的报纸,一份是辛辛那提的《美国以色利人报》,一份是纽约的《犹太通讯者》。《美国以色列人报》发表文章赞成文化测试,认为移民限制同盟正在按照更宽大的美国精神做自己的工作,从而避免外人产生"他们是出于种族和宗教原因而主张限制移民"的感觉。《犹太通讯者》虽然在过去经常批评限制移民的做法,但现在它温和地支持限制移民政策,这份报纸声称要求移民能读会写"不是不公平的",即使文化测试可能会将愿意为这个国家贡献力量的男男女女排斥在外④。

1896 年美国犹太社会舆论倾向于接受"读写测试"政策,但是到 1897 年突然转向反对。导致这种转变的原因,在于读写测试方案本身具有含混性。最初参议院版本的措词要求排斥那些"不能读写他们出生国或其他语言的人"。众议院的最初版本措词与参议院相似,要求排斥那些"不能用英语或其他语言读写的人"。参众两院协商委员会的报告混合了这两种观点,要求拒绝那些"不会英语或其出生国语言或居住国语言的人"入境。通过比

---

① Congress Record, 54th Cong. 2nd sess. , vol. 29, part 2, p. 1235.
② American Hebrew, Dec. 24, p. 3.
③ Yiddishe Gazetten, Mar. 20, 1896, p. 9.
④ Jewish Messenger, Jan. 1, 1897, p. 1.

较,不难发现,在这一讨论斟酌观点和措词的过程中,"其他语言"一词被删除了。这个措词上的细小变动对俄国犹太人影响比较大,因为大多数俄国出生并移民美国的犹太人,但是他们不会说俄语,更不会说英语,只会说希伯来语方言——意第绪语。

在众议院对最终方案的讨论中,爱荷华州的众议员约拿瑟·多立弗询问参众两院协商委员会成员、俄亥俄州的众议员劳伦佐·达恩福特:"为什么方案的主要条款被修改?"他得到的回答是"修改语言条款主要针对一个特殊人群。众所周知,这个群体就是俄国犹太人。去年(1896 年)有 4 万多俄国犹太人到达我们国家。他们是遭到政治迫害才离开俄国的。我注意到,数天前,这个城市的希伯来人慈善联合会史无前例地提出,要帮助他们的特殊同胞。他们正在前往我们国家,这个方案出于这个目的作了修改。我承认,我赞同这个修改。"①参众两院协商委员会的主要目的是拒绝将意第绪语和希伯来语作为可以接受的语言,试图树立起一道针对犹太移民的特殊障碍。此外,他们还试图将犹太人这个"不讨人喜欢的种族"作为整体来对待。

尽管德裔犹太人主导的美国犹太社会表面上看起来支持限制移民的法律,但是他们无论如何也不愿意消极坐视国会实行歧视俄国犹太同胞甚至整个犹太民族的移民政策,也就是说美国犹太社会不反对限制移民,但是反对含有种族歧视和文化歧视的移民政策。这个口子,一旦被打开,整个美国犹太社会都会受冲击。在这一点上,当时美国犹太社会的精英人物还是有比较清醒的认识。

1896 年 12 月《美国希伯来人报》收到肯塔基犹太社团领导人路易斯·戴姆比茨的信件,他在信件中表达了对国会的怀疑,认为国会可能会拒绝承认意第绪语是一种可接受的语言②。《美国犹太人报》在表明支持文化测试方案的态度后,又作出某种反思。这份报纸发表评论,称"在文化测试方案成为正式法律之前,各方可能会有不同的理解……意第绪语在俄国犹太人中被广泛使用,这种语言可以理解为方案中所说的'其他语言'。"③

参众两院协商委员会的报告引起美国犹太社会的反对,后者要求保留原版中有关读写测试政策的措词。犹太教改革派拉比、《美国以色列人报》的主笔伊萨克·梅耶·怀斯在保持较长时间的沉默后,审慎地发问:"那些

---

① Congress Record, 54th Cong., 2nd sess., vol. 29, part 2, p. 1231.

② American Hebrew, Dec. 27,1896, p. 4.

③ American Israelite, Feb. 11,1897, p. 4.

自以为是的议员敢说耶稣及其使徒在传道布道中使用的语言(希伯来语)不够好吗?"

　　比报纸口诛笔伐更为重要的是,美国犹太社会通过集体努力,用实际行动成功地改变参众协商委员会的方案。美国犹太社会这么做主要是基于这样一个事实,也就是国会两院议员当中也有人认为修改有关语言的条款是不合适的。有一些议员虽然否认修改语言条款会对俄国犹太人产生影响,但是认为参众两院协商委员会的方案可能会对那些更招人喜欢的特定人群产生不利影响,比如可能会对居住在俄国波罗的海诸省的日耳曼人和芬兰人以及居住阿尔萨斯和洛林的法国人产生不利影响。

　　众议院移民委员会主席、密苏里州众议员理查德·巴斯尔德反对语言修改条款。他说:"我知道有很多人都想对犹太人关上合众国的大门。但是我们所有人都清楚犹太人是正在受迫害的民族。如果现在我选区的选民要求我帮助那些受迫害者,我应该更乐意回到书房,拿起手中的笔,写一篇社论反对这种不人道的法律。"①事实上,巴斯尔德是参众两院协商委员会的成员之一,最初接受了他后来强烈反对的文化测试方案中的语言修改条款。巴斯尔德的态度之急转直下,令人瞩目,以至于 1896 年 12 月亨利·卡波特·罗杰对移民限制同盟的普雷斯科特·豪说:"德裔犹太人的报纸正在攻击读写测试方案,我想这应该归咎于巴斯尔德。现在看来,有关实施读写测试的主张遭到放弃的可能性,正变得越来越大。"②尽管巴斯尔德和其他人努力阻止参众协商会议的方案,但是 1897 年 2 月这份妥协后的方案在众议院还是以 171 票对 117 票获得通过。

　　亨利·卡波特·罗杰是修改原版文化测试方案措词的始作俑者,他和威廉姆·钱德勒都是参众两院协商委员会中的参议员代表,而该委员会的参议员代表总共就 3 个人,可见这两人对方案的形成影响之大。移民限制同盟的官员早在 1896 年 5 月就请求马萨诸塞州的参议员支持删除方案中的"其他语言"的措词。罗杰向移民限制同盟的官员罗伯特·迪考塞·沃德承诺:"因为我意识到这个问题的重要性,所以我要看看,我是否能改变这个方案的相关措词。"③参众两院协商会议的报告公布之后,西蒙·伍尔夫和其他犹太领袖共同敦促罗杰恢复原版中的语言条款。罗杰对伍尔夫表达了他

　　①　Stephen Steinberg, *The ethnic myth: race, ethnicity, and class in America*, New York: Atheneum, 1981, p. 87.

　　②　Henry Cabot Lodge, To Curtis Guild, *Lodge Papers*, Washington, Feb., p. 115.

　　③　Stephen Steinberg, *The ethnic myth: race, ethnicity, and class in America*, New York: Atheneum, 1981, p. 95.

要为保留参众两院协商委员会报告中的措词而进行斗争的态度，说："这个方案不是针对犹太移民或其他移民群体。它仅仅是为了禁止或控制文盲移民美国，这与种族或信仰无关。"①伍尔夫对罗杰这番话的真诚性很是怀疑。1910 年，伍尔夫在写给一位拉比的信件中说："所有人都知道罗杰参议员是一位反犹主义者。"②

尽管在罗杰看来犹太社团领袖的抗议可以置之不理，但是犹太社团领袖的主张和态度实际上影响了其他的众议员。1897 年 2 月 4 日参议院投票决定，将文化测试（读写测试）草案的审读工作继 1896 年 11 月之后，再度委托给参众两院协商委员会。在委员会的第二次会议之后，草案中恢复了"其他语言"的措词，这样给俄国犹太移民增加阻力的企图就没办法实现了。修改后的草案很快在参众两院获得通过，成为《罗杰-迈克考法案》。现在只要克利夫兰总统签署，就能全面实施了。皮球被传至克利夫兰总统的脚下，他会怎么处理呢？

（三）告别自由移民政策：读写测试方案被数次否决后最终通过

《罗杰-迈克考法案》在 1897 年 3 月 2 日被克利夫兰总统否决。克利夫兰总统依托民主党的平台，表示反对全面限制性的移民法和有特别针对性的文化测试。克利夫兰认为《罗杰-迈克考法案》含有种族性内容，背离了美国传统的自由开放的移民政策，也背离了亚拉伯罕·林肯总统以来美国精神的内涵。他还进一步反驳了支持《罗杰-迈克考法案》的言论。他不认为新移民法是受欢迎的，也不认为是大量移民的存在导致了许多城市面临问题，"就新移民对劳动力市场的挑战而言，这个问题应该通过将新移民疏散居住的方式来解决，而不是限制移民进入美国。"克利夫兰还直言不讳地攻击该法案的虚伪，"如果文盲移民群体中任何一部分是由于其他问题引起我们担心的话，那么直接去处理这些问题就可以了，而不必以文盲为借口来立法排斥移民。"③

美国犹太社会支持总统对读写测试法案的否决，表明他们反对这部法案，这比他们在早期仅仅反对这部法案中歧视犹太人的内容要更进一步。美国犹太社会观点的转变，源于其反对限制性移民法案的根本态度。但毋

---

① Stephen Steinberg, *The ethnic myth：race，ethnicity，and class in America*，New York：Atheneum，1981，p. 96.

② Ibid.，p. 96.

③ Gerald Sorin, *Tradition Transformed：The Jewish experience in America*，Baltimore：John Hopkins University，1997. p. 174.

庸置疑,这种态度在早期充满矛盾。1893—1896 年,美国犹太社会中反对移民的情绪非常强烈,以至于美国犹太社会中赞成限制性移民法案的力量第一次压倒了反对它的力量。

到 1897 年早期,在经济萧条时期不断高涨起来的反对移民的态度开始消失,与之一起消失的还有对读写测试的支持。这从读写测试方案在参议院表决就可以看出来。1896 年 12 月在参议院的第一次表决中,读写测试方案以 50 票对 10 票的压倒性优势获得通过,而到了 1897 年 2 月,读写测试方案经过小幅度修改后再次交付参议院表决,结果只以 34 票对 31 票的微弱优势获得通过[①]。

随着犹太社会以外的社会群体不断批评读写测试方案,美国犹太社会对限制移民的反对态度逐渐占据了上风。没有一位社会名流对读写方案的批评能超过克利夫兰总统,他指责这个方案是耻辱,是"种族主义,背离了美国移民政策。"那么,在这个时候,美国犹太社会的喉舌如果要再宣扬什么"读写测试是按照更广泛的美国精神发挥自己的作用"就显得不合时宜了。《犹太通讯者报》在 1896 年 12 月温和地支持了《罗杰-迈克考法案》,而到了1897 年 3 月则改变自己的态度,开始为克利夫兰总统背书,认为"文化测试方案是美利坚合众国的耻辱。"如果人们还坚持认为美国犹太社会对限制性移民法律的矛盾态度表明他们仍然相信美国是充满机会的国家和受迫害者的天堂的话,那么我们就可以理解一系列外部事件了,比如整个美国社会公共舆论对读写测试的态度变化。

对读写测试的激烈争论虽然逐渐平息,但是在克利夫兰总统否决之后,这种争论赖以形成的根源并没有消失。罗杰之流仍然蠢蠢欲动,试图卷土重来。1897 年 2 月,亨利·卡波特·罗杰在给波士顿友人的信件中提到,他已经预见到总统会否决这个法案,但是他又说:"我们会重新开始论战,希望下一次总统能够批准这个法案。"[②]参议员罗杰的希望没有成为现实。在1898 年 2 月举行的国会会议中,参议院又通过了前一年被克利夫兰总统否决的读写测试法案,不过这个法案相对来说是一个比较温和的版本。然而,由于参议院考虑到外籍移民群体的反对之声,决定重新制定一部新移民法案。

在抗议读写测试法案过程最为积极群体是德裔美国人群体。在 19 世

---

①　Congress Record, 54th Cong., 2nd sess., vol. 29, part 2, p. 1537.

②　Bruce Stave, ed., *From the old country: an oral history of European migration to America*, University Press of New England, p. 109.

纪 90 年代,这个群体的人口数量,比美国任何一个归化族群的人口数量都要多。直到 1896 年,德裔美国人没有表示反对文化测试法案。但是到 1897年早期,他们的态度发生了重大改变,明确表示反对这个法案。尽管德裔美国人意识到文化测试法案不会对德国人移民美国带来消极影响,但是他们对这个法案产生担心,一是由于排外主义者的丑陋,二是由于他们认为这个法案是严格限制移民的第一步。德裔美国人意识到 19 世纪 90 年代初日耳曼移民的数量开始下降,担心限制移民将会进一步阻止日耳曼民族的血液流进美国社会,从而导致日耳曼文化在美国的复兴出现不利影响。

德裔犹太人主导的美国犹太社会对读写测试法案的反对也是源于1897 年早期,一直持续到 1898 年的上半年。即使在克利夫兰否决了读写测试法案之后,美国犹太社会依然积极反对读写测试政策,而且这种反对并不仅仅停留在口头上。他们明白警报并没有完全解除。1897 年晚些时候召开的美国希伯来人慈善联合会会议作出决议,委派那些居住在华盛顿特区的联合会官员采取行动,充当反对读写测试政策的游说集团。美国社会的德裔犹太人也参加了移民保护同盟(Immigrant Protective League)的活动,这个同盟于 1898 年 2 月由德裔美国人发起成立,主要从事反对读写测试的活动。尽管美国德裔犹太人对德裔美国人的认同感从 19 世纪 80 年代开始消失,但是他们参加移民保护同盟在某种程度上是基于这样的现实,即它的成员多为有影响力的德裔美国人。一份犹太人报纸的主笔号召在反对读写测试政策的运动作更大的努力,他说:“德国出生的美国人及其后裔正在领导这一运动,因为他们认识到美国的环境对他们的成功是何等宝贵,也意识到美国对移民亏欠得实在太多。”[1]

克利夫兰总统采取与国会参议两院对立的立场,否决针对移民的读写测试方案,不仅仅是从他个人对移民问题的认识出发的,而且也是得到了一定社会力量的支持。这种支持力量主要就是广泛存在于美国社会的相对独立的族群社团。族群社团之所以最终反对读写测试,主要是考虑本族群在美国的生存,他们都希望不断有人口补充进来,壮大本族群的力量,增强本族群在美国政治中的“议价能力”。

但是排外主义者及其组织,并不甘心失败。1897 年之后,他们仍然鼓吹贩卖读写测试(文化测试)方案,罗杰之流成为他们的精神领袖。对此,1898 年,美国的德裔犹太人组建“反移民限制同盟”,与排外主义者组建的

---

① Vincent N. Parrillo, *Strangers to the shores: racial and ethnic relations in the United States*, New York: Wiley, 1985. p. 79.

"限制移民同盟"针锋相对。1906年,美国犹太社会的领导人雅各布·舍夫等人牵头,成立了"美国犹太委员会"。这个机构,与"反移民限制同盟"一样,都是防御性和救济性的世俗犹太机构,其主要任务之一就是通过斗争避免反移民立法,并挫败将犹太人归类为"亚洲人"(主要是黄种人)的做法。此后发生的事情证明,这两个机构尤其是后者为更多的俄国犹太人进入美国争取了宝贵的时间。1907年,也就是俄国犹太人第三次移民美国的高潮过后,美国国会再次任命一个参众两院协商委员会来研究移民问题。1911年,这个委员会的主席 W·P. 迪林厄姆提交了报告。这份报告虽然不主张禁止新移民入境,但是主张用读写测试对移民活动加以限制和规范。在这份报告的建议下,1913年和1915年国会又两次通过读写测试方案,但是在美国犹太委员会的活动下,这份法案先后被塔夫脱总统和威尔逊总统否决。

读写测试在美国政党政治中引起长期角力。但是,1917年,美国国会参众两院不顾威尔逊总统的再次否决,最终强行通过了读写测试法案,国会的力量战胜了行政力量,《1917年移民法案》随之出台。该法案规定:凡十六岁以上的外国移民不能阅读"一段一般使用的不少于三十个也不多于四十个单词的英文"或其他文字者,一律不得入境。尽管这个规定保留了"其他语言(文字)",但是正如研究者所说,美国对移民一直敞开着大门被部分关闭了。美国移民政策从自由走向了限制,这是一个非常重要的转折。"读写测试"如星星之火,终成燎原之势,将自由移民政策燃烧成灰烬。但是燃烧是需要条件的。美国彻底放弃自由主义移民政策,究其原因有二:一是20世纪初期,美国的劳动力市场趋于饱和,美国人口通过自然增长和外来移民补充已经突破了一亿的关口;二是20世纪初以来,移民中有革命倾向的无政府主义的移民人数不断增加,对美国社会的稳定构成挑战。1901年,威廉·麦金莱总统被无政府主义者刺杀身亡便是明证。在"美国化"运动的推动下,美国的沙文主义活跃起来,沙文主义者认为具有革命倾向的无政府主义者被"同化"的前景比较黯淡。

然而,"读写测试"所起到的限制移民效果还不够明显,这就需要有其他的政策工具补充进来,形成"组合拳"。一战结束后,由于俄国境内仍然动荡不堪,大批俄国犹太人仍然没有停止向美国移民的步伐,这就迫使美国在1918年先后推出《入境出境管理法》《反对无政府主义者和外侨敌人法》,并最终在1921年针对移民实行"配额制",规定各国移民的配额为1910年美国人口普查时出生于各该国的美国籍人口(侨民)总数的3%,即每年移民限额是35.8万,其中约20万的移民名额分配给了西欧和北欧国家,15.5万个名额分配给了俄国、东欧和南欧国家,余下的数千个名额属于非洲和亚洲国家，西半球国家的公民进入美国则不受配额限制，这意味着美国将移民的大门关得更紧了。此后，向美国移民的俄国犹太人急剧减少，特别是20世纪20年代美国的反犹主义情绪突显之后。第二次世界大战结束后，俄国犹太人移居美国的浪潮再次来袭。

三、"可能成为政府救济者"条款与移民活动

（一）"可能成为政府救济者"条款引发争议

加强移民入境管理，是可以通过修改移民法案来实现的。如果这条道路走得不顺畅，那么更加严格地执行现有移民法则是一个替代性选项。但问题是，严格执法不能建立在随意解释移民法相关条款的基础上。《1891年移民法案》中有"可能成为政府救济者"条款，为随意释法留下空间，这在美国犹太社会中引起广泛争议。

除了1891—1892年俄国反犹主义浪潮使大批犹太人涌入美国造成紧急态势时期，1891年之前美国犹太社会的主流意见是赞成严格执行移民法。早在1884年，纽约希伯来人慈善联合会支持了纽约市移民局局长的决定，即在纽约埃利斯岛的港口严格执行1882年移民法，以至于不少俄国犹太新移民批评慈善联合会鼓动移民局严格落实移民政策，充当官方的帮手。在这种情况之下，一些人开始寻找替代性的方案。1885年9月，纽约的东欧犹太移民建立自己的组织"犹太移民保护性救助协会"（Jewish Immigrants Protective Aid Society），其倡导者之一雅各布·居德尔森声称，这个组织的成立主要是由于希伯来慈善联合会不能对寻求入境的犹太移民提供足够的帮助和保护[①]。

事实上，希伯来慈善联合会的态度代表了美国犹太社会的主流意见。他们主张严格执法的原因在于，一旦犹太新移民不能成功融入美国社会，这些将成为犹太社会慈善资源的无尽负担。更为严重的是，即使不能成功适应美国社会的新移民同意返回欧洲，那么遣返费用还是将由犹太慈善机构负担。由慈善联合会承担费用，把移民失败的犹太人遣返回欧洲，这是一个需要考虑的现实问题。1888年，慈善联合会安排和资助了1396人的遣返，

---

① Vincent N. Parrillo, *Strangers to the shores: racial and ethnic relations in the United States*, New York: Wiley, 1985. p. 127.

遣返人数大概占当年犹太移民总数的 5％。为了减少这方面的成本，慈善联合会经常被迫采取权宜之计，安排遣返者乘贩牛船回到欧洲。

《1891 年移民法案》中的"政府救济条款"缓解了潜在的移民失败问题，首先那些不够格的人想要入境美国变得困难了。这个法案的另一个条款就是要求"驱逐在抵达美国后的一年内仍然依靠政府救济"的人。这个条款的重要性，在于它减轻了私营慈善机构的遣返负担，要求遣返成本由卖船票给这些人的轮船公司负担[①]。这是移民实践过程中的一个重大变化。

《1891 年移民法案》不足以促使美国犹太社会领导人采取行动，阻止移民当局严格执行移民法。19 世纪 90 年代中期经济萧条，客观上也要求他们赞成严格执法。1896 年，希伯来人慈善联合会遭遇了其发展史上的最严重的财政危机，这个机构在纽约埃利斯岛的活动（希伯来慈善联合会在埃利斯岛设有办事处）引起了移民群体的注意，以至于《意第绪报》的主编向埃利斯岛派了一个记者进行实地调查。最终，这位记者以"一个移民在埃利斯岛必须经历的七层地狱"为题进行报道。他报道中称，"在纽约移民局局长艾德华·麦克斯韦尼的办公室，我发现他还是比较公平公正的。他对犹太移民的不友好程度并不比希伯来人联合慈善联合会差到哪去。对任何一个身无分文的犹太移民提出的问题，慈善联合会办事处给出的答案只有一个：将他遣返！"[②]很显然，这位记者认为希伯来人慈善联合会的工作作风并不比纽约移民局强。

然而，随着 1896 年晚期经济萧条的结束，美国犹太社会改变他们长期坚持的严格执行移民法的立场。美国希伯来人慈善联合会执行委员会开始考虑挑战移民法中的某些表述，称这些内容"已经导致移民家庭破碎和其他一系列严厉野蛮政策的出台。"1901 年，美国犹太人慈善联合会执行委员会主席西蒙·伍尔夫连续 11 次向美国国家移民局提出呼吁，要求从根本上改变针对犹太移民家属的遣返令。

官方移民机构对《1891 年移民法案》中有关政府救济条款的解释，最终引起了美国犹太社会的普遍不满。俄国犹太新移民与老一代德裔犹太人采取共同行动，保护族群权益。在很多案例中，移民局官员们倾向于任意解释法案中"可能成为政府救济者"条款的含义。犹太人和其他移民群体都抱怨他们的贫困的同胞被否决入境，即使能够提供证据，证明这些贫困同胞能够得到亲戚或私人慈善机构的资助，也无济于事。另一种任意解释政府救济

---

①　United Hebrew Charities, Seventeenth annual report (1891).

②　Yiddishe Gazetten，Dec. 10, 1902, p. 8.

条款的例子是以"体貌虚弱"为由拒绝新移民入境。但是移民法中并没有将"体貌虚弱者"划为"可能成为政府救济者"范围之内,这种以莫须有的原因否决新移民入境很显然是滥用法律条款的行为。

美国犹太社会对"可能成为政府救济者"条款的态度,是随着相关犹太慈善机构的财政状况的变化而变化的。财政状况好的时候,他们挑战这一条款,反之则支持这一条款,其中有诸多反复,这种情况在研究俄国犹太人移民美国的过程中经常能够看到,但是关键时刻,美国犹太社会往往会对限制性、口袋性质的移民条款表示反对,也就是说,过程有反复,但最终立场却很明确,即站在犹太同胞这一边。经常有研究者将这种情况归结于同胞血肉之情的胜利,但是需要指出的是,尽管同胞情不可忽视,但现实的利益因素考虑也是同等重要的。犹太新移民来得越多,犹太慈善机构与犹太社团的财源就会扩大,其影响力就会越大。我们在前面说过,美国犹太慈善机构帮助了俄国犹太人,但是俄国犹太人也同样成就了这些机构,这是一个双赢互惠的过程。如果国家真正承担了救助犹太人的职责,那么这些犹太慈善机构的权力必定会日益萎缩。但是在美国这样一个高度强调自治的地方,这种情况的发生几乎是没有可能的。

(二)"可能成为政府救济者"条款对移民过程的影响

自从 19 世纪 80 年代中期开始,美国犹太社会普遍担心俄国来的犹太同胞会成为政府救济者,增加公共慈善福利事业的负担,关于这一点在前文已有介绍①。但是,自 19 世纪 90 年代末,这种担心逐渐消失。之所以消失,原因有三:第一,《1891 年移民法案》与《1893 年移民法案》的补充条款的实施,每年将数以千计的适应能力差、依赖性强的人员拒之门外,这些人员来自不同民族。同等重要的是,《1891 年移民法案》及其补充条款首先就给那些不适宜离开欧洲的人设置了障碍。负责监管犹太人移民美国的欧洲犹太社团和机构不再像以前那样,不顾一切地给那些注定要被美国驱逐的人提供建议和资助。第二,19 世纪 90 年代移民美国定居的俄国犹太人不仅聚居在纽约,而且也开始前往芝加哥、费城和波士顿这样的大城市定居。这样,犹太新移民可以不求助于美国同胞建立的慈善机构,转而求助于亲朋好

---

① 移民给公共慈善或福利国家带来压力,这是经典的反移民观点。但是,这一观点建立在自以为是的认知基础上。首先,认为移民没有能力改善自身的经济状况;其次,认为移民本身不会参与社会慈善活动,不会成为社会慈善活动的积极因素,只会索取,不会付出;第三,认为移民永远是"他者"。这种观点直到今天仍然有一定市场,其主要原因在于这一观点是利用民粹攻击移民活动的最为方便的借口。

友,或者求助于他们同乡建立的慈善救助机构。第三,1895—1896年的经济危机已经化解,劳动力市场的供需紧张得到了缓解,社会舆论也就没有必要再紧紧盯着从俄国来的犹太新移民。总是拿这些可怜人大做文章,多少有点不厚道。

俄国犹太新移民给慈善福利事业带来负担逐渐成为过往。1891年,希伯来人慈善联合会收到的俄国犹太新移民资助申请一度达到了申请总数的54%。而两年之后的1893年,希伯来人慈善联合会执行委员会表现出了乐观情绪,称不用再担心俄国犹太新移民成为慈善负担了,因为移民法案得到了严格执行,"这一年到达美国的移民比以前更加强壮了,其就业前景更好。"1895年美国社会经济尚处于萧条之中,希伯来人慈善联合会主席说:"这一年与移民有关的重要情况就是申请救助的移民相对减少了。许多人都自带资金,或者由他们的亲戚帮助他们在美国定居,以致他们不需要我们的帮助,就能实现自给自足。"①

美国犹太社会最后一次对贫困移民产生担忧情绪是在1901年。当时,大批罗马尼亚犹太人由于不堪忍受该国官方反犹主义的迫害,决定离开故土到美国寻求避难。罗马尼亚新移民中有一小部分是希伯来学者和企图借助美国提供的机会改善物质生活的非技术劳工,其他人都是被迫移民的。这些罗马尼亚犹太新移民普遍比较贫困,抵达美国之后向希伯来人慈善联合会申请资助的人占申请总数的32%。这让美国犹太社会感到担心,如果不加控制,这个比例还会上升。1901年秋,罗马尼亚犹太移民问题开始让希伯来慈善联合会的官员感到厌烦,联合会官员认为有必要给伦敦犹太人监督局(London Jewish Board of Guardians)发一封抗议信,因为正是这个机构负责监管罗马尼亚反犹主义受害者向美国移民。慈善联合会的发言人抱怨纽约犹太人已经饱受"隔都"问题的困扰,要求他们的伦敦同事立即停止鼓动那些适应能力较弱的人来到美国。这个抗议收到了效果。尽管罗马尼亚犹太移民潮一直持续到1904年,但是美国犹太社会不再抱怨这些新移民缺乏自食其力的能力了。到1910年,犹太新移民向希伯来人慈善联合会提交的救助申请只占总数的3.2%。事实上,1901年以后,美国犹太社会需要解决的问题就只剩下如何让新移民分散居住,处理"隔都"问题提上了议事日程②。

---

①　Stanley Lieberson, *A piece of the pie*：*Blacks and white immigrant since 1880*, Berkeley：University of California Press, 1996, p. 153.

②　Rivka Shpak Lissak, *Pluralism and progressive*：*Hull house and the new immigrants*, 1890 - 1919, Chicago：University of Chicago Press, 1989, p. 101.

　　"可能成为政府救济者"条款对各方都产生了影响。美国官方通过这一条款将不合格的移民排除。美国犹太社会借助这一条款得到大量优质劳动力，并且节约了资助成本。而对于俄国犹太人来说，他们自信自身素质不错，更愿意选择按照移民法案的要求自由申请入境，也愿意试着去挑战美国移民当局的遣返决定。这种变化颠覆了以往的移民实践，1901 年之后协助移民制度正在退居次要地位。

（三）终极对垒：美国犹太社会领导人与威廉·威廉姆斯之间的较量

　　直到 1902 年底，美国犹太社会对移民执法当局的批评还断断续续地出现。其时，保守的新英格兰人威廉·威廉姆斯出任纽约移民局局长。他是一个极端的"移民限制论者"，经常戴着有色眼镜来看待俄国犹太移民，并想方设法地限制他们入境。1902 年秋，威廉姆斯在写给美国总统西奥多·罗斯福的信件中，表明了他对移民的态度。他说："仅仅加强对能力欠缺者的入境管理，并不能抑制当前移民活动中的不良因素。低素质的移民会持续涌向我们国家。他们的存在，会降低我们的生活水平和文明程度。为了应对这种恶劣的形势，有必要出台一部新的更具根本性的移民法。"[1]在他的领导下，移民局开始考虑更加严格地执行移民法。纽约作为美国的主要港口，其应对移民的措施一经改变，便引起了移民限制同盟的注意。1902 年 12 月，普莱斯科特·豪告诉威廉姆斯，"埃利斯岛上正在进行的工作不可高估，还有进一步提升的空间。"[2]言下之意，就是以前的执法工作还不够严格，移民执法当局还应该进一步加强移民入境管理。

　　纽约犹太社会强烈反对这位新上任的局长在埃利斯岛上执行的政策。一位移民出身的意第绪语记者说："没有任何一个犹太人居住在贫民窟，这难道不是事实吗？威廉姆斯听到的对犹太移民抱怨是来自希伯来人慈善联合会吗？他没有收到犹太组织或犹太领袖的抗议吗？当前埃利斯岛上的严酷执法是对自由女神的嘲笑。"[3]这位记者的话可能不符合事实，特别是"没有任何一个犹太人居住贫民窟"的言论更是大胆虚妄，但是表明了一种气愤的态度。1902 年 12 月，犹太移民社团中的一些发言人认为威廉姆斯和他的同事正在区别对待犹太移民，所以他们求助于"誓约之子"，希望

---

① Yiddishe Gazetten, Dec. 24,1902, p. 8.
② Yiddishe Gazetten, Dec. 10,1902, p. 8.
③ Yiddishe Gazetten, Dec. 29,1902, p. 7.

这个慈善机构出面缓解正在埃利斯岛上实施的严格地甄别犹太移民的政策。

"誓约之子"非常同情地看待犹太移民同胞发出的抱怨之声,同意协调安排一场与国家移民局局长弗兰克·萨根特的会见活动。萨根特是威廉·威廉姆斯顶头上司。实际上,萨根特对政府救济条款如何解释的看法,在很大程度上与他的下属是一致的。1902 年 10 月,萨根特告诉威廉姆斯:"身体强壮的苏格兰人、爱尔兰人和德国人并未因为他们口袋里没钱而遭到遣返。其他的族群在国内劳动力市场饱和情况下如果受到同等对待而入境的话,势必需要大量的金钱来维持生活,因此他们不会成为政府的接纳对象。"①萨根特与由"誓约之子"和希伯来人慈善联合会的代表共同组成的委员会于 1903 年 2 月在费城举行了会谈。"誓约之子"的代表要求针对俄国以及其他东欧国家的犹太移民执法时尽量仁慈,因为他们离开故土主要是由于遭到了集体迫害。萨根特并没有明确表态,只是强调执行移民法的规定是他的职责所在,在俄国犹太移民的入境管理问题上不存在区别对待的倾向。

会谈究竟产生什么样的影响,并不是很明确,但是通过游说萨根特向威廉·威廉姆斯施压的目的似乎没有达到。在一次有关纽约埃利斯岛情况的听证会召开前夕,西蒙·伍尔夫再次公开抱怨移民当局对政府救济条款的解读过于苛刻。《1903 年移民法案》通过之后,威廉姆斯又设计了一套新的严格措施来执行该法,要求每个移民必须随身携有 10 美元,否则一概遣返。伍尔夫要求取消这一规定,但是没有成功。于是,他又建议修改移民法,取消有关驱逐遣返患有可治愈疾病的移民的规定。

直到 1905 年美国犹太社会领导人对移民执法当局的控诉才停止,因为这一年威廉姆斯的位置被罗伯特·沃特考恩取代。《美国希伯来人报》评论道:"自从沃特考恩先生以局长身份在埃利斯岛上履行职责,这个岛上的工作作风发生彻底的改变。如果移民法没有规定要驱逐移民,那么他们就不再这么做。"②沃特考恩对美国犹太机构与社团的意见比较尊重,对俄国犹太人飘洋过海到新世界谋生心怀同情,因此他对威廉姆斯在任时定下的一些苛刻的规定持敷衍态度,这样俄国犹太人进入美国的障碍就少了许多。此外,1906 年德裔犹太人、美国犹太社会领袖奥斯卡·斯特拉乌斯成为西奥

---

① Yiddishe Gazetten, Dec. 29, 1902, p. 7.
② Stephen Steinberg, *The ethnic myth: race, ethnicity, and class in America*, New York: Atheneum, 1981, p. 136.

多·罗斯福内阁的商业和劳工部长，直接领导国家移民局的工作，这对于俄国犹太人而言不啻于福音。从 1905 年至一战期间，俄国犹太人移居美国人数，每年有 7 万多[①]，这一数据表明影响俄国犹太人移民美国的阻力并没有增加。

小　结

1882 年《排华法案》释放出一个信号，即美国官方倾向于制定更为严厉的移民法，对移民的入境资格进行甄别。毫无疑问，这种倾向对于还在前赴后继踏上移民美国道路的俄国犹太人来说是非常不利的。俄国犹太人是 1880 年之后向美国移民队伍中的主力军，无论是《1891 年新移民法案》中的遣返条款的出台还是胎死腹中的读写测试方案，似乎都将试图进入美国的俄国犹太人列为潜在的限制目标，但是这些条款恐怕更多的是针对犹太人的移民身份，而不是他们的"犹太身份"，所以这一时期调整中的移民法更多的是呈现限制性的特征，而不是歧视性的特征。

美国犹太社团和机构，对俄国犹太新移民的到来表现出担忧，也有种种微词，不过这种担忧没有压倒他们的同胞情谊，以及现实的利益考量。他们积极行动起来，团结各种力量，与各种试图刁难、歧视犹太人的政策法规进行斗争，阻止了美国移民政策的口袋一下子扎紧，也对严厉的不近人情的移民执法、随意释法的行为进行有力的制衡，从而帮助了更多的俄国犹太人能够抵达美国。但是美国犹太社团的努力，只具有暂时性的效果，美国移民政策趋向严厉，是一个无法改变的趋势。对于这种趋势的形成，有不同的解释。美国犹太人及其社团和机构认为是美国社会对俄国犹太移民成批到来感到恐慌，促成了这样一种趋势。为什么对俄国犹太移民现象感到恐慌？这个可以从宗教、文化以及经济等方面来寻找原因。

客观来讲，限制移民趋势之所以形成，更主要的原因还在于美国经济由粗放式发展正在转向提高经济发展质量，因此更愿意吸纳高素质的技术移民。此外，社会达尔文主义对美国移民政策的影响也是不可忽视的。美国哈佛大学教授约翰·菲斯克曾说："经过自然选择，美国已经成为优胜国家，这表明适合生存的美国人自然合乎逻辑地统治弱者，也就是那些不适合生

---

① Vincent N. Parrillo, *Strangers to the shores : racial and ethnic relations in the United States*, New York: Wiley, 1985, p. 101.

存的人"①。这段话的意思就是说其他民族都是低劣民族,因而反对无限制地吸收外来种族。著名历史学家特纳也认为,1880 年之后从包括俄国在内的东南欧迁徙而来的新移民非常可怕,盎格鲁-撒克逊民族迟早会被高生育力的新移民所淹没。特纳的担心与当今欧洲社会担心欧洲穆斯林人口激增如出一辙。总之,19 世纪末,美国经济实力跃居世界第一,其国内沙文主义情绪的出现,对移民政策不可避免地产生了影响。

---

① 丁浩民,美国内战与镀金时代,北京:人民出版社,1990 年版,第 356 页。

第四章　俄国犹太移民对美国
经济生活与社会生活的适应

俄国犹太人移居美国后发现，他们与新世界之间，不只是隔着大西洋。
要真正抵达彼岸，还需要经历更多的磨难。比起早期讲德语的犹太移民，俄
国犹太移民对新世界的适应过程更具艰巨性与复杂性，一是由于大多数俄
国犹太移民进入美国后挣扎在贫困线附近，而且他们的文化水平普遍较低，
这不利于他们融入新世界；二是由于俄国犹太移民在宗教信仰方面比较正
统，其行为选择受到影响，这在"隔都"问题上表现得非常明显。20 世纪初，
随着美国的进步主义运动的深入，通过改革与管理推动物质文明和精神文
明的进步成为社会主流意识。在此背景下，越来越多的社会工作者，特别是
犹太籍的社会活动家、慈善家与俄国犹太移民共同努力克服适应过程中的
障碍。当然，随着俄国犹太人自身的权利意识觉醒，他们积极尝试以自己的
方式融入美国社会。

一、俄国犹太移民在美国的就业状况

（一）纽约是俄国犹太移民首选的就业之地

19 世纪末 20 世纪初俄国犹太人移民美国时，美国农业边疆的开发基
本上已经接近尾声。很多土生土长的美国人纷纷从乡村迁移到城市，外来
移民也随着这股大潮涌向城市，不愿意前往乡村冒险。俄国犹太移民也是
如此，而且他们本身也缺乏足够的务农经验。俄国在 1851 年做过一次统
计，显示犹太人中农民所占比重，仅为 3.2%，而高达 91.3% 的人是市民[①]。

---

① Stephen Sharot, *Messianism,mysticism and magic：a social analysis of Jewish religious movements*, Chapel Hill：University of North Carolina Press，1982. p. 157.

纽约这座大都市是当时俄国犹太移民的首选之地。1890 年,纽约市的外国出生人口超过世界上的任何一座城市。到 1915 年,纽约市的犹太人口达到了 150 万,其中 100 万左右的犹太人来自沙皇俄国境内。纽约之所以对俄国犹太移民产生巨大的吸引力,有这么几个原因值得注意。第一,大多数俄国犹太移民,比较贫困,而纽约犹太慈善救助体系比较发达,这里是三大犹太慈善组织——希伯来人慈善联合会、巴龙基金会和"誓约之子"的总部的所在地,拥有众多的犹太救助机构,如医院、诊所、培训学校和社会服务中心等,这就使得俄国犹太移民对纽约产生了心理依赖感。况且,如果不求助于慈善机构,大部分俄国犹太移民也很难筹措到进一步旅行的路费,因此也就难以离开纽约,另寻栖身之地。

第二,纽约的经济环境优越,就业机会明显多于其他城市。众所周知,纽约是美国最大的港口,不仅 95%移民美国的人要在此地登陆,而且 2/3 的货物进口也要经此港口[1]。此外,纽约还拥有美国主要的股票交易市场和最有影响力的投资银行,如美国犹太社会领袖、慈善家雅各布·舍夫主持的库恩·力搏公司就是一家投行。毋庸置疑,纽约是美国工业经济发展的中心。繁荣的经济意味着广泛的就业机会,为俄国犹太移民摆脱贫困带来了希望,所以他们纷纷涌向这座机会之城。纽约不仅给犹太移民带来有前途的生活,还给犹太人提供了晋升上流社会的机会。这样一来,沙皇贵族阶层及其所代表等级制度都被远远地抛在了欧洲。在纽约,俄国犹太移民经常听到穷人通过奋斗成为富翁的故事,这让他们兴奋不已。不论他们进入纽约后所面临的现实与他们的期望有多大差距,但是他们那颗渴望出人头地的心,一刻都没有停止跳动。

第三,俄国犹太移民选择在纽约聚居也体现了社会纽带在人口流动中所起的"锚碇作用"。俄国犹太新移民的亲朋好友已经先期定居在纽约,新移民弃舟登岸后,大多选择投亲靠友。在纽约的埃利斯岛,每当轮船靠岸,都会有大量亲朋在那里等候自己的犹太移民同胞的到来。还有一些犹太移民在别人的指点下前往纽约下东区,他们一直走,直到看见熟悉的标志和听见熟悉的乡音,才停下脚步。因此,1898 年美国经济学家詹姆斯·邓拉维和亨利·格梅里利用《移民总警监年度报告》中的数据,指出"家庭-朋友效应"是决定移民去往何处的重要因素[2]。

---

[1] 乔纳森·休斯、路易斯·凯恩,美国经济史,邸小燕、邢露译,北京:北京大学出版社,2011,p. 338.

[2] Selma Berrol, *The empire city : New York and its people*, *1624－1996*, Westport: Praeger Publishers, 1997, p. 197.

第四，俄国犹太移民大多信奉犹太教正统派，他们需要定居于犹太社区来满足自身的信仰生活，而纽约具备满足俄国犹太移民宗教信仰需求的条件。在 19 世纪末 20 世纪初的美国，德裔犹太人信仰的改革派犹太教是一种占优势的强势信仰，但是随着俄国犹太移民的到来，原汁原味的犹太教又获得了力量。纽约这样的大城市给正统派教徒提供了众多的举办仪式的场所，比如纽约神学院就是个正统派把持的宗教阵地。所以，俄国犹太移民选择纽约也是充分考虑了信仰生活的需求的。

第五，纽约作为一座移民城市对俄国犹太人具有天然的吸引力。外来移民塑造了纽约这座国际化大都市。它的国际化特征之一，就是纽约社会的民族构成多样化、文化信仰多元化、劳动力构成多层次化，这些元素使纽约这座城市充满了活力，也保证了纽约科学技术的发展、产业结构的调整和劳动力资源的合理配置。对于这样一座城市，俄国犹太移民无论如何是不会拒绝的。

总之，纽约这个国际化大都市能够满足俄国犹太移民在就业、宗教信仰、宗教仪式、社会交往、语言沟通等方面的需求，而且纽约作为移民城市的气质也深深吸引俄国犹太人，所以很自然地成为俄国犹太移民首选的生存之地。俄国犹太移民主要聚居在纽约第 7、10、13 区，1900 年的移民数据显示，这三个区分别生活有 8.9206 万、7.1041 万、6.4164 万俄裔犹太人[1]。最终，纽约也成为世界上犹太人口最多的城市。犹太人声称，"纽约犹太社区是历史上规模最大、最自由、最发达的社区，纽约城是世界犹太人的母亲。"[2]言语之中，对纽约的包容与再造之恩充满感激。其实，纽约也应该感谢犹太人，比如正是犹太人成就了纽约世界时尚之都的地位。

（二）制衣行业与"血汗工厂"里的俄国犹太移民

血汗工厂（Sweatshop）这一概念源于"中间人"，即血汗人（Sweater）。这些中间人负责指挥调度工人在恶劣的环境中从事生产劳动。将中间人及其代表的体制形容为"血汗"，最早见于 1850 年查理·金斯利的文章《便宜肮脏的服装》（Cheap clothes and nasty）。1867 年，美国社会首次出现了"Sweatshop"一词，最初是指美国制衣厂商实行"给料收活在家加工"的制度，后来又指分包商自行找人干活的包工制度。

① Moses Rischin, *The promised city：New York's Jews*, 1870-1914, New York：Harvard University Press, 1977, p.132.
② Abraham Karp ed., *Golden door to America：the Jewish immigrant experience*, New York：Viking Press, 1972, p.89.

在美国,血汗工厂制度寄生于制衣工业,因此在了解血汗工厂制度之前,有必要考察美国制衣工业的发展,以探求俄国犹太人普遍进入制衣行业就业的原因以及受血汗工厂制度剥削的程度。

19世纪40和19世纪50年代,随着缝纫机的发明和技术完善,美国服装厂扩大了男式服装的生产。美国内战时期,对男性制服的需求激增,这进一步促进了服装厂的建设,也推动了有效率的大规模生产方式的出现。在内战后的繁荣年代,对更加便宜的成衣的需求不断增长,对此制衣行业已经做好准备。19世纪70年代,旋转切割机器的发明,更是有力推动了男式成衣的生产。

相比之下,女式服装的生产相对缓慢,最初只有女性披风才会委托服装厂生产,其他类型的女性服装仍然由裁缝店手工制作。但是,从19世纪80年代起,美国服装工业的生产重心转向女性服装[1]。其主要原因在于,美国妇女解放运动的发展,使女性的衣着态度发生变化,产生了改革女性服装的诉求。随着蒸汽熨斗的发明,以及外出工作的职业女性希望穿着"男式女装",最终服装厂生产的女式外套的数量超过了男式外套的数量。此外女性对宽松内衣的需求,也引起了服装厂家的生产热情。这是一个重要的变化,由于女性服装无论款式还是装饰都更为丰富,而且女性的审美心理决定了她们的换装频率更高,因此女性服装的生产过程需要有更多的劳动力参与。

纽约最终成为美国制衣行业的"圣地"。作为美国最主要的港口,纽约是重要的原材料交易和集散地,而且与纺织生产相关的资源近在咫尺,唾手可得,尤其是新泽西、纽约上州、新英格兰的纺织厂都可以为纽约的服装厂提供上游原料。19世纪末,大量移民涌入美国,在纽约寻找谋生机会,纽约的服装厂因此获得了足够的理想的劳动力。这样一来,纽约的服装产业链变得更加完整。到1910年,纽约的服装厂生产了全美40%的男装和70%的女装[2]。

俄国犹太人早在俄国"栅栏区"就接触了家庭作坊式的缝纫业。当时,数以万计的犹太人靠缝纫和制作女帽为生。随着新式缝纫机的使用,连经济条件比较好的犹太妇女都能够瞒着丈夫,加入制衣行业,以增加家庭收入,更不要说贫困家庭的女性了。移民美国后,这些拥有丰富经验的犹太缝纫工,无论男女,均发现制衣行业是解决他们就业问题的合乎逻辑的答案。

[1]　Judith Greenfield, The role of the Jews in the development of the clothing industry, *YIVO Annual* (1947-1948), New York.

[2]　Melech Epstein, *Jewish labor in the United States: 1882-1914 (vol. 1)*, New York: KTAV Publishing House, 1969, p. 227.

此外大多数俄国犹太移民由于长期营养不良、体格偏小，注定无法到矿井或其他重工业领域就业。

俄国犹太人抵达美国后普遍选择在制衣行业就业，还有一个便利条件，就是他们的主要居住地——纽约下东区，聚集大量的服装厂，而且几乎都是德裔犹太人开设的（起初德裔犹太人在纽约拥有的服装厂占比达到 90％左右）。这里没有语言差异，也没有宗教歧视。在这样的环境下，廉价的俄国犹太移民劳动力与缝纫机结合在一起，使缝纫业成为纽约规模最大的单一工业。1880 年，在纽约 1.1 万个小工厂和作坊中，其中大约有 10％从事服装生产，雇用劳动力达到了 6.5 万，占纽约工业劳动力 28％。到 1910 年，仅曼哈顿一地就有 2.3 万家工厂，大约有 47％从事服装生产，雇用工人的数量达到 21.5 万，占纽约工业劳动力 46％。1914 年，全美 2/3 的服装厂集中在纽约大都会，雇用了 50 万劳工，每年产值超过 10 亿美元，工资支出超过 3 亿美元[①]。

19 世纪中期以来，美国制衣行业的最突出的特点是实行分包制度，对生产环节进行拆解外包，显现出当时美国制衣行业的工业化还不能覆盖生产全过程。在分包制度下，制衣过程的某些中间工作（主要包括缝合、装饰、打纽扣孔以及后来的整烫等）分包给各个家庭完成。在 19 世纪 40 年代和 19 世纪 50 年代，这些中间工作往往由贫穷的爱尔兰和德意志女性移民来完成，但是当时的分包制度并不发达。分包制度真正成为制衣行业的主导，是在 19 世纪末俄国犹太人大量涌入美国之后。服装厂的管理者发现，这些俄国犹太劳工是分包制度的福音，因此将一捆捆半成衣制品交给分包商。这些分包商通常也是贫穷的犹太移民。为了从服装厂得到承包的机会，各分包商往往会压低承包价格，因而形成恶性竞争。

分包制度的实践，给那些缺乏技能的俄国犹太移民提供了工作机会。俄国犹太移民从弃舟登岸的那一刻起，就把家属或者旧世界的老邻居聚集起来，结伴赶往分包商的租屋，然后快速接受脚踏缝纫机操作培训。有时候，分包商也允许新移民在自己的公寓里完成大量裁剪工作，使新移民工作在意第绪语环境中，享受犹太教假日，享用犹太教规定的食物。到 1897 年，纽约大约有 60％的俄国犹太劳动力受雇于制衣行业，服装工厂和制衣作坊的俄国犹太劳工占 75％[②]。

分包制度为俄国犹太新移民提供大量就业机会的同时，也造就了"血汗

---

①　Joel Seidman, *The needle trades*, New York: Farrar and Rinehart inc., 1942, p. 191.

②　Melech Epstein, *Jewish labor in the United States: 1882 - 1914 (vol. 1)*, New York: KTAV Publishing House, 1969, p. 194.

工厂"。分包商对利润的追逐,使他们有足够的动机,去无情地压榨受雇于他的移民劳动力。分包商经常将移民聚集在不通风的房间里,直到不能顺利呼吸才作罢。在纽约下东区的住宅区,经常可以看到,30名犹太劳工挤在一间三室公寓从事制衣工作的场景。他们没有任何隐私可言,因为每个房间都是起居、工作和就寝的空间。餐桌被用作工作台,劳工们经常轮班睡觉。几个家庭和劳工们共用室外私人厕所。犹太移民作家阿布拉汉姆·卡汉,1898年在其《血汗工厂罗曼史》一文中,描述了纽约埃塞克斯大街一间由公寓厨房改造成的车间,里面除了有挤作一团的劳工,还有锅碗瓢盆、成捆的布料、大剪刀和棉线团[1]。

不仅工作环境恶劣,俄国犹太劳工所得的工资报酬也少得可怜。这一情况在当时引起了关注。社会工作者茱莉亚·里奇曼在1893年曾经调查过一位在血汗工厂做工的15岁女孩的遭遇。在两间煤油灯照明的小房间里,共有20架缝纫机。工人们一般从早上7点一直干到晚上10点,这个女孩也不例外。她每个星期只能挣到3美元,其中有2.5美元要交给父亲作为食宿费。里奇曼不无同情地写道:"我看见她眼睛一直是红肿的,肩膀佝偻着,瘦得皮包骨头。承受着没有尽头的痛苦。我给她找了一份每周可以挣6美元的工作,而且每天只需要从早上8点工作到下午6点,这样,她的父亲才允许她离开。"[2]纽约下东区租屋博物馆(Tenement museum)收藏了一份统计清单,记录了1900年左右一家典型的血汗工厂的开支与利润,从中可以了解到犹太劳工的工资水平(见表4.1)。

表4.1　一家典型血汗工厂的开支与利润

从服装厂承接300件外套加工的价格:300美元	
有13位犹太血汗劳工从事加工	
3位缝纫工(犹太劳工)	每位15美元
3位疏缝工(犹太劳工)	每位13.3美元
3位清理工(犹太劳工)	每位10美元
2位整烫工(犹太劳工)	每位12美元
1位修补工(犹太血汗工厂老板)	17美元

---

① Abraham Cahan, *A sweatshop romance*,这篇文章可通过 http://www.ibiblio.org/eldritch/cahan/sweat.htm 在线阅读。

② Stephen Birmingham, *"The rest of us": The rise of America's Eastern European Jews*, Boston: Little Brown, 1984, p.27.

从服装厂承接 300 件外套加工的价格：300 美元	
1 位钉纽工（犹太劳工）	9 美元
6 位意大利劳工在自家承做平接缝工作	每位 2 美元
房租和杂费	9 美元
利润	38.1 美元

资料来源：纽约下东区租屋博物馆

　　血汗工厂另一遭人诟病之处，就是它使用并剥削童工。埃德温·马卡姆曾写道："在纽约的下东区转悠一个小时，你就会发现脸色苍白的男孩或身体消瘦的女孩，他们面无表情，脊背被肩上和头上沉重的衣服包裹压弯了。男孩的腿常常变成了弓形的，走路的时候两只脚间距很大，还不停地抖动。一旦熟悉了缝纫，这些童工就会坐在能渗进光线的窗户边，用他们稚嫩的小手吃力地将针扎过那似乎难以驾驭的布料。即便有幸能够上学，在早晨匆忙赶去上学时留下的缝纫活计，也要等着他放学回来继续做完。单在纽约市，就有 6 万名儿童被困在家庭血汗工厂里。这还是保守的估计，主要是依据对曼哈顿岛的下东区的一项调查得出的。"①剥削童工，增强了"血汗工厂"的罪恶色彩。

　　随着进步主义运动、劳工运动的兴起，美国的社会"掏粪工"越来越多地将目光聚焦于血汗工厂，指责血汗工厂违背职业伦理与社会道德，阻碍了美国文明的提升。1911 年，纽约三角洲衬裙工厂发生火灾，导致 146 名俄国犹太女性移民劳工和意大利女性移民劳工丧生，引发美国公众的强烈不满。之后，美国社会特别是犹太社会向血汗工厂体制宣战，纽约的服装工厂开始向美国内陆转移。为铭记血汗工厂的历史，后来美国在三角洲衬裙工厂旧址上兴建了一座国家级博物馆，也就是前文提及的纽约下东区租屋博物馆。

（三）商贩活动是俄国犹太移民的另一个就业选项

　　一般来说，制衣行业是俄国犹太女性移民的劳动力蓄水池。对于男性移民来说，从事商贩活动则是一个更好选择。由此，在早期俄国犹太移民群体中大致形成了"女缝纫，男贩卖"这样的一种就业格局。俄国有一句谚语："犹太人知道如何买卖，正如他们知道如何使用针线。"这表明缝纫和经商是

---

①　Selma Berrol, *The empire city: New York and its people, 1624 - 1996*, Westport: Praeger Publishers, 1997, p. 209.

俄国犹太人最拿手的两项谋生技艺。

一些移民至美国的俄国犹太人具有一定的经商经验，他们选择在美国重操旧业。最初，这些小贩只是沿街叫卖。他们将货物装在包袱里，背在肩上兜售，所售商品一般是各种大头针、鞋带、吊袜带、梳子和肥皂等日用品，所需投资不大，几美元足矣。稍微高级一点的，是手推车商贩，他们所贩卖的货物种类和数量较多。一个装备齐全的手推车小贩，所需的总投资大概是 10 美元①。

小贩们除了贩卖各种各样的日常生活用品，还兜售符合犹太教规范的食品。1898 年 11 月某期的《纽约时报》刊登了一篇特写，记录了纽约"隔都"食品小贩的活动："星期五早上在赫斯特大街和布文里大街的交汇处走下马车，向东走过几个街区，去看看犹太人如何准备安息日晚餐是值得的。赫斯特大街两侧的人行道连续排列着两排手推车，上面摆满了各种符合俄国犹太人胃口的食物。迟到的小贩只能沿着边街小巷的人行道设摊，从而形成过度拥挤的市场……这地方的手推车上装满葡萄和梨子。水果小贩是一个身形短小、肤色沉暗、留着胡须的小伙子，戴着旧式的帽子，身穿深蓝色毛衣和脏兮兮的裤子，用意第绪式的英语尖声叫卖：'上好的水果，上好的水果。3 美分一份，统统 3 美分一份'。"②这篇报道虽然在措辞方面比较刻薄，有诋毁犹太人形象的嫌疑，但也揭示了犹太人热衷于食品贩卖的事实。

俄国犹太人特殊的饮食习惯，为犹太小贩们提供了一个有利可图的庞大市场，而且这个市场还具有一定的封闭性，便于犹太小贩们垄断经营。对于俄国犹太移民来说，食物及其相关习惯通常具有超越其营养价值的族裔文化意义。可以说，美国没有一个移民群体像俄国犹太移民那样，拥有如此独特的饮食偏好或繁杂的饮食禁忌。犹太移民除了在日常生活中遵循犹太教饮食戒规外，在犹太教节日里，还要准备具有象征意义的食品。另一些传统食品没有任何宗教意义，只是犹太人长期养成的嗜好。犹太馅饼、薄饼卷和百吉饼是俄国犹太人喜爱的三种食品，均随移民传入美国。另外，有些食品之所以受俄国犹太移民的喜爱，是因为它们正好符合俄国犹太移民节约家用的目的。

1890 年，巴龙基金会在对纽约下东区俄国犹太移民职业作了一项统计，结果显示：在 22392 名充分就业的犹太人中，有 5261 人经商，其中小贩

---

① Stephen Birmingham, "*The rest of us*": *The rise of America's Eastern European Jews*, Boston: Little Brown, 1984, p. 95.

② 转引自 Howard M. Sachar, *A history of the Jews in America*, New York: Alfred A. Knopf, 1992, p. 154。

为 2440 名,占经商者的 46%。1900 年,纽约大约有 1/3 的俄国犹太移民从事经商活动,从零售店主到手推车小贩和沿街叫卖小贩等不一而足。在该市的大约 2.5 万名手推车小贩中,大部分是犹太人。1909 年,波士顿 45% 的犹太移民经商,而爱尔兰移民中的这一比例不过是 5%[①]。在纽约、芝加哥、费城等服装业比较发达的城市,犹太小贩的数量不及服装工人。而在中西部重工业城市中,俄国犹太移民很少进入工厂做工,他们的主要职业就是街头贩卖。

(四) 早期俄国犹太移民的职业特点

俄国犹太移民第一代的职业特点归纳起来有这么四个:第一,低技术的蓝领行业,是俄国犹太移民劳动力的蓄水池。俄国犹太移民刚踏上美国土地之时,他们往往会选择符合自己职业背景和技术能力的活计来做,以维持生存,绝大部分人选择服装行业和从事商贩活动。1899 年至 1914 年,在纽约一地,俄国犹太人广泛受雇于制帽、内衣加工、皮毛加工、裁缝等行当,在这些行当的从业人员中占比都处于首位。

第二,俄国犹太移民第一代具有勤劳、坚韧等职业伦理倾向。正如前文所述,俄国犹太移民刚抵达美国的时候,忍受血汗工厂制度,在恶劣的条件下工作,很少发出抱怨的声音。后来成为美国犹太复国主义运动领袖路易斯·布兰代斯在 1912 年曾说,从俄国犹太移民身上看到了北美殖民地时期清教拓荒者奋斗的影子,他们身上表现出来的精神质素,是进步主义运动所追求的,是美国精神的体现。他们之所以能够忍受血汗工厂制度,源源不断涌入血汗工厂做工,从根本上说,是因为血汗工厂的环境比起他们在俄国"栅栏区"面临的环境要好。因此有一些研究者将血汗工厂里的俄国犹太移民劳工称为"幸福的工资奴隶"[②]。

第三,较少从事犯罪性质的边缘职业。针对这个问题,有学者作过专门的研究。如果说物质生活的贫乏导致人们失去廉耻,干出偷鸡摸狗的事情,那么城市的异质性导致人们的行为失范。芝加哥学派的重要代表人物之一沃思,在 1938 年发表的论文《城市主义的生活方式》中,把城市社会的人口流动性、人口复杂性、文化差异性等称为"异质性"。这种"异质性"常常导致形形色色的犯罪活动,但是与其他族群相比,俄国犹太移民参与犯罪活动的

① Stephen Birmingham, "The rest of us": The rise of America's Eastern European Jews, Boston: Little Brown, 1984, p. 101.

② Howard M. Sachar, A history of the Jews in America, New York: Alfred A. Knopf, 1992, p. 145.

概率非常低，哪怕生活到了异常窘迫的程度，也是如此。社会学家认为，这与家庭结构、家庭关系有非常密切的关系。控制犯罪率最有效的社会条件之一，就是亲密的家庭纽带。俄国犹太人的家庭往往比较稳定（正如前文所述，如果路费足够，他们通常是举家迁徙），他们依恋家庭并且有很强的责任感（这一点在前文有所叙述）。另外，犹太教教义对个人行为的约束、注重学校与家庭教育、慈善体系发达有效等因素，也是俄国犹太人不从事犯罪性职业的重要原因。

第四，不满足于现状，有较长远的职业规划。节俭是犹太人的座右铭。俄国犹太人在积攒一定的资金后，他们往往会选择更多前途的职业，比如进入医疗卫生行业、房地产行业以及刚刚兴起的电影行业等等。欧文·豪在《父辈的世界》一书中给出的一组数据显示：1900 年纽约的俄国犹太移民中，第一代男性移民在加工业工作（主要服饰加工）中占 61.2％，经商者（包括走卖商）占 27.5％。第二代移民在这些工作领域的比例发生了大幅的变化，其中从事加工业的比例下降到 32.6％，经商者比例上升到 57.8％。20 世纪 20 年代中期，从事专门职业的俄国犹太人在受雇者中的占比达到了 9％—10％，受雇为职员的俄国犹太人占比达到了 16％，从事加工业的俄国犹太人占比不足 50％[1]。

二、俄国犹太移民告别"隔都"

（一）"隔都"的源起

"隔都"最早出现在中世纪欧洲。由于当时犹太人经常受到暴力攻击，因此一些欧洲城市设立犹太区，只允许犹太人居住其中，不允许基督徒与犹太人混居。这些犹太区便是"隔都"的前身。从 1516 年开始，威尼斯率先用 Ghetto 一词来指称犹太人聚居区。

"隔都"的设立，固然有保护犹太人人身安全方面的考虑。有研究者指出，"自从隔都在欧洲普遍建立之后，针对犹太人的'血祭诽谤'罪名的控告几乎消失，日常行的攻击、集体屠杀以及驱逐明显下降……这些都是不容忽

---

[1] 欧文·豪，父辈的世界：东欧犹太人移民美国以及他们发现与创造生活的历程，王海良、赵立行译，上海：上海三联书店，1995 年版，第 160 页。

视的现象"①。在此基础上,研究者进一步强调,"隔都"体现的是"中世纪式的宽容",因为毕竟没有驱逐犹太人。但笔者认为,中世纪欧洲城市未驱逐犹太人,并不是"隔都"之功,而是犹太人的经商活动对城市经济的发展是有益的,关于这一点前文已有分析。实际上,"隔都"导致了种族隔离,使犹太人成为欧洲的"文化异型",这无助于缓解主流社会对犹太人的敌意。社群之间的敌意,从来都不是靠隔离来解决的,而是靠交流接触来化解的。

从另一个方面来看,"隔都"关系到拉比的权威,也关系到犹太人的文化自尊。中世纪欧洲的犹太教拉比,乐见犹太人被封闭在"隔都"之中,与主流社会隔绝,因为犹太人越是自我隔绝,拉比的权威性就越发强大,犹太人就越容易忠于犹太教律法②。对于中世纪的犹太人来说,履行犹太教律法是一种内在需求。这个内在需求就是犹太教律法满足了他们内心的欲望,因为主流社会施加于犹太人种种迫害与苦难,唯有律法使他们保持着尊严,没有律法,生命将毫无价值。许多个世纪以来,犹太人活在"隔都"之中,也生活在犹太教律法之中,特别是活在《塔木德》之中,为它而生,为它而死。《塔木德》是流散犹太人借以遮盖自己灵魂的外壳,而"隔都"则是流散犹太人借以掩盖自己肉体的外壳。因此,从源头上讲,"隔都"的出现有着非常复杂的社会与宗教原因。"隔都"所造成的隔离与孤立,不仅表现在可见的物质形式上,更表现在文化上。从某种程度上说,为了保护自身的文化传统和文化尊严,犹太人主动隔离了主流文化。

"隔都"出现裂痕,是近代发生的现象。肇始于法国的启蒙运动,率先挑战"隔都"的封闭性,它试图以理性的钥匙打开"隔都"之门。随之而来的拿破仑战争更具有革命性,它直接冲击"隔都"的围墙和根基。拿破仑·波拿巴在战场上所向披靡,使他有机会按照自己的认知,来改造老旧腐朽的欧洲制度。他把斗争的矛头指向了宗教,以追求宗教自由与平等为己任。在征服欧洲国家的过程中,拿破仑废除了众多西欧城市的犹太人必居犹太区的法律,将犹太人从"隔都"封闭的物质环境和文化环境中解放出来。继之而起的是,十九世纪的犹太解放运动(Jewish emancipation)。这场运动向种族隔离和文化偏见宣战,再次同等化欧洲犹太人地位。

然而,东欧以及沙俄治下的犹太人"隔都"或者"栅栏区"("栅栏区"是"隔都"的复制品)仍坚如磐石。拿破仑改革以及犹太解放运动的"春风",没

---

① 理查德·桑内特,肉体与石头:西方文明中的身体与城市,黄煜文译,上海:上海文艺出版社,2006年版,第206页。

② 维尔纳·桑巴特,犹太人与现代资本主义,安佳译,上海:上海世纪出版集团,2015年版,第108页。

有吹遍更没有吹透东欧这片古老的文化形态复杂的大地。中欧与西欧各地普遍经历启蒙运动的时候,东欧的犹太社区正在经历一场保守色彩浓厚的宗教运动——哈西德主义运动,这是犹太历史上的第三次哈西德运动。而且,犹太人特别是处于社会底层的犹太人,在没有遭遇重大变故的情况下,对离开"隔都"或"栅栏区"是存有抵触情绪的。一些研究者声称,普通犹太人拒绝离开"隔都"或"栅栏区"接受广泛的社会启蒙,固守犹太教传统,是作茧自缚的行为,于是认为犹太人是反现代、反启蒙的,最终使自身成为欧洲现代化进程中的"顽固分子"①。当然,犹太思想家强烈反对这一观点,他们不认为犹太人的宗教信仰与现代性相抵触,甚至认为犹太教信仰本身就含有现代性的因素,比如犹太教经典对金融活动的鼓励,正是生成现代性的不可或缺的条件。

自 1881 年起,俄国犹太人踏上大迁徙之路。随着他们一起迁徙的,还有"隔都"的生活方式。这种生活方式漂洋过海,跟随俄国犹太移民一道来到了新世界。俄国犹太移民中,大约有 75% 的人选择居住在美国的主要港口城市,纽约更是俄国犹太人首选的梦想之地。到 1897 年,俄国犹太移民潮经过 15 年的前后涌动,最终留在纽约下东区"隔都"中生活的犹太人达到 30 万之多。纽约第 10 区更是成为名噪一时的"犹太城"。那里的犹太男性头戴古怪的室内便帽,蓄着大胡子,穿着俄国犹太风格的长袍,走在非犹太人中间,非常醒目。每年举行大型的犹太节日时,"犹太城"的公立学校全部关门放假。"犹太城"与欧洲的"隔都"几乎不存在任何差别。俄国犹太人成功地将"隔都"复制粘贴在了新世界的版图上,使"隔都"成为美国主流社会观察犹太人的新窗口。

俄国犹太人抵达新世界后,之所以依然留恋"隔都"生活,最主要的原因是经济上的贫困。"隔都"的居住成本比较低是一个不争的事实。一些俄国犹太人只身前往美国,希望能在较短时间内凑够买船票的钱,让家人早日来新世界团聚。为了攒足船票钱,这些单身的俄国犹太移民往往只会在"隔都"的某户移民家庭中租借一张床,成为孤独的寄宿者。从一定程度上讲,俄国犹太移民刚到美国时,他们是愿意生活在局促的、令人不快的"隔都"中的,这是一种短期策略。按照自由主义经济学家托马斯·索维尔在 2001 年的估计,这种短期策略可以使新移民节省一半以上的收入②。

---

① 卡特琳娜·夏利尔,现代性与犹太思想家,刘文瑾编译,上海:上海人民出版社,2017 年版,第 2 页。

② Thomas Sowell, *The quest for cosmic justice*, New York: Simon & Schuster, 2001, p. 129.

当然,还有其他的一些原因也是值得注意的。首先,"隔都"里聚集了相当多的血汗工厂,在这里寻找一份低技术含量的工作相对比较容易。其次,俄国犹太移民所秉持的犹太教正统派观念认为,犹太人就应该生活在一起。在俄国犹太人从纽约埃利斯岛上岸后,几乎所有人都知道这些俄国犹太移民将往何处去。一位纽约人曾经告诉一位年轻的俄国犹太移民:"往前直走,一直走到你看到有很多犹太人为止。"最后,"隔都"能够帮助新移民度过初期比较艰难的异域生活,为适应新环境争取时间。同时,"隔都"里不存在基于宗教和文化的歧视和偏见,也不存在语言差异,在这里他们能感受到安全、自在。

(二)"隔都"状况:以纽约"隔都"为例

19 世纪末 20 世纪初,世界上人口最密集的犹太"隔都"位于纽约。"隔都"本身不仅是一种生活方式、文化形态的延续,而且是不幸生活的堡垒。"隔都"里随处可见贫困、饥饿、疾病、伤残和死亡的阴影,任何一次意外,都有可能使移民家庭陷入万劫不复的境地。在生活的风险面前,"隔都"里的俄国犹太移民显得不堪一击。旧世界的避风港,在新世界成为风暴中心。

当时,一些观察者对纽约"隔都"的糟糕状况从不同角度作过详细描述。意第绪语作家利昂·柯布林形容纽约下东区的"隔都"是一个"由廉价公寓楼房组成的灰暗的石头世界。""在那里,即使是美妙的春日,也看不见青青的草叶,隔都异样的灯光和犹太居民的身影,更使那些街道被笼罩在一种难以名状的气氛中。连空气中都散发着历经千年流亡的犹太人所特有的悲哀和痛苦。光线黯淡而沉郁……公寓的墙壁也是灰秃秃的——真是满目悲凉,令人触景生悲。"[1]1888 年的一份杂志,将"隔都"比成"监狱",是一个"比欧洲最恶毒的反犹主义者想象出来的景象还要悲惨的地方。"[2]

如果说作家的描述掺杂浪漫主义的想象,可能偏离事实真相,那么我们就从更为可靠的文本中窥视当时的纽约"隔都"状况。"隔都"最糟糕之处在于拥挤和卫生条件差,是各种疾病特别是传染病赖以滋生的温床。纽约的乔治·波尔斯医生曾这样描述"隔都"住宅的拥挤:"在一套由三个房间组成的公寓里住着一户人家,有夫妻俩、病父、六个年龄从 1 个月到 13 岁的孩子。此外还有 13 个寄宿者到这里过夜。"[3]乔治医生此处提到的"寄宿者"

① Salo W. Baron, *Steeled by adversity: essays and addresses on American Jewish life*, Philadelphia: Jewish Publication Society, 1978, p. 135.
② Ibid., p. 136.
③ Ibid., p. 140.

（Roomer）是只身前往新世界的年轻移民，为节省开支，在移民家庭租借一张床作为自己的夜晚容身之处，那么他们的寄宿会让移民家庭赚取一定的额外收入。

著名的社区志愿者利兰·瓦尔德女士在她的日记中也记录下了"隔都"的状况。她出生于中产阶级德裔犹太家庭，不顾家人反对，投身护理事业，入职"纽约青少年庇护所"。正是在这里，她第一次遇到纽约下东区的俄国犹太移民。她被自己的亲眼所见，深深震惊，无法相信看到的事实。瓦尔德决定做一些事情来改变"隔都"的状况，于是向"隔都"的租户家庭提供志愿者服务。她的日记真实记录了纽约"隔都"的惨状。此处不妨节选几段她写于 1893 年 7 月的日记：

> "拜访照顾伤寒病人，卢德诺大街 182 号。去赫斯特大街 7 号拿瑟的租屋，发现她的两个孩子患有麻疹。经过一番解释之后，成功地让这两个男孩以及另一个婴孩沐浴。这个婴孩自出生后第一次沐浴。之后，将干净的衣服送到两个男孩的手中，帮他们换上。"

> "对 M 先生讲，他的家庭应该搬离条件恶劣的住所，并告诉他，乡村不像城市这么拥挤……他许诺将在其他地方寻找工作。我承诺如果他迁往乡村，我们将向他的孩子们提供鞋子，帮助他们在新家园过体面的生活……"

> "拜访汉娜。我向她介绍如何去第 42 街区的医院。这个医院的绷带是可以申请免费使用的。在我来之前，她确实给两个孩子洗过澡，并设法使我相信她每天都这么做……"

> "G 夫人的病例，柯林顿大街 183 号，二楼靠后的租屋。7 月 1 日布列斯特小姐（玛丽·布列斯特，瓦尔德的女同事——笔者注）首次发现她患有产后败血症。当时，她躺在高感染风险的地板上，没有被单和枕头。她的丈夫本是卖货郎，但不得不歇业，待在家里照顾他的妻子和五个孩子。这样一来，这个家庭就失去了收入来源，陷入贫困之中。T 医生出诊，收取了 75 美分的费用……女患者需要清理的地方已经清理，希伯来慈善联合会送来牛肉与红酒。经过诸多努力与协调，一个犹太妇女以 6 美元的薪资来照顾她，其中的 3 美元由我们支付①。如此精心

---

①　日记中并未说明另外 3 美元的周薪由谁支付，但是联系上下文推测应该是由希伯来人慈善联合会支付。

的护理以及像样的食物很快产生作用，因为 G 夫人正在康复中。"①

瓦尔德的日记向我们展示了"隔都"的日常细节。透过这些丰富的细节，不难还原"隔都"这块悲伤之地的真实面貌。这里充满难以忍受的病痛、令人窒息的麻木以及让人颤抖的贫穷。"隔都"是美国犹太社会的伤口，而且这个伤口完全暴露于美国社会，这对美国犹太人的尊严是一种伤害。

"隔都"里发生的不幸，远不止疾病对移民家庭的蹂躏。当时，另一类引起广泛关注的不幸，就是经常发生在"隔都"的"抛妻别子"事件。此类事件也有损美国犹太人的荣誉。当然，"抛妻别子"事件不是"隔都"本身的缺陷直接造成的，但是增强了"隔都"世界的悲剧色彩，并提供了批判"隔都"原罪的另一个视角。人们会脱离具体的事实，抽象地认为"隔都"孕育不良的社会风气。有统计数据显示，1900—1911 年，美国犹太慈善机构大约有 15％的救济金分配给了被丈夫遗弃的女性。

我们来阅读一封被遗弃的俄裔犹太女性写给她丈夫的信：

"麦克斯：

我和孩子们向你道别。你将我们置于如此悲惨的境地。你对我们全无怜悯之心。你从来没有问自己：为什么离开我们吗？麦克斯，你的良心哪去了？你娶我的时候，我是一个年轻的、受过良好教育的、体面的女孩。你与我共同生活的六年间，我为你生下四个孩子。然后，你离开了我。四个孩子中，只存活两个，但是你让他们成为活生生的孤儿。谁来抚养他们成长？谁来帮助我们？你对自己的亲生骨肉没有一点同情吗？好好想想你的行为。眼泪已经吞噬了我，我无法继续写下去。"②

这是一封绝笔信，字里行间流露出悲情。而类似的悲情在当时俄国犹太移民圈中是比较常见的，这是常年离别造成的恶果。一位等待的丈夫经常遇到一件尴尬的事情，就是旧世界的妻子远渡重洋，来到纽约与他团聚，然而身为移民的丈夫却无力成为新世界的养家人。因此，抛弃作为"穷人离

① Doris Goshen Daniels, *Always a sister: the feminism of Lillian D. Wald*, New York: Feminist Press, 1995, pp. 27 - 28.
② 转引自 Rudolf Glanz, *The Jewish woman in America: two female immigrant generations, 1820 - 1929 (vol. 1)*, New York: KTAV Publishing House, 1976, pp71 - 72.

婚"的方式,成为移民丈夫的唯一选择。这种悲剧对于严守教规的犹太女性而言是一种特别的痛苦。不经正式的宗教程序,缺乏明显的证据证明自己是寡妇,那么他们就会被犹太教正统派律法禁止再婚。

一些女性为了抚养孩子沦为妓女,还有一些女性选择自杀,比如写信的那位女子。1902年,希伯来人慈善联合会不得不组建一个专门处理被遗弃女性的部门。到1914年,又组建独立的"民族遗弃局"(这一名称小心翼翼地避免使用"犹太"两字,是为了犹太民族的声誉着想)。这个机构拥有比较娴熟的搜罗"负心汉"的技巧。技巧之一,就是发布公告,在意第绪语媒体上刊登抛弃家庭的男子的照片和简介。大型意第绪语报纸《前锋》,每周公布一份列表,题为"失踪男子长廊"。所刊登的信息由这些男子的妻子或亲属提供。另一个措施是,组建律师团,负责调查遗弃局提出的申诉,并在法庭上代表被遗弃的妻子进行诉讼。如果某个丈夫被发现踪迹,只需要法律威慑便可以将他们带回妻子身边。但是,绝大多数丈夫就像从人间蒸发了一样,了无踪迹。发生在"隔都"的家庭悲剧,还有其他内容,此处不再赘述。

(三)"隔都"问题对美国犹太慈善事业的冲击

"隔都"的贫困化,引发教育、医疗等一系列社会问题,给犹太慈善事业带来压力。19世纪末20世纪初的美国尚未形成一个由政府支持的广泛的社会福利体系,因此救助窘困者的任务就落在了私人的、宗教的或者世俗的慈善机构身上。救助纽约犹太贫困移民所需的大部分负担由希伯来人慈善联合会承担。这个联合会于1874年在纽约成立,其领导层几乎是清一色的身份显赫的德裔犹太人。到19世纪90年代,随着犹太新移民人口爆炸性增长并超过老一代移民的人口,这种负担变得日益难以承受。从1881年至1906年间,希伯来人慈善联合会的预算增加4倍,它的资金被广泛用于拓展由诊所、医院、养老院、孤儿所、职业学校以及社会中心构成的移民服务网络。到1910年,美国犹太社会每年需要花费1000万美元来救助自己的同胞。除了摩门教徒,美国没有任何一个民族信仰团体接受的社团内资助能够达到如此慷慨的程度①。

为了保证每一分钱都花在刀刃上,德裔犹太精英密切关注慈善资金的分配、使用及其效果。在纽约,银行家梅耶·列海姆与他的合伙人乔治·布鲁门绍尔,经常步行至西奈山医院的病房,用挑剔的目光审视医护人员的工

---

① 　Howard M. Sachar, *A history of the Jews in America*, New York: Alfred A. Knopf, 1992,p. 152.

作。伊西多尔·斯特拉乌斯与莫里斯·列伯法官以个人身份日复一日地检查希伯来技术中心的运作。雅各布·舍夫是蒙特菲尔医院慢性病中心的主要资助人，他每周日早上都会前往该中心，与病人进行私下交流，以便全面了解中心的状况。

俄国犹太人移民美国的早期，雅各布·舍夫在慈善活动中扮演了重要角色。他是美国犹太社会杰出的利益代言人，但他从未主动贪求过这样的角色。虽然他自认是犹太人，是纽约埃曼纽尔犹太教会堂的董事会成员，但是最初他并未刻意区分犹太与非犹太事业。然而，到19世纪90年代，俄国犹太移民数量猛增，舍夫毅然投身救助俄国犹太同胞的活动中。他在处理生意时比较冷酷，甚至不近人情，但是他承担起资助俄国犹太同胞的重责，将之视为个人责任。获悉利兰·瓦尔德的事迹之后，舍夫个人出资支持瓦尔德的救助项目。有了这些资金，瓦尔德和玛丽·布列斯特租下亨利大街的门面，将其改造成集护理、职业介绍和食物分配为一体的服务中心。正是从这个为大家所青睐的"亨利大街服务中心"开始，瓦尔德开发出上门护理项目。到1910年，这个项目资助100位护理人员提供了22.7万次的出诊服务①。这种最初的公共卫生概念，最终赢得国家和民族的认同。与此同时，历年来，瓦尔德还超越公共卫生领域，积极参与"妇女工会联盟"的活动、妇女选举权运动以及和平运动，这样她成为了美国女权运动的先驱者。很显然，瓦尔德的成长与舍夫的资助有着密不可分的关系。

德裔犹太精英人物都是美国上层社会一流的企业家与社会活动家。他们以安德鲁·卡耐基为榜样来组织管理慈善事业，但是当经济危机与俄国犹太移民潮共同来袭，这些犹太社会精英也会束手无策，慈善体系也会捉襟见肘，甚至崩溃。1896年，经济危机发生。希伯来人慈善联合会陷入财政困境，以至于它的官员不再顾及尊严，第一次要求非犹太人向其慷慨解囊，捐献资金财物。1898年，联合会主席亨利·赖斯向赞助人作演讲时，公开谴责"隔都"中的穷人数量的增长太快，同时为"上帝允许过多的犹太穷人存在"感到悲伤②。1903年，在瑞士巴塞尔召开的第六届犹太复国主义大会上，美国代表塞卢斯·苏尔茨伯格向他的听众说道："纽约的犹太人为了慈善事业每年要纳100多万美元的税，这种负担越来越让人厌烦。其结果之一，就是美国的老移民要求限制新移民到来的主张越来越强烈。"③

---

① Lillian D. Wald, *The house on Henry Street*, New York, 1915, p.89.

② Roger Daniels, *Coming to America：A history and ethnicity in American life*, New York: HarperCollins University Publishers, 1990, p.165.

③ Ibid., p.177.

仅在 1900 年,移民美国的俄国犹太人就达到了 6 万人,这就意味着"隔都"会变得更加拥挤。由此,美国犹太社会开始广泛讨论"隔都"问题及其解决路径①。在讨论中,希伯来人慈善联合会的新任主席李·弗兰克尔指出,堕落、犯罪和肺结核等"邪恶问题"已经达到了相当严重的程度,在纽约下东区定居的俄国犹太新移民家庭至少面临一种"邪恶问题"的困扰。他强调,处理这些"邪恶问题"的唯一可行方法就是打破"隔都"的封闭状态,劝导生活在"隔都"的新移民迁居他处谋生。

(四)"隔都"问题引发新老移民之间的对立

犹太"老移民",主要是指 1880 年之前移民美国的犹太人及其后裔,其主体部分是讲德语的犹太人,某种程度上就是指德裔犹太人。犹太"新移民",主要是指 1881 年后从俄国移民美国的犹太人。这也是史学界对美国新旧移民进行划界的一个通行方式。划界的依据是美国移民政策的变化,将"自由移民时代"的移民及其后裔视为老移民,将"限制移民时代"的移民及其后裔视为新移民。

在老移民的眼中,"隔都"已经成为"阻碍犹太人在美国获得公正名誉、舒适生活和社会福利的障碍。"②这种看法被进一步放大,认为"隔都"问题是由犹太新移民的虚弱性导致的。老移民指控新移民"只比职业乞丐稍好一些",认为"隔都"的贫困和对"隔都"的依赖源于犹太新移民缺乏积极自助的能力和意愿。

面对老移民的"指控",新移民进行了反击,对"隔都"以及慈善事业也提出自己的看法,以平衡老移民制造的舆论。老移民通常以美国犹太社会的家长和主人自居,对"隔都"持负面悲观的看法,但是一些新移民认为老移民故意夸大"隔都"所存在的问题,从而抹黑他们在一般大众眼中的形象,由此保持老移民的某种心理优越感。新近到达美国的、来自不同国家的移民都居住在与"隔都"情况大抵相当的环境(如贫民窟)中,而犹太老移民却一味指责新俄国犹太移民,这就让人产生一种感觉——移民贫困化以及由此带来的问题只有犹太移民才有。一些媒体站在新移民的立场上发声,指责老移民。《意第绪报》的主编将 1897 年早期出现的反犹太的读写测试法案,归咎于老移民,称"德裔犹太人不断宣称,俄国犹太人是乞丐,对慈善事业的依

---

① Selma Berrol, *The empire city: New York and its people*, 1624 – 1996, Westport: Praeger Publishers, 1997, p. 174.
② Ibid., p. 163.

赖性强——这种愚蠢行为已经导致了不幸的后果。"①

新移民对美国老移民群体中散布出来的批评非常不满,这种不满也具有另一种含义,也就是反对老移民对新移民的歧视。1902 年,由年轻一代俄国犹太移民建立起来的社会文化社团的教育同盟创作了一部讽刺作品,名为《纽约下东区的慈善家们》。这部喜剧虚构一场小组讨论。讨论的主题是"被抛弃的俄国犹太人应该如何实现自我发展"。在整个讨论过程中,美国德裔犹太"慈善人士"显得非常自大,居高临下地提出种种建议。比如,冷血的公寓女看守对新移民母亲教育子女的方式感到不满,因此她主张把小孩从新移民的家中抢出来,送到保育院。还有一个自大的律师对"隔都"的卫生条件非常不满,因此建议将公园改造成公共浴池,以便大量不洗澡的俄国犹太人能够去除依附在他们身体上的一层污垢②。整个讨论,表面上看是要促进俄国犹太移民群体更健康地发展,但是这些虚构的老移民言论之中充斥着让人无法接受的歧视与偏见。

移民美国后成为富翁的俄裔犹太人彼得·威尔尼克也附和新移民的这些言论。他同样认为,美国老一代移民夸大了"隔都"居民的贫困和肮脏程度,但是他承认俄国犹太新移民群体自身在组织管理慈善方面的效率存在不足,阻碍了"隔都"生存条件的改善。在某种程度上,威尔尼克认为,这个问题的存在可归咎于老移民群体在慈善事业中过度热情,从而窒息了新移民群体的慈善自主性。言下之意,就是老移民对新移民照顾得"太狠"了,不愿意分享慈善活动的主导权。

威尔尼克认为,具有债务偿还能力的新移民还是愿意积极投身慈善事业的,但是美国现有的犹太慈善制度与观念具有一定的不合理性,"新移民捐给慈善机构的钱,已经由他身处的犹太社团以税收形式被征收走了。但是真正的慷慨却表现在个人捐赠上,也就是这个人给那些向他求助的人直接捐助了多少钱。比较奇怪的是,我们当中一些只给慈善机构捐钱的人,无论他捐赠多少,都不会被认为是一个真正的慈善家。"③威尔克尼认为由于给慈善机构直接捐钱,不被视为慈善,阻碍了新移民自身慈善意愿的形成以及慈善组织的发展。

---

① Yiddishe Gazetten, Feb. 10,1897, p. 4.
② Selma Berrol, *The empire city: New York and its people, 1624 - 1996*, Westport: Praeger Publishers, 1997, p. 181.
③ Ibid, p. 165. 从这一段话当中,我们可以了解到美国犹太慈善事业的资金来源:一是犹太社团定期收取的人头税;二是个人直接捐赠。老移民认为个人捐赠才是慈善,而人头税是义务。

当然,这是威尔克尼的一家之言,但透露出当时美国犹太慈善体系的复杂性一面。从事实来看,当时的新移民群体自身的慈善组织还是有一定的发展。建立同乡救助组织在纽约的新移民社区中是一个比较普遍的现象。这些同乡救助组织有明确的指南,如团结犹太社区,促进友爱之情,给予会员帮助和安慰,依照希伯来律法为会员安排葬礼,依照章程规定为会员提供患病和伤残津贴等等。在19世纪末的纽约,犹太新移民群体中,下葬、疾病护理、怀孕救助、互助等等团体基本上都是按照同乡的原则组织建立起来的。

新移民在慈善救助方面有自己独立的行动,这本身是一件好事,显示了他们不愿意忍受德裔犹太人在慈善活动中表现出来的倨傲态度以及牢牢掌控慈善主导权的霸道作风,但是这些数量众多的同乡互助组织往往缺乏资金,运行得并不是很好。如果一个人需要长期的救助,往往还是要求助于希伯来人慈善联合会。老移民特别是德裔犹太精英在慈善救助方面无疑更具有丰富的经验。他们认为,如果新移民群体能根据更加集中的原则运行他们的社团,至少在募集和支付资金方面更得力一些,那么慈善联合会所承受的负担也会得到减轻①。所以,美国犹太社会对“隔都”问题的恐惧不仅源于新移民本身的贫困,而且也源于新移民对于慈善应该如何组织管理、慈善资金如何分配的观念不同于美国社会以及犹太社会的主流看法,担心新移民冲击传统的美国犹太社会的慈善救助体系,因为新移民的慈善救助体系,如同乡互助模式、亲友互助模式,是从旧世界移植过来的传统模式,而美国社会以及犹太社会则按照安德鲁·卡耐基管理学理论与实践,致力于打造现代慈善救助体系,相信集中管理能够产生更大的效益。

新老移民在“隔都”问题上的对立,反映出他们对慈善事业的认知差异。老移民指责新移民掏空慈善资金,而新移民认为自身对犹太慈善事业是有贡献的,反对老移民在慈善活动的歧视言论与行为。这种对立所产生的效应也不完全是负面的。事实上,我们也能看到,双方的分歧也在推动着美国犹太慈善体系的变革与完善。

(五)“隔都”问题的解决

“隔都”是横亘在新旧两个世界交接处的障碍物,也是犹太人从传统走向现代的绊脚石,这意味着解决“隔都”问题具有重大社会意义。如果新移

---

① Selma Berrol, *The empire city: New York and its people*, *1624 - 1996*, Westport: Praeger Publishers, 1997, p. 171.

民仅仅满足于从"隔都"狭小的窗口来眺望现代的都市生活,那么他们历经千辛万苦来到新世界的意义就会大打折扣,处于旧世界的压迫者会嘲笑他们,认为他们费尽心机,只是为了换一处"监牢"。同时,随着进步主义运动的兴起,一些社会改革家如雅各布·里斯等人高度关注租屋居住者的困境,提出向"贫民窟"宣战;坦顿·科伊特在纽约下东区开创性地设立了"大学安置所"(University Settlement)[①]。这些带有基督教社会主义色彩的行动,将美国犹太各社团和机构推向了风口浪尖。如果美国犹太社会对"隔都"问题保持沉默或者缺乏有力的解决措施,那么必然会自损形象。1902 年,纽约"隔都"问题成为全美犹太社会慈善活动的首要议题。当年 5 月,美国全国犹太人慈善大会在底特律举行。会上,"誓约之子"主席利奥·列维和大会主席、来自辛辛那提的社会工作者马克斯·塞尼尔敦促与会者帮助纽约的犹太社团处理困扰他们的严重问题。

"隔都"问题越发严重,固然与俄国犹太人基于犹太教正统派的生活习惯、文化习俗、社交方式等因素有关,但最核心的因素是,俄国犹太贫困移民数量的爆炸性增长。如果能够限制一部分俄国犹太人移民美国,那么"隔都"问题的解决就会减少一些阻力。1901—1902 年,美国再次出现要求对新移民实行"读写测试"运动。对此,美国犹太社会特别是老一代德裔犹太移民的态度是比较平静的。这一次,美国犹太社会回应这场运动时,显然考虑到了美国纽约的"隔都"现状,认为"读写测试"的目的是阻止不合格的移民进入美国,这将在一定程度上缓解"隔都"问题。

1901 年秋,移民限制同盟利用麦金莱总统遭刺杀的机会,着手推动"读写测试"运动,试图将酝酿中的"读写测试"方案变成法律。这场运动获得新任总统西奥多·罗斯福的谨慎支持。他没有要求实行一种测试来鉴定一个移民是否具有读写能力,但是要求测试移民是否"具有接受美国制度的智力水平"[②]。罗斯福的态度即便算不上坚决,但也足以使移民限制同盟的信心大增,因而限制移民运动散发出蓬勃之气。1902 年 5 月,读写测试法案作为由阿拉巴马州众议员奥斯卡·昂德鲁伍德提出的"排斥无政府主义者"法的补充在众议院获得通过。然而,参议院移民委员会的大多数成员拒绝在法案中增加读写测试内容。共和党参议员、印第安纳州的查尔斯·帕尔班克斯作为多数派的代表,表示如果读写测试被采纳的话,整个法案包括反无

---

① Thomas Kessner, Jobs, Ghettoes and the urban economy, 1880 - 1935, *American Jewish History*, vol. 71, no. 2,1981.

② Jacob Marcus Rader ed. , *The Jews in the America world：a source book*, Detroit：Wayne State University Press, 1996. p. 187.

政府主义者的条款都将受到损害。结果，提交给罗斯福总统的 1902 年移民法案包含了排斥无政府主义者和将人头税翻番的内容，但删去了"读写测试"的内容。1903 年 3 月 3 日，罗斯福签署了这部新移民法。当时的"无政府主义者"主要指称那些有革命倾向的激进人士。这部分人士在俄国犹太移民中占据一定的比例，所以《1903 年移民法案》在某种程度上是从另一个方向即政治立场方面针对试图移民美国的俄国犹太人的。

由于"隔都"问题的存在，美国犹太社会对 1901—1902 年的读写测试运动的态度不再像以前那样持坚决否定的态度。虽然大多数犹太报纸公开表示直接反对读写测试，但是没有像 1897—1898 年那样流露出愤怒之情。据此，我们有理由推断，1901—1902 年美国犹太社会支持实行文化测试的可能性比较大。尽管一些老移民怀着怜悯之心看待埃利斯岛上的移民机构驱逐一部分已经抵达美国的犹太同胞，但是他们同时也比较心平气和地看待这部阻止更多犹太人移民美国的新法律。"读写测试"的支持者中比较引人注目的是纽约教育联盟的教育总监戴维·布劳斯泰因。他是俄国出生的无政府主义者，曾多次在联邦工业委员会的听证会上表示，犹太"隔都"拥挤不堪，其缺陷不胜枚举，让人担心。

美国犹太社会在 1901—1903 年对读写测试所采取的普遍立场，充分体现在 1903 年希伯来人慈善联合会的年度报告中。这份报告称，新的移民法经过了认真审核，避免再次出现 1897 年的那种拒绝将意第绪和希伯来语作为可接受语言的情况[①]。更重要的是，这份报告本身没有表示反对"读写测试"，可以看出纽约犹太社会对不断攀升的移民数量以及由此导致"隔都"问题的恶化感到不安。

美国犹太社会试图通过支持"读写测试"的方式，来限制俄国犹太新移民的数量，从而逐步解决"隔都"问题，但这一解决方式，显然是合理但不合情，况且当时的美国联邦政府还不打算彻底告别自由主义的移民政策，依然希望从移民群体形成的"人口红利"中获益。

对于美国犹太社会来说，"隔都"问题已经刻不容缓，而进一步限制移民的法律的出台注定是一个漫长的讨价还价的过程。如果不能阻止俄国犹太人继续大规模涌向美国，那么就要想办法阻止他们聚集在大城市的"隔都"中。如果不能阻止他们聚集在大城市的"隔都"，那么就要进一步扩大慈善机构的财源，提高慈善活动的效率。

基于这样的考虑，1901 年美国犹太社会领导层决定成立工业转移办公

---

① United Hebrew Charities，29th annual report（1903）.

室(Industrial Removal Office)，这是针对"隔都"问题的第一项非慈善性的措施。慈善救助对于解决"隔都"问题虽然有很大的帮助，但是治标不治本。工业转移办公室由塞卢斯·苏尔茨伯格牵头领导负责，引导新移民以及在"隔都"定居已久的移民迁移到他处。新挑选的地方虽然条件不好，但是对于发展经济而言还是有益的。苏尔茨伯格试图通过这种做法来治愈"隔都"顽疾。工业迁移办公室并不是唯一的一个致力于减轻"隔都"人口压力的机构，但是它是最有抱负的一个机构。在良好的财政支持下，工业转移办公室选用了委托代理人，让这些人到各地去为犹太移民寻找就业机会，支持当地犹太机构的救助活动。一旦犹太移民到达目的地，那么本地的犹太救助机构将负责监管新来者的工作与生活。

工业转移办公室在实际工作中面临一些困难。首先，工业转移办公室是在俄国犹太移民激增的时期开展工作的，这增加了工作难度。到 1910年，俄国犹太移民人数达到峰值，"隔都"人口也达到了前所未有的规模。其次，工业转移办公室工作与内陆城市和乡村的犹太社团之间的合作不顺利，这影响了工作效率。最后，俄国犹太移民社团对工业转移计划并没有表现出一致的支持。有些社团领袖确实支持推进转移工作，但是也有批评的声音。如医生兼记者卢宾诺博士为俄国犹太新移民聚居纽约提供辩护，他认为纽约为新来的移民提供了最佳的工作机会，他们只有生活在大都市的同一类人群中才能获得安全感。

尽管如此，工业转移办公室在 5 年的时间内，还是比较成功地解决了"隔都"居住环境过于拥挤的状况。1905 年末，塞卢斯·苏尔茨伯格在一份报告里写道，他的机构已经将 5.5 万人从纽约"隔都"转移了出去，这个数量差不多占这个时期犹太移民人数的 5.5％。当然，更为重要的是，工业转移计划显示了一种安置俄国犹太移民的新思路。工业转移办公室的官员戴维·布莱斯勒则认为，新移民转移工作所取得的成就比数字表现出来得更为成功，因为"过去20年的时间内，大量的犹太移民居住在某个特定地区，这很快就导致了更多的人聚居在同一地方，所以被遣散他处的人会成功吸引大量亲朋好友来投靠他们，要不然这些亲朋仍然会聚居在纽约。"[1]很显然，布莱斯勒超越工业转移计划本身，指出这一计划抓住了俄国犹太移民的特点，并利用了这个特点，从而阐明这一计划的社会意义。

针对"隔都"问题的第二个措施就是重组希伯来人慈善联合会，以期扩

---

① Jacob Marcus Rader ed., *The Jews in the America world: a source book*, Detroit: Wayne State University Press, 1996, p. 113.

大财源,提高效率。希伯来人慈善联合会长期以来由德裔犹太人把持,在过去的 20 多年时间内一直高度关注俄国犹太移民问题。尽管它为俄国犹太人顺利移居美国做了大量的实际工作,但是俄国犹太移民群体对这个机构没有产生什么特别的感情。首先,俄国犹太新移民社团的领导人对这个机构的态度比较冷漠傲慢,反对“使联合会变得无情的资助”,也就是说新移民社团领导人认为联合会资助越来越苛刻,附加条件也越来越多。其次,联合会的官员不允许新移民社团的代表参与联合会的执行委员会工作,引发新移民社团的不满,以至于联合会的一些政策不能实施。这种状况导致新移民群体无法获得来自更富裕的移民社团的支持,而反过来老移民社团则指责新移民社团忘恩负义。

希伯来人慈善联合会的官员逐渐意识到新移民的抱怨具有一定的道理,于 1903 年 7 月开始进行机构改革,并调整政策。在纽约的教育联盟(Educational Alliance)大厦召开的会议上,慈善联合会的代表与俄国犹太新移民社团的负责人深入探讨了双方的分歧所在。讨论的结果是同意革新联合会的组织结构。按照重组计划,纽约下东区将划成四个分区,每个分区由一个半自主的地方委员会负责领导。更重要的是,每个分区委员会都必须有俄国犹太移民社团的代表参与其中。这样一来,新移民就在资助活动中获得了一定的发言权,对慈善联合会的支持也越来越多。

重组计划几乎取得了立竿见影的效果,新移民对慈善联合会的支持越来越大。1903 年底,慈善联合会的捐赠赞助者数量比 1902 年底的时候翻了一番,达到 20 万之多。联合会这次重组的重要性,不仅仅在于获得了更多的资金来帮助它的依附人,而且也治愈了犹太社会中的溃疡点,并向老移民证明,新移民经济上更加宽裕后,是不会拒绝履行自身的慈善义务的。

当然,“隔都”贫困与依附问题得以解决的最重要原因,是新移民群体不断地富裕起来。俄国犹太新移民追逐财富的愿望相当强烈。1902 年,雅各布·赖斯在评价新移民时说:“他们没有带来任何东西,没有带来金钱,也没有带来手工艺,但是他们为我们国家带来消耗不尽的精力。只要给予俄国犹太移民时间,他们会成为贫民区的酵母。”[①]正所谓“解铃还须系铃人”,俄国犹太移民的命运,归根到底只能由自己来决定。

在 1905 年出版的《纽约犹太移民经济状况调查》中,卢宾诺博士注意到,1898 年至 1903 年间“对犹太工业区产品的需求很旺盛,俄国犹太人财

---

① John Bodnar, *The transplanted*: *A history of immigrants in urban America*, India University Press, 1985, p. 109.

富的增长即源于此。"除了商人和企业主财富以每年 10% 的速度增长之外，20 世纪初从事服装行业和外贸行业的犹太工人阶级的财富增长也很快。1904 年，有 6 万多犹太移民迁往居住环境更好的布鲁克林和布朗克斯，告别了纽约下东区①。

到 1905 年，"隔都"给老移民带来的焦虑感几近消失。尽管"隔都"还在，但是贫穷和依赖亲朋好友过活的现象罕见踪影，拥挤、肺结核、犯罪之类的问题也不再突出。"隔都"之痛的消失或者说不再引人注目，最主要原因当然是俄裔犹太移民经济条件的改善，即使他们没有迁离"隔都"，但是此时的"隔都"已经不再是昔日模样。犹太社区普遍建立了较为健全的医疗服务设施。以纽约为例，20 世纪初，俄裔犹太人的结核病死亡率约为周边非犹太民族的一半或者三分之一。同时，俄裔犹太人逐渐改变酗酒的恶习，爱上了茶饮。在纽约犹太人中，俄裔犹太人爱喝茶是出了名的。

换一个角度来看，与其说"隔都"问题消失了，不如说是对"隔都"问题的担忧消失了。"隔都"问题从某种程度上说是俄国新移民在老一代德裔犹太移民的心理上投下的一道阴影。当老移民对新移民产生了足够的信心，这道阴影就消失不见了。与此同时，整个美国犹太社会也形成一种共识——新移民最终可以过上正常的生活。正如李·弗兰克尔所言："犹太人的贫困没有导致堕落。美国犹太慈善的历史有力地显示，犹太移民，无论他来自德国、俄国、罗马尼亚或加里西亚，都能适应美国的生存环境，即使移民暂时需要帮助，但是他们很快就能摆脱对慈善机构的依赖。"②

三、劳工运动：俄国犹太移民自身争取权利

（一）俄国犹太移民劳工运动兴起

美国犹太社团和机构为俄国犹太移民适应美国社会提供各种帮助，这是事实。但是，俄国犹太移民并没有把改善生存条件的希望完全寄托在别人的善意上，我们不能忽视他们自身争取权利的行动，"自救者，人恒救之"。

最早行动起来为自身争取权利的，是制衣行业的俄国女性犹太移民劳

---

① Selma Berrol, *The empire city: New York and its people, 1624 - 1996*, Westport: Praeger Publishers, 1997, p. 143.

② David Ward, *Poverty, ethnicity, and the American city, 1840 -1925: changing concepts of the slum and Ghetto*, Cambridge: Cambridge University, 1989, p. 212.

工。1885 年,俄裔犹太劳工发起了一场即兴的罢工。这场罢工是披风劳工和女裙劳工发起的,但是从雇主那里取得些微让步后,劳工们解散了自己的工会组织。1888 年,在伯纳德·韦恩斯泰因的倡议下,希伯来工联(United Hebrew Trades)成立。这个组织的目的是提高犹太劳工的觉悟,注重在服装行业和其他的犹太劳工较多的行业培育工会组织。到 1890 年,希伯来工联创建了 22 个工会组织,包括披风工会、女裙工会、及膝裤子工会、帽子工会、面包工会、印刷工会和意第绪语演员工会等①。1890 年,这些工会组织参与了五一劳动节游行,表达改善工作环境的诉求。目睹游行场面后,犹太作家阿布拉汉姆·卡汉激动地说道:"壮观的游行,是伟大革命的开始。革命将推翻资本主义制度,在真正自由平等博爱的基础上建立一个新社会。"②但是在这次游行中,工会组织者没有提出八小时工作制。整体上看,早期的俄国犹太劳工被分割在各个细分的行业中,没有形成更大的合力,工会组织之间为争夺资源,也是矛盾重重,比如希伯来工联与美国劳工联合会之间便是如此,犹太劳工运动因此并无太大起色。

20 世纪初,犹太劳工运动释放出巨大能量。究其原因,首先是俄国的"崩得"成员大批移民美国,为劳工运动注入意识形态热情,打下思想基础③。自 20 世纪初,从俄国移民到美国的犹太人不再像他们的前辈那样保守,在之前的数十年时间内,他们经历了思想解放。他们阅读俄国和德国作家的作品,见证了意第绪语言和戏剧的复兴,逐渐从犹太教正统派的禁锢中摆脱出来。1897 年,俄国的人口普查显示,将近一半的犹太人居住在城市。他们中的很多人在服装厂谋生,并在这里接受了社会主义革命意识形态的洗礼。1900 年代早期,在俄国,数千犹太青年劳工组成了"崩得",这个组织是俄国社会民主党的犹太分支。1901—1906 年"崩得"在欧洲组织的罢工次数要远远多于其他劳工组织发起的罢工。

1903 年之后,"崩得"成员混杂在俄国犹太移民潮中来到美国,并建立"崩得"组织。他们中的一些人后来成为美国劳工运动领袖,如悉尼·希尔曼、戴维·杜别斯基、巴罗什·弗拉德克、雅各布·波托夫斯基等人。到

---

① Melvyn Dubofsky, *When workers organize: New York City in the Progressive Era*, Amherst: University of Massachusetts Press, 1968, p. 97.

② 转引自 Howard M. Sachar, *A history of the Jews in America*, New York: Alfred A. Knopf, 1992, p. 179。

③ William S. Berlin, *On the edge of politics: the roots of Jewish political thought in America*, Westport: Greenwood Press, 1979, p. 36.

1906年，大约有50个"崩得"组织在美国运行[1]。在"崩得"成员的动员下，俄国犹太劳工的权利意识和斗争精神被逐渐激发出来。

其次是制衣工业的发展特别是女性成衣工业的发展，使制衣工厂聚集着大批俄国犹太劳工，而且这些犹太劳工不再像以前那样分散在狭小的"血汗工厂"里从事生产，越来越多的犹太劳工走进服装厂，成为真正的雇用工人。这样，犹太劳工逐渐由分散走向集中。他们经常聚在一起谈论各种不公，尝试采取集体行动，这为劳工运动的开展，创造了便利条件。

再次是俄裔犹太劳工的工作条件迟迟得不到改善，被逼上权利抗争之路。他们通常需要每周工作65个小时，在销售旺季，每周的工作时间会延长到75个小时，有时需要彻夜加班[2]。很多时候，他们还得使用自己的工具，如缝纫用的针线、剪刀和熨斗等，偶尔还需要使用自己的缝纫机。稍微延误工期或损坏衣服，便要被罚款。这种折磨对于女性劳工来说更为强烈，因为她们付出同样的劳动，得到的报酬远远少于男性劳工。更有甚者，比如纽约的三角洲衬裙工厂，为防止"工作中断"，将厕所设在厂区的外面，通往工厂外的大门被上锁，只有监工同意之后，这把锁才能打开，这种做法对于女性劳工来说是非常不方便、不人道的。因此俄裔犹太女性劳工在20世纪初站在美国劳工运动的最前沿，一点都不奇怪。

最后是女性成衣行业内各个相对独立的工会被团结在了一起，为犹太劳工运动打下了更为坚实的组织基础。在美国劳工联合会及其犹太裔的领导人萨缪尔·戈姆佩斯的持续动员下，1900年，女性成衣行业内的各个工会同意在国际女性服装劳工联合会的框架下进行合作。国际女性服装劳工联合会由于吸纳了众多"崩得"成员，变得不再保守，涌现出一批女性劳工运动领导人，其中的代表性人物有萝丝·斯奈德曼（Rose Schneiderman）、凡妮娅·科恩（Fannia Cohn）、保琳·纽曼（Pauline Newman）等。美西战争结束后，美国经济繁荣，劳工的组织工作取得巨大进步。到1909年，国际女性服装劳工联合会拥有63个地方分会，会员人数达到了6万。这个工会成功地将犹太劳工组织起来，采取共同行动，挑战服装厂的非人环境[3]。

---

[1]　Will Herberg, The Jewish labor movement in the United States, *American Jewish Year Book*, 1952.

[2]　Melech Epstein, *Jewish labor in U. S. A.：1882 – 1914（vol. 1）*, New York：KTAV Publishing House, 1969, p.106.

[3]　Ibid., p.121.

（二）俄国犹太女性移民劳工与制衣行业大罢工

1909—1914 年,美国特别是纽约的制衣工业发生了一系列的大罢工事件。历史学家将这一时期称为美国劳工运动的"大革命"时期[①]。在这一时期的大罢工事件中,俄国犹太女性劳工扮演了急先锋的角色。一般而言,女性劳工应该将生活希望寄托在婚姻和摆脱繁重的工厂作业上,而不是寄望于改善工厂条件。社会对女性的角色是有预设的。然而,这些"温顺"的女性成为劳工运动中一支有纪律的队伍。因此,这一时期的俄国犹太劳工运动,既是进步主义运动的一部分,也是妇女解放运动的一部分。

俄国犹太女性劳工是如何争取权利的? 我们先从 1909—1910 年纽约制衣工人大罢工事件讲起。这次大罢工的导火索,是纽约三角洲衬裙工厂拒绝改善犹太女性劳工的待遇。1909 年 9 月,这家工厂的劳工决定绕开工厂资助的"慈善协会",支持国际女装劳工联合会在工厂成立分会,并由这一分会代表劳工参与劳资谈判。这样,三角洲工厂的管理者决定解雇这些制造麻烦的人,与此同时,在报纸上登广告,招募新工人。于是,国际女装劳工工会的 25 个地方分会号召发动罢工。

当时,三角洲工厂雇用了近 1000 名犹太女性劳工,所有人都响应了罢工。但她们很快付出了代价。在游行过程中,这些年轻的女性遭到辱骂、威胁,被工厂雇用的恶棍推到纠察线以外,有些劳工遭到逮捕。这种压力持续了 5 周,使这些女性劳工疲惫不堪、士气低落。11 月,国际女装劳工工会领导人将三角洲工厂的 300 多位女性劳工召集到制桶工会音乐厅开会。会上,纽约下东区的工人阶级英雄梅耶·朗顿、莫里斯·希尔奎特、约瑟·巴隆德斯、萨缪尔·戈尔佩斯先后发表演讲,呼吁劳工团结,并提出给予劳工财政资助和精神支持。但是情况仍有不确定性,因为这些领导人不打算号召其他工厂的工人发动支援性的罢工游行,仍然希望三角洲的女性劳工们单打独斗。这时,一位年仅 19 岁的工人克拉拉·莱姆莉站了出来。她用意第绪语描述了工厂劳工的痛苦和尊严缺失:

> 工厂的监工经常冲女孩大喊大叫,要她们闭嘴,而女孩所处的工作环境比南方黑人奴隶的处境还要糟糕。工作场所没有女性更衣间,帽子经常不到一天的时间就被损坏了……我们是人,我们所有女孩都是

---

① Melech Epstein, *Jewish labor in U. S. A. : 1882 - 1914 (vol. 1)*, New York: KTAV Publishing House, 1969, p. 125.

年轻人，我们与其他年轻女性一样，都喜欢新帽子。我们为什么不呢？假如我们有一顶新帽子，即使它不值 50 美分，这也意味着我们连续几周的午餐费都不能超过 2 美元。[①]

　　顺着这样的思路，莱姆莉发出强烈的谴责，然后她要求采取一致行动，不仅反对三角洲工厂的雇主，而且也反对所有女式衬衫工厂的雇主。她的发言，使劳工聚集到她的周围。纽约当时有 600 多家女式衬衫工厂，雇用了 3.2 万名劳工，是一个体量相当庞大的行业。结果，在莱姆莉的号召下，这个行业有 2 万多名劳工（全部是女性）加入到三角洲工厂罢工者的行列，在整个纽约城都能看到女式衬衫工厂罢工者的身影。

　　这种排山倒海式的罢工场景吓坏了工厂主。惊愕之余，他们想尽一切办法来对付这些罢工者。当然，最主要的办法，还是借助警察力量。罢工扩大后的第一个月，723 名女性罢工者被逮捕，19% 的女性罢工者被送到济贫院。一位地方法官在判处一位女性纠察员（负责维护罢工游行纪律的劳工，其本身也是罢工参与者）犯有煽动罪时，大嚷道："你正在反对上帝和自然。上帝和自然的法则是人们必须埋头苦干，不惜流汗，以维持生存。你正在违背上帝。"[②]

　　这位纠察员的遭遇，让社会舆论彻底站到了俄国犹太女性劳工这一边。新教和天主教的神职人员以及所有犹太教改革派拉比，都为罢工者布道祈祷。进步主义者、妇女选举权运动领导人和其他的社会改革家，因这些女性罢工者而团结起来，发声支持她们的行动。一些富有的女性，主动解囊，为被捕的罢工者提供保释金，甚至与罢工者一起游行，有时与罢工者一起被逮捕。事实上，这场罢工游行，不仅是劳工运动，而且也是妇女运动。如此激进的妇女运动出现在美国，尚属首次。有三部小说就是以这场运动作为背景的，每一部小说都以克拉拉·莱姆莉作为原型，其中最著名的一部是阿瑟·布拉德的《耶哈同志》(Comrade Yetta)。

　　到 1910 年早期，各女式衬裙工厂的管理者们意识到，她们已经输掉了舆论战。形势清晰地显示，罢工者已经准备在服装销售旺季进行抗争。是时候进行谈判了。经过两周紧张的讨论，一份协议出炉。根据这份协议，工厂主同意将周工作时间减少至 52 小时，让劳工每月享有 4 天合法的带薪假期，不再强制劳工使用自己的劳动工具。劳资双方还同意成立一个处理不

① Salo W. Baron, *Steeled by adversity: essays and addresses on American Jewish life*, Philadelphia: Jewish Publication Society, 1978, p. 132.

② Melech Epstein, *Jewish labor in U. S. A.: 1882 - 1914 (vol. 1)*, New York: KTAV Publishing House, 1969, p. 165.

公问题的联合委员会,负责解决谈判中劳工提出的各种问题。

这次罢工为制衣工业的其他分支甚至整个美国经济领域的劳工集体行动提供了先例。对于俄国犹太劳工来说,"大革命"才刚刚开始。在妇女工会中,来自披风和套装行业的人数最多,超过来自女式衬衫行业的人数。在国际女装劳工工会的地方分会中,裁剪工和压线工人数最多。这些人决定模仿女式衬衫行业的劳工,也采取罢工行动。在罢工准备阶段,萨缪尔·戈姆佩斯从美国劳工联合会下属的其他工会募集资金。《前锋报》则号召民众出资。最终,1910年7月,6.5万名披风行业的劳工率先发动了罢工,接着裁剪工、压线工以及套装行业的劳工加入其中。一位名叫阿拉伯罕·罗斯伯格的罢工者回忆了当时的罢工,他写道:"在纽约,沿着38号大街,从伊斯特河(East River)向西,拥挤着上万名劳工,造成交通拥堵。我们中一些杰出的人兴奋地喊叫。我想这样的场景是犹太人出走埃及的时候才能看到的。"①

将罢工行动与犹太人出走埃及相提并论多少有点幼稚。这一次罢工并未引发社会舆论的广泛支持。工人们不屈不挠,而工厂主也咬牙坚持,不轻易接受罢工者提出的改善工作环境和待遇的要求。他们又一次雇用身强力壮的打手干扰游行。罢工者路易斯·瓦德曼回忆道:"这些打手实际上是工厂主们雇用的黑帮分子,他们的任务就是打乱罢工游行。这些人有时故意将纠察员撞倒在街边的臭水沟里。如果纠察员顽强地站起来,这些恶棍会一拳将他击倒。这些致命的游戏每天都会上演,但纠察员仍然勇敢地坚守岗位。我观察到,在恶棍行凶的时候,从没有警察出面。因此,裁剪工们被迫充当临时警察……他们鼓起勇气徒手对付这些恶棍和他们手中的铁管。"②

罢工带来的经济萧条弥漫在整个纽约下东区,许多犹太人的店铺受到牵连,被迫歇业,使罢工游行引发争议。1910年夏末,由于担心犹太社群产生更大的分裂,制衣行业外有影响力的犹太社会领袖开始寻求打开僵局的办法。雅各布·舍夫、教育联盟的负责人布劳斯泰因、波士顿富商林孔·费勒纳、社会工作者亨利·莫斯克维茨都出面了。他们与俄裔犹太移民社区、德裔犹太移民社区联手③,迫使工厂主(通常是德裔犹太人)和罢工者,接受

① Melech Epstein, *Jewish labor in U.S.A.: 1882-1914(vol.1)*, New York: KTAV Publishing House, 1969, p.166.
② Ibid., p.168.
③ 当时纽约下东区的制衣工厂,基本上都是德裔犹太人开办经营的,因此调解罢工需要有德裔犹太社区介入。

"人民律师"、德裔犹太人路易斯·布兰代斯的调解。

最终，在 9 月份，一份协议达成，布兰代斯在这一过程中发挥了重要作用。协议规定，工人每周工作 54 小时，每年享有 10 天带薪的法定假期，加班的工资按日薪的 1.5 倍计算。同时，废止内部合同，成立公共卫生管理委员会监测工人的身体状况。布兰代斯的创新思维，在协议中也有所体现。首先是"工会安全条款"，规定工厂只雇用工会会员。其次是建立双层次的维护公平的委员会机制。在较低的层次上，劳资双方的代表通过谈判解决突出矛盾；若无法达成协议，问题将转移至更高层次的公平委员会来解决。这个更高层次的公平委员会，是由四名代表组成的仲裁委员会（布兰代斯最初是四名仲裁委员会成员之一，并担任仲裁委员会的主席）。四名仲裁委员通过投票处理所有遗留问题。

这份协议，被称为《和平协议书》，在美国乃至世界劳工运动史上第一次达成这种充分尊重劳工权益的协议，后来它成为各行业劳资协议的范本。对这份协议，工厂主表示谨慎乐观，劳工们则欢欣鼓舞，他们手持旗帜和标语，沿着纽约的百老汇（Broadway）游行庆祝。看上去他们的工资奴隶的身份终结了，但是事情没有那么简单。长期存在的顽疾，并不是一份协议能轻易化解的。

（三）俄国犹太劳工运动的持续发展

和平协议书达成后，一些社会工作者，如碧丽·莫斯克维茨（亨利·莫斯克维茨的妻子）致力于推动协议的落实，可是协议的执行情况并不是很好。三角洲工厂火灾，便是这一事实的反映。

1911 年，3 月 25 日，星期六下午，三角洲衬裙工厂大楼的 8—10 层（大楼总共 10 层），有 800 多个年轻的女性劳工和数十个男性劳工在此工作。工厂的老板回避一年前《和平协议书》中星期六工作半天的规定，而且该工厂的卫生条件和管理依然很不规范，油浸的边角料到处堆放，工作区域对烟火的禁止不够严格。根据后来的调查，是 8 楼有人不小心将烟头扔到了边角料上，最终引发火灾。火苗先是在 8 楼的车间延烧，然后又一层一层地延烧到 10 楼，使整个工厂变成火海。整幢大楼只有一个火警逃生通道，这时变得拥挤不堪，一些人不得不走向电梯和窗口寻求生机。《纽约时报》报道了当时的惨状：

> 呼天抢地的成年男女和未成年的孩子们，挤在一个个窗台上，争相跳向窗台下面的街道。他们下跳时，衣服上闪着火光，一些女孩的长发

上也带着火苗。砰砰声,一声接一声⋯⋯与这幢大楼相邻的格林大街和华盛顿广场的边上,死者和将死之人堆成一堆。最恐怖的是,死人堆里,有肢体在动,还有哀鸣传出⋯⋯从对面的窗户,旁观者一次又一次目睹在将死瞬间结成的可怜友谊——跳楼逃生的女孩抱着同伴[1]。

这场火灾直至天黑才被控制。当时统计的死亡人数是 168 人,其中女性 147 人,男性 21 人,还有大约 200 人被严重烧伤,落下残疾。数天后,衬裙劳工工会组织了一场集体葬礼。10 万多名劳工走在沉默的送葬人群中,路灯和店铺悬挂着黑色帷幔,纽约下东区的店铺当天都停业,以示哀悼。绝大多数烧得难以辨认的遇难者被埋在了劳工界墓园的公共墓地。

国际女装劳工联合会领导人萝丝·斯奈德曼在一片抽泣声中向吊唁者说道:"如果我来到这里谈论友情,那么对于这些可怜的被埋葬的死者来说,我就是一个背叛者⋯⋯这些男男女女的生命如此廉价,他们的财政如此匮乏⋯⋯我们已经设法使你们成为公民,我们也正在设法使你们成为公民。你们通过慈善途径已经为悲伤的家庭成员争取到了双倍补偿。但是每一次,劳工们只有举行罢工才能抗议不公的处境。这种处境无法忍受,它允许法律这只强有力的手向我们施加沉重的压力⋯⋯劳工的血抛洒得太多了。以我的经验,我认为劳工是时候进行自救了。自救的唯一途径就是工人阶级运动。"[2]

这样新一轮劳工运动的爆发变得不可避免。1913—1916 年间,国际女装劳工联合会与男装工业的工会——美国服装工人联合会合作发动了一系列灵活而激烈的罢工,以此来解决劳工的冤屈。1916 年,在一场重要的罢工活动中,6 万名制衣女工,持续罢工 14 周,反对工厂主们试图修改《和平协议书》中几项重要条款,包括受欢迎的"工会安全条款"、减少计件工资付薪模式等。一战结束时,国际女装劳工联合会和美国服装工人联合会的会员超过 25 万,劳工们开始将他们的目标转向福利工会主义。

俄裔犹太劳工特别是众多女性劳工在运动中表现出坚决的态度、非凡的勇气和澎湃的激情,令人钦佩。通过劳工运动,俄裔犹太劳工不仅为自身争取到相关权益,而且让他们始料未及的是,"人民律师"路易斯·布兰代斯以调解罢工为契机开始参与美国的犹太人事务。在未来的岁月里,路易

---

① *New York Times*, Mar. 26, 1911, p.1.

② Nora Levin, *While the Messiah tarried: Jewish socialism movements*, 1897-1917, New York: Schocken Books, 1977, p.507.

斯·布兰代斯将会成为俄裔犹太人利益的代言人，这对于俄裔犹太人来说，是一个福音，回响在奋斗的道路上。

四、俄裔犹太新移民与德裔犹太老移民之间关系的协调

（一）俄国犹太移民面临的"三重歧视"

大多数俄国犹太移民留给人们的印象是比较消极的。他们操着一口奇怪的意第绪语，样貌也比较古怪（普遍瘦弱、矮小），穿着传统的犹太服装，信仰方式也令人费解（恪守犹太教正统派律法），不讲卫生，也不善交际。这种传统复古的形象在日益现代化的新世界非常具有视觉冲击力，很容易让人不由自主地产生歧视。但是，这种基于视觉而产生的偏见尚属肤浅。在很长一段时间内，俄国犹太移民在美国面临更深刻的经济与社会文化歧视。

第一重歧视，源于俄国犹太移民的贫困化。正如前文所述，俄国犹太移民抵达美国后，往往聚居在拥挤不堪的"隔都"，劳作在暗无天日的"血汗工厂"，给美国犹太社会的慈善事业带来沉重负担，同时也损害了美国犹太社会的整体形象。德裔犹太人一直以社会成功人士自居，而俄国犹太移民的另类形象，无异于当头一棒，敲碎了德裔犹太人作为社会成功人士的完整形象。当时，德裔犹太人最担心的是，美国主流社会通过俄国犹太移民，了解整个美国犹太社会，这对他们来说，是不可接受的。所以，德裔犹太人对俄国犹太移民的歧视，首先是基于经济方面的原因。当然，这一方面的歧视，随着俄国犹太移民的整体经济状况好转，逐渐淡化。

第二重歧视，源于俄国犹太移民信仰犹太教正统派。俄国犹太人大规模涌入美国时，美国犹太社会正在经历着一场犹太教改革派运动。德裔犹太人是这场运动的主角。事实上，改革派运动起源于德意志，摩西·门德尔松是这一运动的吹哨人。19 世纪中期，伊萨克·怀斯将这一运动从德语区带入了美国。而俄国犹太移民普遍信仰犹太教正统派，恪守犹太教传统与律法，坚持犹太教的独特性，给改革派运动及其所倡导的同化进程增添了额外的障碍，为此犹太教改革派愤恨不已，因为它主张放弃一切在宗教文化上造成犹太人与世隔绝的东西，包括犹太教律法、礼仪等。美国改革派运动领袖伊萨克·怀斯说道："我们是美国人，他们不是。我们是 19 世纪生活在一个自由国度的以色列人，而他们却啃咬着过去数个世纪的骨头（此处的"骨头"一词，不仅贬损俄国犹太人，也中伤犹太教正统派，可谓刻薄——笔者

注）。犹太教（怀斯认为改革派才代表真正的犹太教——笔者注）的良好声誉，必定因他们受损；美国犹太人的社会地位，也必定因他们而大大降低。"①后来，犹太教改革派专门使用 Ostjuden 这个德语词汇来指称俄国犹太移民，以便区别俄国犹太人与德裔犹太人②。

第三重歧视，源于对俄国的歧视。19 世纪中后期，随着种族主义与达尔文主义的盛行，"文明"逐渐成为大西洋两岸的社会意识形态。在欧洲文明的话语中，俄国是一块野蛮的未开化的土地，而长期生活在"栅栏区"的俄国犹太人难免沾染野蛮气息。当时，一些美国的犹太媒体将俄国犹太人称为"粗鲁的亚洲人""迷信的古代残余""东方主义的受害者"，认为他们与"我们的文明存在重大差异。"美国犹太社会领袖雅各布·舍夫曾说："美国犹太人（舍夫的潜台词是德裔犹太人才是美国犹太人的代表——笔者注）被神意召唤，站岗放哨，保护他们的社区不受野蛮的俄国犹太人攻击。"③犹太媒体《新报》（New Zeitung）更是提醒读者，"他们（俄国犹太移民——笔者注）是俄国人，与俄国的异教徒几无差别。"为防止俄国犹太移民进一步玷污美国犹太社会，一些媒体人甚至提出，"将美国的犹太教传教士派到俄国，在那个地方将俄国犹太人进一步文明化，而不是给俄国犹太人提供某种将我们自身俄国化的机会。"④将俄国犹太人贴上野蛮的标签，其目的不仅仅是凸显德裔犹太人的优越感，更重要的是德裔犹太人试图站在文明的制高点上，实现对野蛮者——俄国犹太移民的掌控、主宰，这就是美国犹太社会制造文明与野蛮对立的全部用意。

在德裔犹太人看来，俄国犹太移民是一群未开化的人，理应服从德裔犹太人的引导和管理。从另一个方面来说，这三重歧视也反映了德裔犹太人内心深处的焦虑感。这种焦虑感，并非无中生有，自有其根据，但它也是媒体或文明人想象的结果。当时大量的美国媒体特别是犹太媒体和社会精英，兴致勃勃地参与了俄国犹太移民形象的塑造过程，野心勃勃地订立文明人的标准，但是他们忘了歧视本身就是不文明的表现。

1905 年之后，随着俄国犹太移民整体经济状况好转、进步主义运动深入发展，传统的社会歧视减弱，但是一些新歧视出现了。值得关注的新歧视

① Myron Berman, *The attitude of American Jewry towards East European Jewish immigration*, *1881-1914*, New York: Arno Press, 1980, p. 351.
② *American Israelite*, Sep. 2,1881, pp. 4-5.
③ Myron Berman, *The attitude of American Jewry towards East European Jewish immigration*, *1881-1914*, New York: Arno Press, 1980, p. 350.
④ Louis Greenberg, *The Jews in Russia*（vol. 2）, New Heaven: Yale University Press, 1944, p. 79.

是，德裔犹太人指责俄国犹太移民正在诱发美国社会的反犹主义。当时，美国主流社会的反犹情绪显现出加重的苗头。德裔犹太人将这一问题的出现归咎于他们的俄国犹太同胞。德裔犹太人相信自己已经彻底同化于美国社会，与基督教文化友好共处，成为了地地道道的美国人，因此反犹情绪只能是针对俄国犹太同胞。

将反犹现象的出现归咎于俄国犹太移民，仅有逻辑依据还不够，还需有事实依据。一方面，俄国犹太新移民还在不断涌向美国。他们中仍有一部分人像其前辈一样，前往纽约或者其他城市的"隔都"。虽然"隔都"不再像以前那样因贫困拥挤而引人注目，但是"隔都"里面依然生活着众多的俄国犹太劳工，他们可以成为社会左翼政治运动的动员对象。一位积极投身"誓约之子"慈善事务的德克萨斯犹太人，对纽约"隔都"的情况感到担心。1912年他对雅各布·舍夫抱怨道："纽约那个地方聚集了大量犹太人，他们不敢公开地陈述观点，但是他们喜欢来自俄国'栅栏区'的所有移民，这是一种极其危险的倾向。"[1]此人显然担心俄国犹太新移民会对纽约犹太社会产生不良影响，但是他没有明说与俄国"栅栏区"犹太人接触，到底存在什么样的危险。只能从"他们不敢公开陈述自己的观点"这句话来推测一二。什么样的观点才不敢公开陈述、需要隐瞒呢？无疑是左翼社会思想，最值得警惕的是无政府主义。

20世纪初，一些俄国犹太移民确实表现出明显的革命倾向，他们的政治立场令美国犹太社会特别是德裔犹太人担忧。美国犹太教高级祭司约拿·莫斯特倡导的无政府主义运动，吸引了一批俄国犹太移民参与其中。这一运动创办的意第绪语周刊《真理》(Wahrheit)是美国存续时间最久的意第绪语报纸，显示无政府主义宣传有稳定的受众。在美国传播革命思想，难免让人怀疑犹太人是社会阴谋家。此外，俄裔犹太劳工时不时发动罢工游行，也是俄裔犹太人激进化的证据。老移民据此在言语上攻击他们。

另一方面，逐渐富裕起来的俄国犹太人显现出炫富的迹象。老移民看到他们的俄国犹太同胞炫耀财富感到很厌烦，美国犹太报纸在这方面要负一定责任，他们经常为追求销量而不惜以夸张笔法渲染俄裔犹太人的炫富行为。1908年，《大西洋月刊》谈论了美国犹太人遇到的社会排斥问题，埃德温·库霍将这个问题归因于这样的事实，即"新犹太移民所拥有的财富给予他们一种虚假的社会价值观。他们认为拥有了巨大的财富，就可以独断

[1] *American Hebrew*, Dec. 27,1912, p.6.

专行了。他们辩解这么做只是模仿美国暴发户,但这种辩解是毫无道理的。"①库霍还借题发挥,将新富的俄国犹太移民炫富行为以及其他的不良行为,视为美国特别是内地城镇地区反对犹太人的情感和行为的主要原因。将"炫富"与"反犹"联系在一起,多少有点牵强。

老移民反对新移民炫富,在很大程度上是他们的嫉妒心理在作祟。一位老移民曾经对记者讲:"这些俄国犹太人忘记了自己可怜巴巴靠施舍混日子的时候。有什么值得炫耀的呢?你看看,金钱有没有改变他们的气质?"②长期以来,老移民对新移民保持着一种心理上的优越感。当这种优越感难以维持的时候,心态难免失衡。

总而言之,俄国犹太人抵达美国后,或多或少地面临着社会歧视问题。在不同的时期,导致社会歧视的原因是不一样的,但是俄国犹太人作为不完美的人,总是有很大的概率成为受排斥的"另类"。俄国犹太移民对社会歧视的回应,就是不断的美国化,同时去俄国化,但是并没有像犹太教改革派期待的那样"去犹太化"。

(二) 通过文化教育项目重塑俄国犹太移民

俄国犹太人移民美国的高峰期,正逢进步主义运动兴起,这是一场中间偏左的社会运动。运动中,一大批被称为"掏粪工"的社会改革者关注底层民众的生存状态,试图维护社会公平与社会正义。俄国犹太移民由于其处境及其文化差异,成为社会关注的焦点之一。美国德裔犹太人特别是德裔犹太精英,认为俄国犹太移民正在玷污他们通过不懈努力才取得的名望和声誉,因此他们行动起来,通过多种措施,一方面努力抵消因俄国犹太移民而产生的社会偏见和歧视,重塑美国犹太人的整体形象。另一方面以文化教育作为手段帮助俄国犹太移民融入美国社会。

首先,编写美国犹太史,为犹太人在美国文明史上的作用正名。1886年,阿布拉姆·伊萨克斯建议成立一家美国犹太史研究机构。伊萨克斯并非突发奇想。当时,苏格兰人、爱尔兰人和瑞典人都各自成立了历史研究机构,借此宣传本民族对美国历史特别是美国建国的作用。1892年,美国犹太各社团的领导人聚集在一起商讨,最终决定成立美国犹太史研究会(American Jewish Historical Society),选举奥斯卡·斯特拉乌斯担任研究

---

① John C. Murphy, *An analysis of the attitudes of American Catholics toward the immigrant and the Negro*, 1825 - 1925, Catholic University of America, Studies in Sociology, vol. 1, 1940, p. 145.

② Ibid., p. 174.

会的第一任主席。选择斯特拉乌斯作为主席,不仅仅是由于他的律师外交官的身份,而且他写过几部颇受欢迎的美国宪政史著作,也完全同意研究会作出的给予犹太民族应有权利的决定。他一度宣称:"作为美国犹太人,我们觉得我们有责任弄清楚这块伟大的大陆早期的拓荒史和文明的发展。"①他所说的"拓荒史"是指早期犹太人在新世界的拓荒史。为实现这个目标,斯特拉乌斯委托历史学者梅耶·凯瑟林博士写一本书,讨论犹太人在美国建国过程中的作用。凯瑟林博士不负重托,在 1894 年写成《克里斯托弗·哥伦布与地理大发现时期的犹太人活动》(*Christopher Columbus and the Participation of Jews in the Spanish and Portuguese Discoveries*)一书,该书出版后受到美国犹太社会的广泛好评②。

从美国犹太史研究会资助的研究成果来看,坚持将虔敬主义(Filiopietism)作为该研究会季刊的主旨③。纵观 19 世纪的西方史学研究,祖先敬拜是一个重要课题,这在法国历史学家福斯泰尔·德·库朗热的经典著作《古代城邦》(1864 年)一书中有非常明显的体现。美国犹太史研究会显然把握住了历史研究的趋势。在其季刊刊发的论文里,新世界早期的犹太定居者,往往被描述成有教养的精英,并对新生的美国经济发展作出了重要的贡献。巴内特·埃尔扎斯在一篇有关南卡罗来纳州犹太人的论文中,指出一位名叫雅各布·拉莫斯的塞法迪犹太人是查尔斯顿的先驱定居者,但是论文没有提及这个人后来由于从一个黑奴那里接受赃物而被定罪的事实。1913 年,研究会编撰《早期纽约希利斯犹太会堂的会众》一书时,刻意遗漏了一位犹太女性的名字,原因是她非婚生子,有辱犹太人声誉。总之,对于研究会而言,任何玷污早期美国犹太人形象的文字都是不允许出现的。研究会的主要目的不是考证美国犹太社会信史,而是美化美国犹太人形象,以抵消俄国犹太移民给美国犹太社会带来的名誉损害,为俄国犹太移民融入美国社会创造出一种更加友善的软环境。与此同时,研究会有意识地保存了大量美国犹太社会的资料和档案,为后人进一步研究美国犹太社会史提供了学术便利。

其次,努力推动俄国犹太移民"美国化",使他们适应并融入美国主流社

---

① Naomi Cohen, *A dual heritage: the public career of Oscar S. Straus*, Philadelphia: Jewish Publication Society, 1969, p. 211.

② Howard M. Sachar, *A history of the Jews in America*, New York: Alfred A. Knopf, 1992, p. 155.

③ Filiopoetism,这个词最早出现于 1893 年,是指对祖先或传统的崇敬,几乎达到过分的程度。

会生活。1891年，底特律的报纸《犹太美国人》发表社论，称："人们往往根据生活在最底层的代表性群体，来评判少数族群。所以，我们的重大责任是提升我们种族的素质。如果最高阶层（德裔犹太精英——笔者注）想要在大众评判中取得合理的口碑，那么我们就必须提升最底层的代表性群体的素质。"纽约埃曼纽尔犹太会堂的希尔曼博士更是警告："在文明的各个阶段和各个时期，都存在大量被东方主义玷污的犹太移民，这对于所有犹太人而言是一个持久的问题"①。

在这样的舆论背景下，俄国犹太移民的"美国化"，成为一个不可或缺的方案。德裔犹太精英认识到，犹太慈善组织和社团不能将资金和精力仅仅投向诊所建设和贷款基金的创办，而且也要投向那些能够促进文化适应的机构。地方上的犹太社团领导人接受进步主义运动时期的流行术语"道德提升"（Moral uplift），在各个城市组织实施教育项目，让俄国犹太移民学习英语、公民学和美国历史，努力改善他们的精神面貌。

致力于俄国犹太移民"道德提升"工作的重要组织之一，是青年希伯来人协会。这个组织创建于1874年，是美国各地类似机构的总部，其初衷并不是促进文化适应、提升犹太移民的道德水准。但是随着大量俄国犹太人移民美国，这个组织不再作为德裔犹太青年人表现文学才华和社交能力的场所来运行。19世纪80年代，青年希伯来人协会开始转型，成为促进俄国犹太移民美国化的重要工具。它的夜校课程致力于教授英语、公民学和家政。1900年，雅各布·舍夫为纽约的青年希伯来人协会在东12大街购置了一处面积更大的房子，供其使用，并资助开设职业规划课程和商业课程②。在其他城市，青年希伯来人协会为俄国犹太移民提供健身和游泳设施，资助职业介绍所和夏令营活动。到1914年，青年希伯来人协会已经成为新一代俄国犹太移民的文化和社交平台。

对于俄国犹太移民来说，促进"道德提升"的最重要机构当属教育联盟。1893年，雅各布·舍夫、伊萨克·塞利格曼、伊西多·斯特拉乌斯等慈善家出资，在纽约杰弗逊大街和东布鲁德路的交汇处购置了一座五层楼的建筑，里面硬件设施齐全，有馆藏丰富的图书馆、健身房、大量的教室以及能够服务就业创业指导、公开演讲、戏剧表演的设施。19世纪末20世纪初，教育联盟作为纽约下东区服务犹太人的最大的单一的文化教育机构，受到广泛

① Myron Berman, *The attitude of American Jewry towards East European Jewish immigration, 1881-1914*, New York: Arno Press, 1980, p. 348.
② Howard M. Sachar, *A history of the Jews in America*, New York: Alfred A. Knopf, 1992, p. 155.

的认可。联盟的教育总监戴维·布劳斯泰因,是进步主义教育观念的捍卫者,主张德智体综合发展。他为联盟制订的夜校课程包括美国史、现代文学、家政学、职业培训、音乐和体操。

教育联盟艺术班的毕业生中有不少人在未来成长为艺术领域的专家和权威,如雅各布·艾普斯泰因(Jacob Epstein)、尤·戴维逊(Jo Davidson)、本·夏恩(Ben Shahn)、钱姆·格罗斯(Chaim Gross)以及拉斐尔·索耶(Raphael Soyer)等人。大卫·萨尔诺夫(David Sarnoff),美国无线电公司的创建者(RCA)主席,则是教育联盟科学课程的毕业生(其详细事迹见第六章)。在19世纪末20世纪初,该联盟的教育项目,因其提供系列课程,被称为"移民大学",吸引了数以万计的犹太移民。在1901年,该联盟数百个课程班、演讲培训、俱乐部和研讨会所吸引的参与者超过200万人次。

教育联盟的教育项目产生了广泛影响,美国多个城市,如费城、芝加哥等地,都有类似教育联盟的犹太机构运行。这些机构的教育项目不仅为俄国犹太移民的文化适应作出了贡献,而且也推动了美国教育特别是成人教育与职业教育的发展。1917年,纽约市的教育联盟将它的夜校项目,移交给纽约市教育局。它的夜校项目,作为成人教育课程,被纽约城市学院接纳。纽约城市学院是美国第一所免费的、开放的、免试入学的夜大。在其他城市,芝加哥的犹太职业技能培训学校,作为职业教育模式,被纳入芝加哥公共教育体系。

从某种程度上说,俄国犹太移民是幸运的,他们大规模移民美国时恰逢进步主义运动蓬勃发展。这一运动,驱使美国的犹太机构和社团付出更大的努力,去解决俄国犹太移民的社会适应问题。而德裔犹太人特别是德裔犹太精英的荣誉感,则是美国犹太社会改善俄国犹太移民处境的内在动力。当然,德裔犹太精英赞助文化教育项目对于俄国犹太移民来说,或许是慈善性质的,但是对于更广大的社会民众来说,则是寻常的商业盈利项目,因此要客观评估德裔犹太精英资助文化教育的行为。

(三) 俄国犹太移民群体中的积极因素

俄国犹太移民的到来,增加了美国犹太社会的复杂性,甚至对立性。这是不容否认的,也是不可避免的。但是,如何阻止美国犹太社会分裂进一步扩大?是否有可能达成新的共识?新的共识又是什么?这些问题值得我们去思考。

俄国犹太新移民抵达美国之后,其行为方式呈现多样化。尽管以德裔犹太人为代表的老移民对俄国犹太新移民的种种行为方式,存有非难、担心,甚至焦虑,但客观来讲,新移民群体在诸多方面特别是信仰上并非"冥顽不化",一些老移民,无论身处世俗社会还是宗教阵营,皆从新移民的身上看到些许希望。比如,一些新移民能主动融入犹太社团与美国社会。1905年,"誓约之子"的一位领导人说:"没有哪个民族像希伯来人这样如此迅速地同化了。斯拉夫人、匈牙利人、意大利人基本上是无知的、没有接受过什么教育和专门的职业训练,他们往往会成为旅馆业的牺牲品,从生到死都像个外国人。而犹太人学会了本国语言,抛弃了自身的异域特性,并在一个广泛的意义上宣称自己是一个美国人。"[1]这段话是对俄国犹太人社会适应能力的赞扬,尽管现实情况并不像这位领导人说得这么乐观。

还有一些新移民主动参与慈善活动。这方面最典型的例子就是俄国犹太新移民积极参与"慈善同盟"的活动,从受助者变为资助者,这种角色的转变实际上是一种传统的承继,这让老移民感到欣慰。"慈善同盟"主要致力于降低慈善活动的成本和提高慈善效率,以一种松散的形式集中管理各个城市的犹太慈善机构,从而将新移民与老移民团结在一起。波士顿犹太人在1895年率先成立慈善同盟,到1904年,犹太慈善同盟的分支机构已经遍布芝加哥、费城、辛辛那提、圣路易斯、密尔沃基和克利夫兰等地。

最为重要的一点是,新移民带来的犹太教正统派信仰,让美国日渐式微的犹太教获得新的力量。在一些犹太教拉比看来,犹太教改革派崛起的同时,也意味着传统犹太教的衰落。尽管改革派信仰一度非常强势,但是随着越来越多的信仰犹太教正统派的俄国犹太移民涌入,改革派信仰遇到了前所未有的挑战。

1909年,纽约成立凯希拉(Kehillah)组织,试图将老移民群体与新移民群体更好地团结起来。这个组织模仿的是东欧犹太社区组织卡哈尔[2],但两者存在区别。卡哈尔主要由城镇的首席拉比组成,作为犹太事务的最高监管机构。而纽约的凯希拉组织,则建立在更加民主的基础之上。凯希拉组织的参与者不仅包括拉比,而且也包括来自犹太教各信仰派别、犹太兄弟会以及各城市犹太慈善组织的人员[3]。尽管这个组织本身内耗不断,难言成功,但是对促进新老移民之间达成共识作出了初步的尝试。

[1]　American Hebrew, June 8,1906, p. 9.
[2]　卡哈尔,主要负责犹太社区的宗教、财政、社会等事务,有时也参与法律审判。波兰被瓜分后,卡哈尔组织在俄国犹太人聚居区出现。尼古拉一世下令取消卡哈尔后,俄国境内的卡哈尔转入地下发展。
[3]　John C. Murphy, *An analysis of the attitudes of American Catholics toward the immigrant and the Negro*, 1825 - 1925, Catholic University of America, Studies in Sociology, vol. 1,1940, pp. 145 - 146.

凯希拉组织的成立,主要是犹太教改革派拉比朱丹·马根斯积极推动的结果。尽管当时马根斯是纽约最重要的犹太教改革派埃曼纽尔会堂的精神领袖,但是他代表的是相对较小但比较积极的美国犹太人群体,这个群体对犹太教改革派深感失望,因为犹太教改革派显现出比较彻底的理性主义精神,而"这种理性主义精神,有违使犹太人独立成为一个民族的犹太教宗教仪式的内涵。改革派攻击、削减任何与他们信仰观念不相符合的典礼、仪式和祈祷活动。犹太教的古老传统被当作迷信而遭到否定。"[1]简而言之,犹太教改革派信仰以理性的名义背叛了传统。

面对美国传统犹太教消失的可能性,信仰犹太教正统派的俄国犹太移民受到了犹太教改革派批评者和反对者的欢迎,认为他们是神赐的礼物,是犹太教传统复兴的希望。《美国希伯来人报》是一份反对犹太教改革派的报纸。1905 年,这份报纸的一篇社论针对美国犹太人中的反移民情绪,向它的读者发问:"如果没有俄国犹太人的到来,我们的犹太教将会走向何方? 如果不是80 年前小部分犹太人继承了正统犹太教,那么我们将会饱受精神缺乏之苦。如今,俄国犹太移民鼓励了美国犹太人。我们不必为他们的到来感到遗憾。"[2]80 年前的那小部分犹太人,是从德意志乡村移居到美国的,但是他们的后裔已经背叛了祖辈的纯正信仰,走上了一条彻底的同化主义道路。如果不是俄国犹太人的到来,他们会在同化主义的道路上越走越远,最终迷失。

(四) 犹太教保守派：美国犹太社会的新共识

将俄国犹太新移民视为复活美国犹太教力量的观点,在纽约犹太教神学院保存的资料中有很多具体的表述。纽约犹太教神学院 1887 年成立,代表了一小部分信奉犹太教正统派的美国犹太人的利益。这个神学院在成立之后很快就陷入了无援的境地。在雅各布·舍夫和犹太教学者的帮助下,特别是在犹太教学者所罗门·舍希特尔(美国犹太教保守派运动的先驱者)的推动下,这个经营不善的神学院很快复兴,开始在俄国的犹太年轻移民中培养犹太教博士,支持犹太教正统派的现代化和美国化。1912 年青年以色列会堂(Young Israel Synagogue)建立,其创始人将自身视为美国社会的一分子,改变了前辈所遵循的比较僵化的礼拜仪式和生活习俗。他们聘请知识渊博的拉比主持较为体面文雅的宗教仪式,整个仪式过程使用英语;在会

---

[1] John C. Murphy, *An analysis of the attitudes of American Catholics toward the immigrant and the Negro*, *1825 - 1925*, Catholic University of America, Studies in Sociology, vol. 1,1940, p. 146.

[2] American Hebrew, Sep. 11,1905, p. 1.

堂中谈论的话题不局限于宗教问题,也可以探讨世俗问题。他们不需要蓄须也不需要穿传统犹太服饰便能参加仪式。他们在周五晚上举办公开讲座,邀请杰出的犹太神学家,如对犹太教改革派极为不满的朱达·马哥尼博士、伊斯雷尔·弗里德兰教授和莫迪凯·卡普兰等人用英语宣讲"信仰复兴精神"。这些人高瞻远瞩,从犹太教和犹太民族的整体利益出发,提出的观点比操意第绪语的正统派拉比们更加高明。总的来说,青年以色列会堂的创建者的主要目标是接受美国现代观念,同时又保留犹太教信仰的精华部分。

在青年以色列会堂和纽约犹太教神学院共同努力之下,犹太教保守派从正统派中分离出来,并形成一股风气。从源头看,这一教派的思想之父是德意志人撒迦利亚·佛兰克尔①,但不可否认,保守派是在美国产生巨大影响力的,其中莫迪凯·卡普兰可谓功不可没,他终其一生将大量精力投入保守派运动,对保守派影响力的扩大作出了贡献②。从教义方面看,保守派的主要观点包括:犹太教并不是一种纯粹理性主义的宗教,犹太教教义不仅规范犹太人的行为,而且规范犹太人的思想,没有指导原则和指导思想的生命是不值得存在的;普遍的以色列人的集体意识不断追寻着上帝,其所作所为对现在和将来都能发挥真正的指南作用,因此既非《圣经·旧约》,亦非原始犹太教,而是一般习俗构成真正的实践准则;犹太教与犹太民族性是不可分割的统一体,犹太人可以通过民族主义的途径,回归犹太教信仰的怀抱之中,一个犹太民族家园将成为犹太教精神的中心,成为宗教创造力和生命力的源泉;希伯来语在犹太人生活中具有不可替代性,一个没有历史、语言、文学的民族只能算是一座吉普赛人大营③。

从仪式方面看,保守派主张保留流传数千年的正统派礼拜仪式的精髓,其核心仪式采用希伯来语(最好使用塞法迪式发音,尽量不要用阿什肯纳兹式发音),其余次要的仪式使用英语,但意第绪语被排除在外。在仪式中,贯彻男女平等理念(正统犹太教礼拜通常在会堂中采取性别隔离也就是男女不同席的做法,保守派的礼拜放弃了这一做法)。它的布道定期进行,并建设了多功能的会堂,能够为各个不同年龄段和不同性别的犹太人安排娱乐和教育活动。

---

① 诺曼·所罗门,犹太人与犹太教,王广洲译,南京:译林出版社,2014年版,第103页。
② 卡普兰是美国犹太教保守派运动的重要推动者,并在保守派内部宣扬所谓的"重建主义",反对保守派无原则的折中主义。正是他的重建主义思想指引下,重建派在20世纪60年代最终从保守派中分离,自成一派。
③ 潘光,美国犹太人的成功与犹太文化特性,《美国研究》,1995年第3期。

保守派与正统派的重要区别在于，前者并不认为犹太教经典《托拉》是永恒不变的真理，因为现实情况不断变化，过去的规条需要不断调整，特别是来自拉比的口传律法《塔木德》更需要灵活解释，变通实行，认为宗教的意义不在于拘泥于形式而在于领会其精神，并实践之。

保守派与改革派的重要区别在于，前者仍然重视宗教仪式的象征意义，坚持男婴仍受割礼，若干饮食禁忌仍须遵行，犹太教节假日也需要遵守，礼拜可以用希伯来语、英语或本族语言，在安息日前夕，家里要点燃蜡烛等。所以，保守派原则上基本接受犹太教的律法和传统的习俗和礼仪。

保守派与正统派、改革派的共同区别在于，它认同世俗的犹太复国主义。莫凯迪·卡普兰强调，犹太教是一种不断演进的宗教文化，并非犹太人生活中一个孤立的部分，它既是宗教，又是文化，而且还是犹太民族的主要标志，所以他首先主张学习和使用希伯来语，其次从道德传统和文化传统出发，弘扬犹太民族主义。而改革派坚持认为犹太人应同化于其生活的社会，每一个犹太人只有一个祖国，也就是他或她生活的国家，因而反对犹太复国主义。正统派则认为，世俗的犹太复国主义有违《塔木德》的劝诫——在救赎到来前犹太人不应集体移民圣地；《圣经》中的上帝应许之地并不是民族领土，如果不能周全地遵循适用于圣地的清晰诫命，不许在那里定居，否则有亵渎圣地之嫌[①]。

犹太教保守派在美国的出现，标志着俄裔犹太人宗教狂热的退潮，在现代性的道路上迈出了重要的一步。在俄国犹太人移民美国的高峰期，保守派也许没有能够在犹太社区建立牢固的根基，然而随着第一代移民的子孙后代纷纷离开"隔都"，迁入城市和城郊的街区，保守派成为那些仍希望维系一定宗教信仰者归宿感的纽带，这就是犹太教保守派的文化价值。

所有的宗教在 20 世纪都受到了冲击，犹太教也不例外。犹太教保守派是犹太教改革派与犹太教正统派特别是极端正统派之间相互妥协、相互适应、最终分道扬镳的结果，是犹太教自身发展的需要，也是俄国犹太移民对美国化进程适应的结果。如果我们以现代性为标准来衡量，改革派是一个正题，正统派是一个反题，两者处于一种高度紧张的对立状态，作为合题的犹太教保守派最终产生。在美国这样一个自由开放的环境中，从理论上讲，改革派信仰无疑最能满足犹太人的社会需求与人性需求，因为它拆解了宗教对人的束缚，强调个人自由。但是，从现实情况看，俄国犹太移民不愿意

---

① 施罗默·桑德，虚构的以色列地：从圣地到祖国，杨军译，南京：南京大学出版社，2019 年版，第 200 页。

与传统彻底割裂。对他们而言,犹太教保守派是他们在现实与传统之间所能找到的最佳平衡点。也正是这样的一种具有妥协性质的信仰,重新定义了美国俄裔犹太人的身份。他们保留了作为犹太人的基本信仰,同时祛除了犹太信仰中的俄国成分,特别是犹太教正统派派别哈西德派(Hasid,意为虔诚)留在其宗教信仰中的痕迹,这毫无疑问是再一次的"哈斯卡拉"(Haskalah,意为犹太启蒙)。

小　结

19 世纪末 20 世纪初,新抵达美国的俄国犹太移民群体表现出了超凡的奋斗精神,他们或在血汗工厂里受尽煎熬,或在沿街的叫卖中期待曙光,或在阴暗的"隔都"里自我激励。一个不争的事实是,俄国犹太人依靠自身的努力和德裔犹太人特别是德裔犹太精英的善意,在艰困的环境中站稳了脚跟。

俄国犹太人入境并定居美国后,"隔都"问题随之浮出水面。在进步主义运动的推动下,美国犹太社会针对隔都问题提出了种种对策,首先是成立工业转移办公室,将纽约"隔都"的犹太人迁移出去;其次是改组"希伯来人慈善联合会",使这个机构获得更多的资助,从而增强行动力。但最具有决定性意义的,是俄国犹太人自身通过奋斗,逐渐富裕起来,走出了"隔都",走向现代社区,这是一个更为自然的过程。离开"隔都",不仅意味着生存能力的增强,也意味着心理适应性和文化自信心的增强。"隔都"是俄国犹太人在美国奋斗的起点,也是俄国犹太人在美国生存活动中必须要经过的"险滩",渡过这一"险滩",便意味着走向"美国化",但是他们的"美国化"与德裔犹太人的"美国化"是不一样的。德裔犹太人的"美国化",意味着犹太教的"新教化",而俄国犹太人的"美国化",不是以牺牲全部的宗教信仰为代价的,而是对自身信仰作了"马赛克式"的处理。

这个地方涉及一个更为普遍的问题,也就是如何在基督教世界做一个犹太人,这是犹太人所面临的共同问题,但美国的德裔犹太人与俄裔犹太人给出了不同的答案。德裔犹太人的答案是,犹太人应该像基督徒那样生活,因为犹太教与基督教都是普世宗教,没有必要强调自身的特殊性。俄裔犹太人则认为,如果不保留犹太教的特殊性,如何证明自己是犹太人?后来的事实证明,俄裔犹太人的信仰坚持,更有前途。犹太教改革派过于理性,拔掉了犹太人的根,这无异于自我否定,掉进了虚无主义的泥沼之中。从某种意义上说，同化的犹太人其实不能算作严格意义上的犹太人。

"隔都"问题就其文化内涵而言是传统犹太教的遗产。那么，要根除"隔都"意识，还必须对犹太教正统派信仰进行改革。由于对改革派信仰排斥，结果犹太教保守派成为俄国犹太移民的新的精神归宿。犹太教保守派在美国的出现与兴起，是犹太教改革派信仰与犹太教正统派信仰相互适应的结果。这一信仰，保证了俄国犹太人的精神不至于连根拔起，同时也保证他们在新世界不至于彻底迷失。

总体来说，俄国犹太移民第一代在美国的生活是比较挣扎和艰难的，不仅面临物质方面的挑战，而且也面临精神方面的挑战。面对这些挑战，俄国犹太移民都以自己的方式作出了比较成功的回应。一战前的 20 年，俄国犹太移民的适应过程，大抵是这样的：首先，适应美国犹太社会的生活，这涉及新移民与老移民之间关系的协调，实际上这个协调过程，也是德裔犹太人对俄裔犹太人的适应过程；其次，适应美国社会的生活，这是一个更大范围内适应，对俄国犹太人的挑战性更大。我们可以将这两个过程简单归结为"去隔都化"和"美国化"。当然，这两个过程不存在先后关系。

第五章　俄裔犹太人挑战德裔犹太人的权力

俄裔犹太人移居美国后,对美国犹太社会产生了重大影响,这在 19 世纪末俄裔犹太人口超过德裔犹太人口之后表现得非常明显。这种人口数量优势最终转化为政治优势,俄裔犹太人一跃成为美国犹太人社会的主导性力量,路易斯·布兰代斯取代雅各布·舍夫,成为美国犹太社会的新偶像和话事人。这种权力交替一方面拜进步主义运动所赐,另一方面是犹太复国主义运动在美国发展的结果,而第一次世界大战局势的发展又酝酿出合适的时机。

一、美国犹太复国主义运动领袖路易斯·布兰代斯的崛起

(一) 俄裔犹太人与美国早期的犹太复国主义运动

1881—1920 年,可以说是美国犹太历史上的"俄国犹太人时期",期间 170 多万犹太人从沙俄帝国境内涌向美国,并定居下来,极少有返迁或再移居他国。这些俄国犹太人当中,绝大多数人要么本身就是犹太复国主义者,要么就是犹太复国主义的同情者和支持者。现代犹太复国主义运动源于 19 世纪 80 年代,俄国是这一运动的故乡。俄国犹太人把恢复犹太国家视为一种理所应当的宗教诉求,这是对俄国反犹主义的回应,也是犹太人渴望回归锡安山(阿利亚)这一古老信念的延续。

自 19 世纪 80 年代初,犹太复国主义思想跟随俄国犹太移民一起抵达了美国。1882 年,从俄国移民美国的犹太学者约瑟夫·艾萨克·布鲁斯通在纽约的一个犹太文化协会上发表演讲,声情并茂地描述了俄国犹太人的悲惨境遇以及他们是如何与命运抗争的。这个抗争的方式就是掀起"热爱锡安山运动"。他呼吁美国犹太人组织起来,开展类似的民族解放运动,帮助俄国犹太同胞,化解美国犹太人在同化过程中所面临的丧失犹太性的危

机。1884 年 10 月,美国成立第一个犹太复国主义运动的组织,也就是"纽约热爱锡安山协会",不过成员人数仅有 10 人,到 1886 年成员人数也只有 160 人。随后,美国的其他城市也建立起了犹太复国主义组织。1891 年,激进的犹太学者亚当·罗森博格创建"回归锡安山协会"。这个组织致力于帮助美国犹太人到巴勒斯坦地区去定居,并于 1892 年在约旦河以东购买了一块土地。在这个协会的推动示范下,纽约、波士顿等地的犹太复国主义组织也开始到巴勒斯坦地区购买土地,进行殖民活动。

整体上看,美国早期的犹太复国主义组织的主要任务有两个:一是募集资金帮助俄国和东欧犹太人移民,并投资巴勒斯坦的拓荒殖民活动;二是通过创办意第绪语刊物和报纸,宣传犹太复国主义思想。1887 年,俄裔犹太作家沃尔夫·苏尔创办了意第绪语刊物《顶点》,宣传犹太人在巴勒斯坦地区的殖民事业。1889 年,"纽约热爱锡安山协会"创办官方刊物《和平》,全面介绍犹太复国主义运动在美国以及其他国家的开展情况,同时为犹太复国主义思想各派别提供争论的平台。

美国早期的犹太复国主义运动,具有分散性、边缘性等缺陷。为克服这些缺陷,1897 年纽约的 30 个犹太复国主义团体率先行动起来,成立美国犹太复国主义组织。1898 年,美国其他地方的复国主义团体纷纷加入这个组织,创建美国犹太复国主义者联合会,并附属于世界复国主义者大会,这意味着美国的复国主义运动成为世界复国主义运动的一部分。但是,美国犹太复国主义者联合会的发展并不顺利,因为德裔犹太人虽然富有,但不认同犹太复国主义。俄裔犹太人虽然认同并支持犹太复国主义,但是由于自身比较贫困,对犹太复国主义运动提供不了太多的资金支持。当时的世界犹太复国主义运动的中心在欧洲。

从性质上讲,现代犹太复国主义运动,是一场世俗的政治运动,带有民族主义色彩,但是又深深地植根于犹太教的传统中。它是现代民族主义与宗教信仰的混合体。由于带有鲜明的现代政治诉求——建立民族国家,所以这一运动主要是世俗性质的。从根本上说,一个真正意义上的犹太人,是不可能拒绝复国思想的。犹太民族的复兴取决于建立犹太国,只有在以色列的故土建立一个民族国家才能使犹太民族摆脱悲惨的命运,只有将巴勒斯坦作为犹太文化的中心才能实现以色列的复兴。这场运动为犹太人提供了一个复兴历史荣耀的方案、一个共同奋斗的理想、一个定位于未来的目标。围绕着复国的理想与目标,这场运动提出了相应的政治计划、文化计划和移民计划。

与俄国犹太人不同,讲德语的犹太人是在 19 世纪中期左右大批移民美国的,当时犹太人尚未与现代民族主义结缘。他们生活在德语区的时候,往往都具有公民的身份。抵达美国之后,他们在思想意识上逐渐转变为美国公民,或者说是具有犹太教信仰的美国公民,也就是说犹太教是他们的信仰,但不是判断身份的依据。犹太教改革派运动兴起之后,德裔犹太人一直强调,犹太人不是一个民族,只是一个宗教信仰团体,"美国而非巴勒斯坦是犹太人的真正避难所"①。因此,他们强烈反对犹太复国主义的政治计划,也不认可犹太复国主义的文化计划,只是对向巴勒斯坦移民计划比较认同,因为向巴勒斯坦移民,可以减轻美国犹太社会接纳消化俄国犹太移民的压力。

但是,俄国犹太人到达美国之前,一直以少数民族的身份生活在俄国。他们具有独特的文化风俗和信仰形式,绝大多数人仍然维持着犹太教正统派的信仰。正统派信仰内部又分为三个派别,分别是极端正统派、哈西德派和新正统派。一部分俄国犹太人信仰哈西德派。这一信仰派别,起源于18世纪的波兰,后来在乌克兰、立陶宛和白俄罗斯等地广泛传播,它的信徒几乎都是底层犹太人。哈西德派保持着传统的拉比犹太教的特色,圣徒在信众与上帝之间充当媒介,对宗教祈祷仪式非常重视。另有一部分俄国犹太人信仰新正统派,这一派别赞同犹太教应该与现代文明结合起来,同情世俗的犹太复国主义运动以及后来的以色列。正如前文所述,抵达美国之后,俄国犹太人发现维持正统派信仰比较艰难,不仅常常与德裔犹太人的改革派信仰产生了冲突,而且与美国现代化的生活方式格格不入,于是俄国犹太人在犹太复国主义思想中找到了精神寄托②。从某种意义上说,犹太复国主义是俄国犹太人的犹太意识的替代品之一。

1903年以后,俄国犹太移民普遍接受犹太教保守派信仰,成为狂热的犹太复国主义者。他们赞同犹太复国主义运动对犹太历史的重建,特别是该运动主张的"圣地就是民族领土"。美国犹太社会由此迎来了"复国主义化"新时期。美国犹太教保守派早期著名的领袖人物之一所罗门·谢希特曾说:"犹太复国主义作为一个整体,构成了针对以色列的命运观及其使命解释的一种反对力量,……犹太复国主义勇敢地向世界宣布犹太教准备捍

---

① Melvin Weinman, The attitude of Isaac Mayer Wise toward Zionism and Palestine, *Jewish Archives*, No. 3, 1951, p. 23.

② 犹太教正统派总体上主张的弥撒亚拯救,可以视为"宗教犹太复国主义"。虽然它与现代犹太复国主义都主张回归圣地,但是现代犹太复国主义说到底是一场世俗化的运动,而犹太教正统派尤其是极端正统派与哈西德派作为传统的宗教信仰派别,其有关回归圣地的认识论和方法论,与犹太复国主义运动存在重大区别,他们指责现代犹太复国主义运动是一场伪弥赛亚运动。关于犹太教正统派反对现代犹太复国主义的原因,在第三章已作分析。

卫其生命，而不是失去其生命。"①显然，谢希特认识到，犹太复国主义与正统犹太教之间存在冲突，他试图缓解这种冲突。他采取的方法，就是以捍卫犹太教名义，利用和吸纳犹太复国主义，将犹太复国主义作为一种新的犹太教信仰形式的理论基础，这样犹太教与犹太复国主义便能融合在一起，在宗教复国主义和政治复国主义之间搭起了桥梁。总之，保守派信仰的出现，是美国犹太复国主义运动得以进一步发展的群众基础。

（二）路易斯·布兰代斯参与犹太复国主义运动

美国犹太社会是一个共同体，相对独立，并实行自治。从 19 世纪 40 年代开始，德裔犹太人一直是美国犹太社会的主导性力量。他们掌控大大小小的犹太机构，按照自治原则处理与犹太人有关的事务特别是慈善救济事务，并有组织地参与或影响政府政策的制定、变动和执行过程。从某种程度上讲，德裔犹太人在美国犹太社会扮演着大家长的角色。

德裔犹太人的权力在 20 世纪初受到了强有力的挑战。1914 年到 1918 年间，随着俄裔犹太人数量的猛增，德裔与俄裔两大犹太社群之间在社团政治层面上产生了一系列争执，例如：在美国主流社会面前，犹太人应该按照某些预设的美国规则来处理一些问题吗？俄裔犹太人必须像德裔犹太人那样以所有人都应享有自由与公正之名来向主流社会乞求公正与自由吗？德裔犹太人必须以劳工的普遍权利之名将俄裔犹太人从血汗工厂里解放出来吗？在这场争执过程中，俄裔犹太人最终通过支持并参与犹太复国主义运动，从德裔犹太人那里赢得了更多的政治话语权，从而掌握了自己的命运。

1914 年前，犹太复国主义在美国是一股非常不起眼的势力。1897 年美国的犹太复国主义者参加了在瑞士巴塞尔举行的世界犹太人复国主义大会。为准备这次大会，这些人成立了美国犹太复国主义者联合会。但是，这个联合会在美国犹太社会中的影响力一直很小，强势的德裔犹太群体普遍不赞成犹太复国主义的理念，认为"回归锡安山②"在本质上与对美国的忠诚是相违背的。直到第一次世界大战爆发，犹太复国主义者成功劝说路易斯·布兰代斯出面领导犹太复国主义运动，这才改变了犹太复国主义在美国的命运，同时也开启美国犹太社会历史的新征程。

路易斯·布兰代斯是一位律师，毕业于哈佛大学法学院，同时他也是总

---

① Arthur Hertzberg, *The Zionist idea：a historical analysis and reader*, New York, 1982, p. 507.
② 锡安山是指犹太教圣地，位于巴勒斯坦。犹太复国主义，又被称为锡安主义；犹太复国主义运动，又被称为回归锡安山运动。

统伍德罗·威尔逊的好友。他使犹太复国主义运动很快在美国社会获得了足够多的关注。在他的领导下,复国主义运动从一种小团体性质的、游走于美国政治边缘地带的俄裔犹太人移民组织,一跃成为一股不可忽视的公众势力①。表面上看,布兰代斯是一个类型独特的犹太复国主义运动的领袖。他于1856年出生在肯塔基州路易斯威尔的一个犹太移民家庭,其父母的原籍是奥匈帝国统治下的波希米亚,他们的生活方式与传统的犹太人生活方式交集不多。布兰代斯在哈佛大学法学院读书时成绩非常优秀,19世纪80年代后期在波士顿成为一名成功律师。事实上,他早期的委托人都是德裔犹太人,但是与其他的深度同化的犹太人相比,他处于这个圈子的边缘。他的家庭对故土布拉格仍存有深刻印象,这个城市的犹太社团忠诚于18世纪后半叶出现在波兰的假先知——雅各布·弗兰克。布兰代斯的母亲非常反感犹太教的"特殊神宠论"②。布兰代斯早年在波士顿生活时,经常给清教徒的教堂捐款。另一方面他幼年时候又深受他的伯父影响。他的伯父是一个正统的、博学的犹太教徒。

1900年之后,布兰代斯尝试性地涉足犹太事务。1910年是个重要转折点。这一年,纽约爆发了服装厂工人大罢工事件,该罢工由俄裔犹太劳工与犹太雇主之间的劳资纠纷引起。布兰代斯以律师身份介入罢工,调解犹太劳工与犹太雇主之间的纠纷。与当时美国的其他律师专注于律条不同,布兰代斯深入劳工群体当中进行调查,了解他们的诉求,并与雇主进行沟通,成功地使劳资双方达成协议——《和平协议书》,这份协议书是美国劳资关系史上的第一个由劳工与雇主经过平等协商而达成的协议,是运用社会学方法解决法律纠纷的成功案例,也是美国法制史上公益诉讼的第一个硕果。这份协议将有关劳工工作条件的规定标准化,而且劳资双方都同意将一切纷争诉诸有约束力的仲裁,从而成为整个制衣行业的劳动合同样本。由于成功协调劳工与雇主之间的矛盾,并且在代理过程中不收取劳工的诉讼费,因此布兰代斯获得了"人民律师"的称号,成为进步主义运动的一名旗手,但同时他也被他的对手贴上了"激进分子"和"左派人士"的标签。

这次调解劳资纠纷的经历,是布兰代斯政治理念转型的开始。之后,他主动了解犹太新移民群体,深深意识到"我所接触的俄裔犹太人显示出一种

---

① Alpheus Thomas Mason, *Brandeis: A free man's life*, New York, 1946, p. 26.

② 特殊神宠论,认为以色列人是上帝的选民,只有他们才能获得上帝恩宠,进入天国,而外邦人无法进入天国,除非信奉犹太教并接受和遵守犹太人的割礼、斋戒等律法和习俗。这些观念和习俗在很大程度上阻碍了犹太教在其他民族中间的传播,成了犹太民族和其他民族之间的一道鸿沟。

强烈的品质，即渴望成为最好的美国公民，这些人身上有一种真实的民主情感和对社会公正的深深渴望。"而犹太雇主也不完全是铁石心肠，这同样让布兰代斯比较感动。"各方都很愿意设身处地地为他人着想……这使得我们这个民族在处理劳资纠纷时显得很特别。"[1]与此同时，布兰代斯开始从政治上与德裔犹太人特别是德裔犹太精英疏远。在他看来，德裔犹太人在政治上非常保守，而他自己则始终是一个充满激情的、坚定的进步主义者。当他处理制衣工人罢工问题时，他认为俄裔犹太人作为美国人比那些永远正确的美国犹太资产阶级——德裔犹太精英显得更高尚，尽管他自身也处于德裔犹太精英这个阶层。表面上看，这些俄国犹太新移民代表了犹太民族的古老的价值观念，但这种古老观念与美国20世纪初的进步主义观念却是一致的。

1913年，布兰代斯公开参与犹太复国主义运动，这一举措震惊了所有人，包括他的家庭成员。关于布兰代斯缘何参加犹太复国主义运动，历来争议较多。有人认为他是受到了欧洲犹太复国主义者哈斯以及从巴勒斯坦地区回来的一些垦殖者的影响。但是，有证据表明，他成为犹太复国主义者，主要还是出于对德裔犹太人领袖的愤怒，并以犹太复国主义者这一身份来标榜自身与他们的不同，从而赢得俄裔犹太人的支持。

（三）路易斯·布兰代斯与德裔犹太人领袖之间分歧的公开化

路易斯·布兰代斯对德裔犹太精英的愤怒由来已久，1906年，德裔犹太精英创建了美国犹太人委员会，雅各布·舍夫等人拒绝布兰代斯进入该委员会。1913年，布兰代斯的愤怒达到顶点。由于布兰代斯在伍德罗·威尔逊的总统竞选过程中出力不少，威尔逊赢得大选后，考虑将布兰代斯吸收进内阁，任命他为内政部长。但是，德裔犹太精英，强烈反对威尔逊的决定。雅各布·舍夫给威尔逊写信，称"美国犹太社会领导层不认为布兰代斯是一个有代表性的犹太人。"[2]舍夫认为，布兰代斯进入内阁会引发诸多麻烦，因为布兰代斯作为一个犹太人，公开宣示同情俄裔犹太劳工的左翼观点，极有可能导致反犹主义在美国蔓延开来，从而使整个美国犹太社会陷入不利境地。其他德裔犹太领袖的观点与舍夫基本保持一致。其实，舍夫的看法不仅勉强，而且带有恐吓的意思。在威尔逊正式就任总统之后，迫于各方压

---

[1] Philippa Strum, *Louis D. Brandeis：Justice for the people*, Cambridge University Press, 1984, p. 59.

[2] Cyrus Adler, *Jacob H. Schiff：His life and letters*, New York, 1922, p. 36.

力,最后关头取消对布兰代斯的任命。布兰代斯本人对于这样一种变化,倒是表现得很镇静,没有对入阁未果做出公开回应,更没有迁怒于威尔逊,尽管这个决定是威尔逊做出的。在威尔逊新政府成立后不久,布兰代斯一度跻身白宫的核心权力圈,然而很快又被迫离开,这一波折让他颜面尽失。从这个方面看,布兰代斯领导并依靠俄裔犹太人反对德裔犹太人是意料之中的举措。

1916 年,布兰代斯与德裔犹太领袖的矛盾终于公开化,他们之间的裂痕已经延伸到美国政治生活当中。当时,伍德罗·威尔逊总统提名布兰代斯担任联邦高等法院的大法官。布兰代斯是第一个被提名为这一职位候选人的犹太人,并且是左翼人士,所以引发了较大的争议。布兰代斯的对手将他视为激进主义者,是反对现存权威的榜样,试图颠覆业已存在的秩序,这似乎暗示犹太人的"阴谋"不得不防,因为《锡安山长老议定书》事件在海外已经闹得沸沸扬扬。布兰代斯知道自己为何如此遭人嫉恨。在这场争论中,布兰代斯说道:"反对任命我为大法官的最主要理由是,我是一个激进主义者,而且还是一个犹太人。"①

雅各布·舍夫不断向犹太人和非犹太人抱怨,布兰代斯是一个边缘性的、不与人合作的犹太人。意思很明显,就是说像布兰代斯那样的犹太人不能从他的手中窃取政治领导权,他是美国犹太社会的合法领袖,是具有犹太信仰的美国人。舍夫曾经私下里要求伍德罗·威尔逊撤销任命布兰代斯为联邦高等法院大法官的决定。当争论趋于白热化后,舍夫却在公众面前变得沉默起来。他没有在人事任命的听证会上作出不利于布兰代斯的证明,或者向参议院委员会寄去质疑信件。虽然如此,德裔犹太领袖的看法还是被暴露了出来。1916 年 5 月 26 日,《纽约时报》发表文章,称"毫无疑问,布兰代斯先生是一个主张竞争的人,追求变化和改革。但高等法院从本质上来说是我们制度的保护者。"②有一些德裔犹太人如民主党成员亨利·摩根索,尽管支持布兰代斯,但是由于他们身属的政治阵营不允许他们这样做。不仅仅是在反犹主义者眼中,甚至是在美国人眼中,布兰代斯似乎给所有犹太人都贴上了激进主义的标签。

多年来,底层的俄裔犹太人一直反对上层德裔犹太人的家长式管理,但是对他们的政治态度,批评甚少。德裔犹太人引领俄裔犹太人进行反对沙

---

① Philippa Strum, *Louis D. Brandeis*: *Justice for the people*, Cambridge University Press, 1984, p. 86.

② New York Times, May 26, p. 5.

皇的斗争，引领他们与美国本土出现的反犹主义情绪进行斗争。然而，现在的情况发生了变化，意第绪语出版物充斥着攻击上层德裔犹太人的声音。这一态度在有关布兰代斯是否可以担任美国大法官的争论过程中持续强化。

（四）路易斯·布兰代斯就任大法官在非犹太人中引发争议

非犹太人群体反对布兰代斯出任高等法院大法官的声音主要来自波士顿。布兰代斯在某种程度上并不是激进的律师，他曾经支持特权阶层以获取他们的赞许。他也不是彻底的理想主义者，曾经在案件审理中为雇主辩护反对劳工，但是他已经在限制使用童工、公务员改革方面获得全国性的名声，并成为"工会之友"。他曾经反对纽黑文铁路的修建，从而得罪了投资该铁路项目的波士顿权贵。哈佛大学校长劳伦斯·罗威尔散发请愿书反对布兰代斯就任高等法院大法官，波士顿权贵们纷纷在这份请愿书上签字。但是另一方面，哈佛的荣誉退休校长查尔斯·艾略特给参议院委员会写信支持布兰代斯，哈佛法学院的11个教授中有9个都写过类似的信。波士顿公理会负责人爱·伯勒对布兰代斯的敌人的态度作了很好的总结："长期以来，未受挑战的、控制一切的权力已经使这些绅士们产生这样一种感觉：那些不受他们待见的人本身要不是危险的，要不缺乏公正品格。他们没有认识到，新英格兰的先辈们并不是要托管这个地方的一切。在我的判断中，这些绅士们企图垄断一切权力就是反对布兰代斯的声音大量出现的真正根源。"①

西莱尔·罗格夫在犹太社会主义者创办的杂志《未来》春季号上表达了同样的观点："高等法院是美国的最后庙宇。布兰代斯作为犹太人要进入这个庙宇自然会遇到障碍，因为美国的一些权贵很难接受一个挑战社会秩序的犹太人。所以他们坚持要求取消对布兰代斯的任命"②。沃尔特·李普曼一直支持和保护布兰代斯。他为《新共和》杂志中撰文时，写道："只有在波士顿社会和商业活动居主导地位的权贵阶层"担心和怀疑布兰代斯，"他不值得信任，是由于他很麻烦。"③波士顿的权贵在布兰代斯的任命问题上陷入了分裂。哈佛大学校长罗威尔认为，在美国受到尊重的犹太人只有为数不多的几个，也只有这几个人才能出现美国的公共生活中。罗威尔的前任艾

---

① Alpheus Thomas Mason, *Brandeis: A free man's life*, New York, 1946, p.63.

② Ibid., p.78.

③ Moses Rischin, The early attitude of the American Jewish committee to Zionism, 1906 - 1922, *American Jewish Historical Quarterly*, March, 1960, p.36.

略特认为,美国的过去和现在都在不断从新力量中获取活力,即便在某些时候,这些新力量是难以驾驭的。

1916年7月1日,经过各方激烈而痛苦的争辩后,布兰代斯的任命获得同通过,这表明作为"人民领袖"的伍德罗·威尔逊总统希望在进步主义的道路上走得更久更远,因此他需要布兰代斯这样一位进步得有些理想化的"人民律师"作为净友,陪伴他一路前行。威尔逊曾经与友人私下谈论布兰代斯。这位友人说:"像布兰代斯这样一位伟大的人物,却是一位犹太人,这真是一件遗憾的事情"。威尔逊总统不以为然,说:"如果他不是犹太人,他就成为不了现在这个样子的布兰代斯了。"

就任联邦高等法院大法官之后,布兰代斯辞去其他社会兼职,以此表明他会严守中立,但是他仍然在幕后领导美国的犹太复国主义运动,动员驾驭俄裔犹太劳工的力量,并最终在世界犹太复国主义运动中奠定了自己的地位。

二、"犹太之王"雅各布·舍夫的困境

(一) 雅各布·舍夫其人

雅各布·舍夫是19世纪末20世纪初美国最重要的犹太社会领袖。美国南北战争结束后,他从德意志地区移民美国。由于与罗斯柴尔德家族关系密切,所以他在抵达美国后很快发迹,成为一位出色的银行家、慈善家。从1881年开始,俄国犹太移民的涌入引发美国犹太社会持续的动荡,舍夫从这时起涉足美国犹太事务,并逐渐成长为美国犹太社会的领袖,直到1920年他离开人世。这一时期的美国犹太社会历史,也被称为"舍夫时代"。

在对待和处理俄裔犹太人问题上,舍夫曾经付出过诸多努力。一方面积极倡导面向俄裔犹太人的慈善活动,帮助俄国犹太人向美国移民并适应美国社会,而且他还通过游说影响美国政府针对俄国犹太人移民的政策。另一方面他曾联合欧美各国的金融家向俄国政府不断施压,要求沙皇俄国改变其犹太政策。最著名的事例是,在1904—1905年的日俄战争中,他联合欧美金融投资界的重要人物,拒绝俄国政府贷款的请求,同时加大向日本战争贷款的力度,最终对日俄战争的进程产生了重要影响。日俄战争结束后,日本政府为感谢舍夫的鼎力支持,由天皇出面授予了他一枚国家勋章。

另一个事例是，1911年，为反对沙俄集体迫害犹太人，舍夫等美国犹太领袖积极游说美国联邦政府，最终在1913年1月1日美国单方面废除了《1832年对俄条约》，以此来惩罚沙俄暴政。1920年，舍夫去世的时候，《纽约时报》设立纪念专版，称他是"美国工业发展的投资家和美国犹太社会的元老。"①

在路易斯·布兰代斯作为犹太领袖崛起之前，其他美国犹太社会名流也曾以犹太复国主义的名义挑战过舍夫的权威，如斯蒂芬·怀斯、犹大·列昂·马根斯等人。怀斯和马根斯都是犹太教改革派的拉比，都是从向德裔犹太人布道开始其职业生涯的。但是他们很快就偏离了最初的方向，对俄裔犹太人产生了同情和认同感。怀斯是美国最早的犹太复国主义者之一。19世纪90年代末，他在巴勒斯坦成立了犹太民族之家，正式加入了犹太复国主义运动。1898年他作为美国的代表参加在巴塞尔举行的第二届犹太复国主义大会。1907年，怀斯回到纽约，成为纽约埃曼纽埃尔会堂（改革派犹太教的总会堂）的首席讲座人员候选人，但由于他不同意成立一个委员会来审查他的布道内容，最终落选。之后，他创建了自己的布道平台——"自由犹太教堂"，宣扬犹太复国主义。马根斯最初以纽约埃曼纽尔会堂为布道平台，进行公共活动。1910年，他离开了布道岗位，因为他对弥漫在教会内部的反对犹太复国主义和反对犹太教正统派信仰感到不满。马根斯更加同情俄国犹太新移民，从而被推举为纽约下东区俄裔新犹太移民社会社团的领导人。但一战爆发后，由于反对美国参与战争，他受到围攻和孤立②。

尽管这两位人物在美国犹太社会都很有影响力，但是都难以从根本上动摇雅各布·舍夫的权威，后者仍然是美国社会与美国犹太社会公认的代表性人物。布兰代斯是唯一能够从左翼出发、以民粹的名义挑战舍夫权威的犹太人。一些学者认为，布兰代斯是一个离经叛道的贵族，类似于马克思笔下的那个为无产者提供帮助从而造就了法国大革命的马奎斯·德·拉法耶特。

尽管舍夫是犹太教改革派埃曼纽尔教堂的领导人之一（董事会成员），但是他在1900年重组了犹太教正统派神学院。舍夫出生于德国的一个犹太教正统派家庭，毕生保留着他年轻时代养成的宗教习惯，从来不在犹太教安息日做生意。他经常拜访俄裔犹太人聚居的纽约下东区，资助了那里的

---

① Howard M. Sachar, *A history of the jews in America*, New York, 1992, p. 335.

② Norman Bentwich, *For the Zion's sake: a biography of Judah L. Magnes*, Philadelphia, 1954, p. 77.

社会服务机构和文化机构,对俄裔犹太穷人嘘寒问暖,甚至与这些人就一些问题进行激烈争论,这些行为说明雅各布·舍夫并不是俄裔犹太人的天然敌人,他与俄裔犹太人的分歧主要在于是否支持犹太复国主义及其运动。俄国犹太人在来到美国生活之前,多多少少都受到了犹太复国主义和社会主义的影响,即使他们自己不愿意向巴勒斯坦地区移民,但是对于从政治上实现复国的运动还是心存同情的,因为他们在俄国的生存经历决定了他们的政治立场和政治态度。

总体来看,雅各布·舍夫心里装着犹太民族,同时又深度美国化,他曾这样定位自己的身份:"我本身一分为三:我是一个美国人,我是一个德国人,我是一个犹太人。"①但是,他的美国人身份与犹太人身份有时候会发生冲突,从而使他的形象变得矛盾起来,在犹太复国主义者的眼中尤其如此。正因为如此,俄裔犹太人逐渐走向了舍夫的对立面。一位年轻的俄裔犹太人就曾经说过:"我们走自己的复国主义道路,走民主的道路。与那些德国佬搅和在一起,对我们的事业不会有帮助。"

(二) 雅各布·舍夫拒绝犹太复国主义

雅各布·舍夫对俄裔犹太人并未持敌对的态度,这一点是非常清楚的。但他还是努力与俄裔犹太人所坚持的犹太复国主义立场划清界限。1906年前,舍夫一直慷慨资助犹太教神学院的教研活动,直至犹太教神学院院长所罗门·苏切特在犹太复国主义问题上与他发生严重分歧,并激烈争吵。他一怒之下中断了对神学院的支持,不再参加神学院每个星期天举行的董事会例会。

然而,舍夫考虑到犹太社团的团结,认为一个分裂的犹太社团将处于社会弱势,所以很快又回心转意,重新参与犹太教神学院的事务。但是,他在犹太复国主义问题上的态度没有改变。舍夫认为,一个具有犹太教信仰的美国人,不能成犹太复国主义者,因为这会引发对美国是否忠诚的问题,一个犹太复国主义者不可能既是犹太民族的一员,又是忠诚于美国的公民。1916年,围绕犹太民族在一战中的目标,犹太复国主义者与各方的辩论达到顶点。舍夫说:"很明显,那些希望美国社会中存在独特的希伯来因素的人,与我们这些在信仰、思想和行动方面都渴望成为美国人的人存在激烈冲突。我们之所以是犹太人是由于我们的宗教和我们民族的文化传统。我深

---

① 这句话见于邓蜀生先生的文章《美国犹太人同化进程初探》,载《世界历史》,1989年第2期。

深感到，美利坚民族并不希望具有民族愿望的、独立的希伯来族群存在。如果我们在美国坚持犹太复国主义，那么我们和我们的子孙将会吞下由此导致的苦果。"[1]在舍夫看来，犹太复国主义无疑正在撕裂美国犹太社会，同时他担心美国犹太人如果在复国主义道路上走下去，会引发美国社会的反犹主义情绪，但是后来的事实证明舍夫的看法并不正确。

舍夫及其支持者也对 19 世纪末 20 世纪初俄裔犹太媒体公开反对同化于美国社会的声音作出了回应。他们认为，犹太复国主义将有助于证明排外主义的正确性。与美国主流社会呼吁构建"民族熔炉"的目标比起来，美国犹太人的心里如果装有一个不同的目标——回归以色列地，这就容易使犹太人成为舆论攻击的对象。当时，有一些媒体质疑舍夫：既然不认可犹太复国主义，为什么还要帮助俄国的犹太复国主义支持者和同情者源源不断地向美国移民？他解释道，推动美国犹太社会和美国联邦政府帮助苦难中的犹太人，是基于自由、平等之类的美国价值观，而非狭隘的民族主义情感。

在犹太复国主义问题上，舍夫面临的困境，其实也是犹太教改革派面临的困境。舍夫以及犹太教改革派都认为，犹太人并不是一个民族，只是一个宗教信仰团体。就像不能把所有的天主教徒或者其他宗教信仰者称为一个民族一样，不能把犹太教徒称为一个民族。而犹太复国主义者坚持认为犹太人是一个民族，既然是一个民族，就有权利为民族创建一个国家。从德国哲学家费希特以来，民族主义者持有的一个普遍观点就是，民族首先是通过国家进入历史进程之中的。民族与国家构成一个共生体，前者是生命体，后者是组织者。由此来看，舍夫与犹太教改革派面临的困境是民族主义的挑战而导致的。

在舍夫的权威受到布兰代斯的挑战之前，他一直号称"犹太之王"。然而，这位"犹太之王"的失败是不可避免的。这不是因为他面对的是布兰代斯（就个人影响力来说，舍夫并不输于布兰代斯），而是因为布兰代斯所代表的力量。这种力量源自两个方面。首先，源自俄裔犹太人的数量与政治激情。到 1914 年，俄裔犹太人在数量上已经远远超出德裔犹太人，双方的人数比是 10∶1[2]。在俄裔犹太人数量急速增加的同时，一些俄裔犹太人告别了贫穷，进入了富人行列，他们在纽约南部的布鲁克林区实现了第二次定

---

① Aron S. Klieman eds. , *American Zionism: a documentary history*, vol. 1, New York, 1990, p. 203.

② Ibid. , p. 199.

居,这增强了他们在犹太社团政治中的话语权。布兰代斯通过与犹太复国主义的联系,将俄裔犹太人动员组织起来。政治,说到底,是一种动员大众的艺术。在这方面,布兰代斯成功驾驭了犹太政治中的新力量,使自身成为美国犹太社会的重量级人物。其次,源于犹太复国主义运动。一战爆发后,犹太复国主义运动在美国成为一种风气。当时有观察者写道:"犹太复国主义野火般风行起来。所有有犹太人社区的地方都成立了有关协会。美国任何一座城镇,不管大小,差不多都有一个犹太复国主义者群体。甚至某些著名的改革派犹太人也对一个犹太家园的前景十分倾心。绝大多数保守派犹太人更是狂热的犹太复国主义者……尽管正统派拉比们并不狂热,但是大多数正统派人士在某种程度上是自主的犹太复国主义者……另一个与众不同的群体是犹太社会主义者工党组织,其成员是忠诚的世俗主义者和社会主义者。"①布兰代斯作为美国犹太复国主义运动的旗手,其风头一时无两。

总之,舍夫的失势以及布兰代斯的崛起,意味着美国犹太社会将陷入分裂,急需力量重组。1914 年 8 月是美国犹太社会德裔犹太人与俄裔犹太人力量发生逆转的时间点。一战爆发后,俄国犹太人移民美国的步伐加速,致使德裔与俄裔犹太人之间的力量进一步失衡。在第一次世界大战期间,布兰代斯正式地取代舍夫,成为美国犹太社会的新领袖和话事人,由此美国犹太政治的内涵也发生革命性变化,犹太复国主义取代犹太人"美国化",成为犹太政治的核心内容,这是美国犹太社会史上的一个重大转折。

三、一战时期美国的犹太复国主义运动

(一) 美国犹太人对巴勒斯坦地区犹太人的救助活动

一战爆发后,欧洲大国奥匈帝国、德国与沙俄之间在前线的战争状态蔓延到了东方战线,也就是波兰和乌克兰。这两个地方是当时世界上最重要的犹太人聚居地之一,既包括俄国专为犹太人划出的"栅栏区",也包括波兰南部的加里西亚,这是奥匈帝国 18 世纪末在瓜分波兰的过程中获取的领土。绝大多数美国犹太新移民都来自上述地区。这意味着,当时众多的美国犹太家庭都有亲朋好友滞留在战争地带,由此饱受煎熬。战争地带的犹

---

① 雅各布·瑞德·马库斯,美国犹太人(1585—1990 年):一部历史,杨波等译,上海:上海人民出版社,2004 年版,第 205 页。

太人处境非常糟糕，因为俄国没有放松反犹政策。对犹太人而言，不断挺进的德国军队是解放者，但是当沙俄军队部分挽回战场颓势后，德国和奥匈帝国军队开始向后撤退。这时，俄国犹太人又面临沙皇政权的打击，他们被认为是德国人的间谍和俄国人的叛徒。即使在没有发生直接迫害的地方，犹太人还要面临缺少食品、住所和医疗保障的窘境。成千上万的失业犹太贫民在和平时期就没有太多的生活必需品，在战争期间，工作更难寻找，生存状况变得更加糟糕，而且邮政业务的中断导致来自美国亲友的正常汇款戛然而止，这就切断了另一个救援纾困的渠道。

美国犹太社会对战争所作出的第一反应，就是成立相关机构，救助俄国犹太同胞。雅各布·舍夫、路易斯·马歇尔和费里克斯·瓦伯格在1914年10月召集会议，成立"美国犹太人救援委员会"。同时，犹太教正统派也成立自己的组织——"中央救援委员会"。这两个组织同意在一个月内成立"美国犹太战争难民基金联合分配委员会"。这时，以俄裔犹太人为主的犹太人工会组织仍然反应冷淡，他们自立门户，成立了"犹太民族救援委员会"。直到1915年，他们才同意与联合分配委员会协同工作[①]。这三个组织虽然在名义上实现联合，但是各自筹款。只是在讨论基金分配的时候，三个救援组织的代表会坐在一起商量。1914—1920年，这三个组织的募款总金额达到3800万美元，其中2530万是在1915—1918年募集到的，并开销掉的。募款中的最大份额当然来自富人，也就是德裔犹太人。虽然其他群体对德裔犹太人群体尊重有加、感激不已，但是以"联合"的方式做慈善，是一个转折点。对于俄裔犹太人来说，这是第一个非常重要的步骤，意味着德裔犹太人在犹太公共外交领域（主要是犹太社团与机构对外援助）的垄断就此终结。德裔与俄裔犹太人终于可以在纽约平起平坐，俄裔犹太人作为平等伙伴，第一次在代表全世界犹太人利益方面获得承认。

绝大多数的德裔犹太人仍然反对复国主义，但是有一段时间，救援工作涉及巴勒斯坦的定居点"伊休夫"（早期犹太复国主义建立的社团），需要凝聚全体美国犹太人的力量。1915年，土耳其宣布以同盟国身份参加一战后，对身处巴勒斯坦的犹太人充满狐疑，并且准确预测新近的犹太复国主义定居者应该更加亲近协约国。因此，土耳其的军事统帅勒令所有犹太人离开巴勒斯坦，导致1.8万名犹太人被迫离开了巴勒斯坦，其中大部分犹太人就近前往埃及。这种驱逐举措，最终在土耳其的盟友德国的干预下中止。

---

① Athur Hertzberg, *The Jews in America*: *four centuries of an uneasy encounter*: *a history*, New York: Columbia University Press, 1997, p. 220.

德国政府不愿意得罪美国犹太人，因为这对于战争进程是不利的。美国驻土耳其大使亨利·摩根索言辞激烈地警告土耳其政府，称此举非常危险，极可能将美国推向土耳其的对立面。摩根索不仅在言语上警告土耳其人，更加重要的是，他协助了"伊休夫"的救援工作。1915 年，满载食品和药品的美国船只驶入地中海。这些救援物资是联合分配委员会募集的。在整个战争期间，联合分配委员会为救助"伊休夫"的犹太人，共花费了 1500 万美元①。这一慷慨之举，反映了非复国主义者不愿意在"圣地"垦殖者需要人道主义帮助的时候忽视他们。

非复国主义者也认识到，只要人道主义因素被用来当作借口，由美国犹太社会提供的财政援助就会抵达"伊休夫"。这样一来，犹太复国主义者就能够一直利用由反对民族主义观念的人提供的种种资源。非复国主义者对被压迫犹太人保持普遍的友爱，认为所有的犹太人都是一家人，因此他们基于同胞情，与犹太复国主义者在救援行动中实现联合，并保持立场一致，这种联合在当时以及今后都发挥了重要作用，但是犹太复国主义者与他们的对立面又不得不进行公开辩论，试图占据舆论高地。尽管非复国主义者对自身筹集的资源被俄裔犹太人用于复国的目标心存不甘，因为这无疑会增强俄裔犹太人的力量，但是他们又没有其他选择。整个一战时期，犹太复国主义已经成为犹太社会的主流话语。非复国主义者实际上正在输掉与复国主义者的斗争，这也意味着德裔犹太人正在输给俄裔犹太人，也意味着一种新格局的正在形成，即德裔犹太人主要从经济上支持犹太复国主义，俄裔犹太人主要从政治上支持犹太复国主义。

（二）美国犹太人对犹太复国主义运动的思考

救援是缓解眼前的困难，那么未来怎么办？战争地带的犹太人在其居住地的战后生活，能否恢复甚至生活得更好？战争结束后，那些犹太人是不是不再愿意为自己寻找其他的容身之处？在巴勒斯坦建立一个犹太国家的复国主义方案是否应该被那些坚持非复国主义立场的犹太人接受，因为这样的国家将为一些犹太人提供居住之地，同时这也会让一些犹太人不得不离开出生国？人们是否应该把复国主义作为解决反犹主义的永久性方案？

1914 年秋，这些问题引发了冲突。德裔犹太人为阻止限制性的移民法案的出台，进行艰苦卓绝的斗争，在战争期间以及战后仍不停息。这场斗争

---

① Athur Hertzberg, *The Jews in America*: *four centuries of an uneasy encounter*: *a history*, New York: Columbia University Press, 1997, p. 221.

事关美国犹太社会的荣誉，尽管他们实际上并不愿意看到太多的犹太移民来到美国，纽约下东区的俄裔犹太人聚居所引发的问题已经堆积成山。德裔犹太人普遍认为，不应该鼓励生活在战区、处于困境中的犹太人向美国移民，但可以向他们提供资助，直到他们自身所处的国家的境况有所好转。美国老一代犹太移民不仅担心再次出现大规模犹太移民进入美国的现象，而且他们也拒绝放弃为全世界民主秩序而战的宏大理想，因为这会导致未来民主信仰的缺失，甚至在美国也会如此。犹太人不应该放弃在困境中坚持，他们在自己出生的土地上应该享有与其他人一样的权利。

很明显，德裔犹太人不赞成欧洲犹太同胞继续向美国移民，建议并资助他们留在目前所处的国家，因为他们相信战争的结果会改善他们的处境。俄裔犹太人则用犹太复国主义信仰来表达犹太民族的诉求，认为犹太人无论在何地都处于流散状态，即使在美国也是如此，应该鼓励"阿利亚"行动，并给予巴勒斯坦的定居点"伊休夫"特别关照[1]。但是，从美国犹太社会的经验来看，随着俄国犹太新移民及其子女开始慢慢寻求融入美国社会，他们对这种复国主义观点的认可程度，并不超过对德裔犹太人对非复国主义观点的认可程度。无论新移民遇到血汗工厂主的剥削问题还是反犹主义的问题，他们都相信美国是一个与他们之前所有的定居地不同的地方，也就是说美国是一个例外。布兰代斯也明确强调，支持犹太复国主义，并不是要求所有犹太人都移民巴勒斯坦。他很清楚，美国犹太人并没有在巴勒斯坦生活过，要说对巴勒斯坦有深厚感情是很可疑的，犹太复国主义充其量是美国犹太人维持文化乡愁的一种途径。

1914 年之前，美国的犹太复国主义运动认为自身与欧洲兴起的复国主义运动是完全不同的。对欧洲人而言，犹太复国主义意味着它的支持者已经重新开启了那扇将他们与周围文化隔离开来的大门，意味着他们看到了在巴勒斯坦开始新生活的可能性。而在美国，许多复国主义者往往是这样一些移民，即他们不久前生活在欧洲，但他们决定移民至美国而不是巴勒斯坦。很难说，他们来到新世界是一个错误，也不能说美国的犹太复国主义者要劝他们重新收拾行李，再次踏上迁徙之路，前往巴勒斯坦。美国犹太复国主义的存在，主要就是为了帮助这些愿意前往巴勒斯坦的拓荒者，并以他们为骄傲。因此，美国犹太人认为，他们的犹太复国主义是特殊的、与众不同的。这种观点其实早在 19 世纪 90 年代在美国犹太复国主义运动中弥漫开

---

[1]　Moses Rischin, The early attitude of the American Jewish committee to Zionism, 1906 - 1922, *American Jewish Historical Quarterly*, March, 1960, p. 36.

来,也就是说美国的犹太复国主义者,是一些向其他人提供5美元资助,把欧洲犹太人送到巴勒斯坦的人。

1914年夏末,美国的犹太复国主义者对复国主义的理解,出现了决定性的转折。这个转折由俄裔犹太人的权利意识引发。20世纪以来,流散的犹太人总是依靠他人不可靠的善意生存。世俗的法律可能会承诺保证给予犹太人绝对平等的权利,但是这些法律往往不会得到遵守。犹太人无论身在何处,主流社会舆论都会受到反犹主义的严重影响,那些承诺权利平等的法律不会用于救济犹太人。现代犹太复国主义运动的兴起,从某种程度上讲,源自犹太人对可靠的公民权利的期望与追求,所以寻求将"圣地"变成犹太人的祖国只是犹太复国主义运动的终极目标,而争取并维护犹太人的权利则是犹太复国主义者行动的逻辑。俄裔犹太人对犹太复国主义的认同,植根于他们的宗教信仰,但主要植根于他们对自身无权状态的愤慨之中。美国的德裔犹太人以及非犹太人总是以实际行动表明,俄裔犹太人低人一等。在俄国"栅栏区",犹太人由于不能享有平等的公民权利而受到集体迫害,那么移民美国后,如果仍然处于权利稀缺的状态,则是不可接受的。通过支持或参与犹太复国主义运动,俄裔犹太人向美国犹太社会表明,他们不再愿意充当德裔犹太人的沉默门徒,他们要争取改变自身在政治上任人主宰的被动状态。

总而言之,美国的犹太复国主义运动对自身的理解与定位是随着形势的变化而变化的。一方面,美国的犹太复国主义运动是一场大规模的慈善救援活动,以至于在一战时期美国成为了世界犹太复国主义运动的"财政中心",在危急关头拯救了犹太复国事业。另一方面,美国犹太复国主义运动也是一场争取权利的运动。不仅为整个犹太民族争取权利,也为生活在美国的犹太人特别是俄裔犹太人争取权利。复国主义者与非复国主义者之间的争论,其实是德裔犹太人与俄裔犹太人之间有关权利的争论。舍夫为代表的德裔犹太人基于自由民主平等的美国价值观,认为俄国犹太人以及欧洲犹太人受到了不公正的对待,从而帮助自己的同胞,但是要求他们同化于美国社会,稀释对犹太民族的认同感,以免为反犹主义活动提供口实,如此才能更好维护全体美国犹太人的权利。而以布兰代斯为代表的俄裔犹太人从进步主义时代的美国左翼价值观出发,同情弱小,追求公平正义,认为俄裔犹太人有权坚持自身的犹太身份,支持通过"美国式"的犹太复国主义运动,从根本上解决反犹主义问题。舍夫与布兰代斯两人的意识形态,都可以在进步主义的理念中找到各自的依据。他们的主要区别在于,舍夫着眼于当下,而布兰代斯着眼于未来;舍夫属于建制派阵营,布兰代斯属于激进派阵营。欧洲的犹太复国主义者对他们的批评是，他们两人都忘记了犹太人的传统。

（三）以政治军事手段追求复国的最初尝试

1914 年 8 月 30 日，纽约举行犹太复国主义者大会。这次大会旨在协调解决一战爆发所带来的新问题。"世界犹太复国主义组织"的总部位于柏林，它的执行委员会成员分散在交战各国，无法正常联络，而且他们对犹太复国事业的忠诚度也经受考验。当时美国尚未参战，保持中立地位。因此，在犹太复国主义者看来，犹太复国主义运动存在作为战争中立国的美国，是一种优势。因此，美国被要求承担"世界犹太复国主义组织"的一些职责，特别是要关心犹太复国主义者在巴勒斯坦定居的问题。在这次会议上，布兰代斯被选举为"世界犹太复国主义运动一般事务临时执行委员会"主席。事实上，这一人事任命也意味着布兰代斯成为美国犹太复国主义运动的领袖。在就职发言中，布兰代斯开诚布公地说他在某种程度上对犹太事务不太熟悉，但他会与犹太人保持一致，因为犹太人的道德感深深地打动了他，促使他关心犹太民族在巴勒斯坦圣地的复兴。他接受主席职位，是因为他"逐渐感觉到犹太民族的一些东西应该保存于世，犹太民族应该被保护，我们有责任去寻找有成功可能的拯救方法。"[①]在 1914 年 8 月 30 日之前，布兰代斯的俄国支持者不过是世界犹太复国主义运动中的一群穷亲戚。他们只提供了少量的金钱支持，在政治和智力方面的支持接近于零。然而，他们却突然成为整个犹太复国主义者的监护人，掌控着犹太复国主义运动的未来，这一切都是因为他们有了自己的领袖——路易斯·布兰代斯。

对于如何塑造犹太复国主义运动，布兰代斯有自己的想法。他坦称，尽管对犹太事务有些无知，但还是觉得没有必要学习《塔木德》或熟悉希伯来文化，并将这些东西作为犹太复国主义的前提条件。他强调，犹太人和犹太教应具有追求新道德、新知识的激情和勇气，将回归锡安山的努力视为全体美国犹太人的共同任务。实际上，布兰代斯不认为美国的犹太复国主义是犹太历史与传统发展的结果，而是美国精神（Americanism）的继承。他的犹太复国思想带有浓厚的进步主义色彩。布兰代斯将犹太复国主义定义为回归锡安山而作出高尚的政治经济方面的努力[②]。

---

① Athur Hertzberg, *The Jews in America：four centuries of an uneasy encounter：a history*, New York：Columbia University Press, 1997, p. 221.

② Alpheus Thomas Mason, *Brandeis：A free man's life*, New York, 1946, p. 91.

就这样,布兰代斯以犹太复国主义为名,将犹太国家与犹太教割裂开来,开始变得合情合理。在布兰代斯之前,世界犹太复国主义运动领西奥多·赫茨尔也是这么做的,他几乎要根除犹太人生活中的宗教和文化成分,但是他的大多数追随者在这个问题上反对他。欧洲犹太复国主义运动主流,致力于重建希伯来的民族文化,以此来团结世界各地的犹太人。以经济资助和政治游说作为主要内容的犹太复国主义运动只存在于美国。这是大西洋两岸犹太复国主义运动的差异。

美国的社会环境在塑造具有美国色彩的地方性的犹太复国主义运动方面起到了辅助性的作用。欧洲犹太复国主义者居住在对意识形态特别看重的国家。而新世界一般不是深刻的意识形态的发源地,因为在美国多行动者而少思想家。正如前文看到,即使作为美国犹太复国主义的第一代的俄国犹太新移民,在回应主流文化时,也是将他们的复国主义塑造成一套明确而灵活的慈善行动,而不是一种僵硬的民族主义意识形态。将复国主义理解为一种行动当然比理解为一种观念,更容易让犹太人群体接受。一次大战前夕,这种倾向逐步加强,美国犹太复国主义基本上被界定为一系列实实在在的行动。也就是说,当时并不是出版现代希伯来语辞典的时机,或者说深刻认识犹太人历史内涵的时机。巴勒斯坦的犹太人定居点"伊休夫",正在处于敌对的土耳其人的统治下,它必须受到保护。这个关键时刻需要美国犹太人通过施加实际政治压力、输送金钱和物质供给来缓解他们的困难①。

1915 年早些时候,犹太复国主义者认同同盟国的战争行为,因为巴勒斯坦处于奥斯曼土耳其帝国的控制之下,他们有理由把复国的希望寄托在奥斯曼土耳其帝国的身上。从赫茨尔开始,犹太复国主义者在外交方面的立场一直是努力维持与奥斯曼土耳其帝国的良好关系。尽管如此,犹太复国主义者支持奥斯曼土耳其的立场在作为协约国成员的英国引起骚动,后来又在尚未参战的美国激起了骚动。

但是,随着奥斯曼帝国在军事上不断的失利,犹太复国主义者又开始调整政策方向。他们注意到,英国将会成为巴勒斯坦的新主人。所以,又转为支持协约国。这一态度的转变受到英国方面的欢迎,但也引起他们的警惕,因为在这个时候,英国还不打算牺牲阿拉伯人的利益来博取犹太人的欢心。于是,英国政府将军队中所有的犹太人分散到各支武装力量中。英国人认

---

① Athur Hertzberg, *The Jews in America: four centuries of an uneasy encounter: a history*, New York: Columbia University Press, 1997, p. 223.

识到,犹太人在战争中以一个民族整体的面目出现的话,那么犹太民族会被认为是战争中的盟友,因而有权在未来的和平谈判桌上提出要求。

犹太人作为一个整体投入战争的主张,是移民英格兰的俄国犹太移民和他们的美国同胞提出来的。他们的想法是在未来战争中获胜的话,犹太人作为一个民族可以索要胜利的果实,有权要求在巴勒斯坦的故土建立家园。这个想法后来被证明是相当有远见的。"锡安山骡力运输团"(Zion Mule Corps)于 1915 年由移居英国的俄国犹太人建立起来。这个军事后勤组织参与了加利波利战役。这场由英国军队发动的试图控制达达尼尔海峡的战役,以英国军队的失败告终①。由于"锡安山骡力运输团"在行动上是反对土耳其(占有巴勒斯坦)的,犹太人至少已经打响了解放他们的以色列故土的战斗。犹太人在他们自己的队旗的引领下,活动在战争前线,这个前线就是他们犹太祖先希伯来人的居住地。

加利波利战役失败之后,英国方面解散了"锡安山骡力运输团"。运输团的志愿者返回英格兰,但是用军事手段解放巴勒斯坦的观念及其引发的激情,并没有消散。相反,后来成为"伊休夫"领导者的两位年轻人——伊茨哈克·本-泽维和戴维·本-古里安,于 1915 年从巴勒斯坦来到了纽约。他们开始谋划建立一支全部由青年犹太人参加的军队。按照他们的构想,这支军队将作为英国军队的一部分,将前往英国和土耳其两国军队对峙的作战线(正好处于巴勒斯坦的边界)上开展斗争②。

本-泽维和本-古里安大约用了两年的时间,苦苦劝说英国方面认可并接受这支军队,但是结果英国只同意在前线建立两个犹太营,隶属于皇家燧发枪手团。本-泽维和本-古里安以及其他大量已经报名参军的犹太人,借道加拿大,来到这两个营的征兵办公室,因为当时美国还保持中立,不便向本-泽维和本-古里安这样退役犹太士兵发放前往土耳其领地的签证,以免引起土耳其方面的猜疑,而加拿大没有这样的顾虑,因为早在 1914 年 8 月英国向德国宣战以后,加拿大作为英国殖民地也就自动成为了参战国。这两个营中的一个营兵员主要是由美国志愿者构成。1918 年春,这两个营被派往埃及。犹太营在边界作战的主要目的就是征服巴勒斯坦,直到战争结束,他们一直在这里作战。打着本民族旗号的犹太军事组织,活跃于巴勒斯坦战争地带,对于犹太人来说,具有超乎寻常的象征意义。

① Aron S. Klieman eds. , American Zionism: a documentary history, vol. 1, New York, 1990, p. 202.
② Athur Hertzberg, *The Jews in America: four centuries of an uneasy encounter: a history*, New York: Columbia University Press, 1997, p. 223.

　　事实上,进入巴勒斯坦执行战斗任务的犹太人数量并不算多,大约有800人,其中200多人是来自美国的俄裔犹太人。1882年俄国犹太复国主义思想家平斯克提出的建立犹太军队的目标,终于在36年后成为现实。这支犹太军队的士气是在美国鼓舞起来的。从美国出发前,这支军队说出了这样一句话:"这是公元前586年'巴比伦之囚'后,犹太人组建的第一支正规军。我们要借此恢复祖先的荣耀。"①美国各地的犹太人集会都曾经赞美过这支犹太军队。美国犹太人已经将犹太人定居点从饥饿和土耳其的驱逐中拯救出来,那么现在他们又开始资助犹太军队的战争事业。其中隐藏着一个非常危险的倾向,犹太复国主义者已经开始考虑放弃和平复国,准备以革命的方式实现救赎,这预示着未来的犹太复国之路上将充满暴力,"修正犹太复国主义运动"将迎来高光时刻。世界犹太复国主义运动的未来属于本-泽维和本-古里安这样的强硬派,而路易斯·布兰代斯试图通过向巴勒斯坦移植所谓的"美国精神"来重建犹太民族家园,看起来书卷气十足,无法凝聚广泛的共识。

　　美国犹太人在一战期间的军事努力或许只具有象征意义,但政治上认同犹太复国主义却具有实质性的价值。众所周知,英国的外交大臣亚瑟·詹姆斯·贝尔福勋爵是早期的基督教犹太复国主义者。1917年11月2日,《贝尔福宣言》发表,英国同意在巴勒斯坦建立一个犹太人的民族家园。英国人在发表这份宣言之前,曾经试探过美国总统伍德罗·威尔逊的态度。布兰代斯在其中穿针引线,起到了重要作用。1917年4月,贝尔福到访华盛顿,访问期间两次会见了布兰代斯。美国犹太社会领袖对巴勒斯坦的关注给贝尔福留下了深刻印象。1917年9月,英国战时内阁决定试探一下威尔逊对发表赞同犹太复国主义声明这一做法的态度。威尔逊总统对英国发表独家宣言感到忧虑,他不愿意使美国承担义务。美国国务院也不赞同支持发布这样的一个宣言。布兰代斯作为威尔逊总统的亲密顾问,是伦敦的犹太复国主义者领袖魏茨曼在与英国政府打交道时可以充分利用的一张王牌②。布兰代斯数次劝说威尔逊总统支持这份宣言。10月13日,威尔逊总统给他的政治顾问爱德华·豪斯写了个便条,其内容是"我发现我口袋里有一份你留与我的有关犹太复国主义运动的备忘录。我担心我没有说过我赞同他们提出的方案。我说过的。如果你想让他们知道这一点,我表示感

---

①　沃尔特·拉克,犹太复国主义史,徐方等译,上海:三联书店,1992年版,第567页。
②　同上,第570页。

激。"①布兰代斯获知便条的内容后，将情况如实告知魏茨曼。在这种情况下，英国外交大臣贝尔福于 11 月 2 日以致沃尔特·罗斯柴尔德勋爵一封信函的形式，发布了这份影响深远的《贝尔福宣言》。这份宣言称："英王陛下政府赞成在巴勒斯坦为犹太人建立一个民族家园，并将以最大努力促其实现，但必须明白理解，绝不应使巴勒斯坦现有非犹太团体的公民权利和宗教信仰权利或其他任何国家的犹太人享有的权利和政治地位受到损害。"②这份宣言为犹太人向巴勒斯坦大规模移民打开了大门，也为犹太人日后在巴勒斯坦建国提供了法律依据。

整体上看，由于一战将巴勒斯坦的犹太人推向险境，美国犹太人积极开展慈善救助活动，犹太复国主义者也参与其中，因此美国的犹太复国主义运动呈现出注重实践与实效的特点，给世界犹太复国主义运动带来了一种更加务实的风格。换一个角度来看，布兰代斯倾向于将犹太复国主义运动限定在行政层面上，淡化这一运动的政治色彩，以争取整个美国社会的支持和理解。

不管布兰代斯如何淡化犹太复国主义运动的政治色彩，但从根本上说这一运动属于民族主义运动范畴，预示着未来中东地区的格局将持续动荡，暴力将成为这个地区挥之不去的噩梦。因为早在 19 世纪 30 年代，阿拉伯的民族主义运动已经在黎巴嫩的贝鲁特出现。如果这两种民族主义运动不能实现和解，那么犹太人的复国之路必然布满荆棘。阿尔伯特·爱因斯坦曾经警告后来成为世界犹太复国主义运动领导人的魏茨曼："如果我们不能成功找到与阿拉伯人诚恳合作与磋商的渠道，那么我们就根本没有从长达两千年的历练中吸取教训，也将会受到命运的惩罚。"爱因斯坦尝试运用犹太复国主义与和平主义两种方法来战胜民族主义的破坏性力量，但发现在这两种策略中找不到合适的平衡。犹太复国主义者的终极目标，没有通过和平方式实现，这是历史的遗憾。

四、美国犹太人大会的成立

（一）美国犹太社会的民主化

正如前文所讲，美国犹太社会长期以来被德裔犹太人通过大大小小的

---

① Mark Raider, *The emergence of American Zionism*, New York, 1998, p. 196.
② 沃尔特·拉克，犹太复国主义史，徐方等译，上海：三联书店，1992 年版，第 247 页。

犹太机构掌控。德裔犹太人被视为美国犹太人的大家长。这种家长作风在一战时期遭到了前所未有的挑战。美国犹太社会注定要走向民主化，但是这个过程充满了斗争。

美国犹太社会民主化的契机，在于如何更加有效地对巴勒斯坦的犹太复国主义定居者进行救助。一战时期，犹太复国主义者与非复国主义者在行动上高度协调一致，对身处巴勒斯坦和俄国的犹太人提供大量的资助，但是这并没有消弭作为非复国主义者的德裔犹太人与作为复国主义的俄裔犹太人之间的矛盾。他们之间的对抗逐渐聚集到一个问题上，即要不要组织全国性的代表性组织——"美国犹太人大会"。从德裔犹太人自身的意愿来讲，他们已经建立并掌控了众多的犹太人组织，因此不需要增加新的犹太机构。但现实情况是，没有任何一个犹太组织能够把所有犹太人的利益都囊括其中，也没有一个合适的渠道来表达美国犹太人群体对战争的看法。这种形势对于德裔犹太人来说也许是最好不过了，因为他们在 1906 年创建的"美国犹太人委员会"，反映并表达他们的政治主张。这个委员会的成员均是德裔犹太人以及富人中的精英，他们乐于制定政策，而无需与作为美国犹太社会底层的俄裔犹太人协商。布兰代斯和他的同事挑战德裔犹太人家族式的财阀统治，称在犹太人事务中需坚持"一人一选票"的原则①。这就意味着，那些出钱最多的人可能会继续出钱，但是他们对犹太事务的掌控权力丧失了。在这一方面，布兰代斯表现出了西方民主政治中少见的激进色彩。

犹太复国主义者几乎从一开始就处于有利地位。在目睹欧洲犹太人的困境之后，犹太复国主义者情绪达到了高潮，但更重要的是，如果在美国的民主氛围中反对犹太社会生活中的民主作风，这将使德裔犹太人成为众矢之的。而且一战期间特别是"无限制潜水艇战"爆发后，美国社会对德国的仇视达到了一个前所未有的高峰，德裔犹太人的德国后裔身份常常让他们处于比较尴尬的位置。因此，德裔犹太人别无选择，只能同意在全美范围内选举犹太人代表，然后组成新的犹太世俗机构"美国犹太人大会"。然后，在这个大会上，讨论犹太人的"战争目标"。

1916 年，美国犹太人大会预备会议在费城召开，犹太教改革派新领袖史蒂芬·怀斯替犹太复国主义辩护，称犹太人需要的"不是救援而是回归故土，不是缓解而是阻止反犹主义，不是慈善而是公正对待犹太人"。这样，处于人多势众的俄裔犹太人最前列的犹太复国主义者宣布，他们与德裔犹太慈善家划清界限。犹太内部的政治状况，决定立刻进行大会选举是有困

① Alpheus Thomas Mason, *Brandeis：A free man's life*, New York, 1946, p. 103.

难的。

威尔逊总统出面干预了这一次的犹太人内部事务（这是美国历史上第一次出现这样的行为）。他提醒布兰代斯，犹太人在战争时期如此兴师动众地搞选举是不合适的。所以，选举一直推迟到 1918 年的春天才举行。俄裔犹太移民中的左翼社会主义者抵制了这次选举。他们反对犹太复国主义者控制美国犹太人大会，因为他们认为犹太复国主义者从根本上说代表的是犹太资产阶级的利益，而且也不赞成犹太复国运动所代表的民族主义立场，因为他们是国际主义者。绝大多数犹太人拒绝效仿社会主义者的杯葛行为，因而在美国犹太社会内部又一次发生分裂①。上万的选票已经分发出去了，而且基本上可以断定犹太复国主义者将取得完胜。

1918 年 12 月，美国犹太人大会最终在费城召开。布兰代斯、舍夫等人作为重要代表，参加了会议。大会以压倒性的优势通过决议，同意"美国犹太人大会"推动在巴勒斯坦建立一个犹太民族国家。但是，来自"美国犹太人委员会"的德裔犹太代表们在路易斯·马绍尔的带领下成功地使最后的决议在措辞上有一定缓和。这份决议没有毫无保留地坚持建立一个犹太国家。在此基础上，他们同意组建一个犹太人联合代表团，到即将召开的巴黎和平会议上去游说各国代表。然而，这个团体里仍然有人坚持反对游说各国接受犹太复国主张，最著名的当数赛鲁斯·阿德勒。在阿德勒看来，如果犹太复国主义成为和平会议上的突出话题，那么反犹主义会在一些新成立的国家得到继承和发展，因为这些国家的人民会直截了当地对当地的犹太人说："你们走吧，到你们自己的国家去。"②阿德勒的话，是老生常谈，不会引起太多的关注和思考。

"美国犹太人大会"成立之后，立刻作为"犹太游说集团"向美国政治施压。1919 年 3 月 2 日，它向威尔逊总统递交了一份备忘录，要求他公开发表声明，支持《贝尔福宣言》。但是"美国犹太人委员会"中的反犹太复国主义者，如纽约时报的老板阿道夫·厄齐兹等人，拒绝支持"美国犹太人大会"向总统提交的这份备忘录。3 月 5 日，他们发布了自己的备忘录"警告与预测"，强烈反对"犹太复国主义者要求重新把美国犹太人组织成一个自治的种族集团，反对在巴勒斯坦建立有领土主权的犹太国家"。

总而言之，一战时期更加有效合理援助巴勒斯坦和俄国犹太人的需求，

---

① Athur Hertzberg, *The Jews in America*: *four centuries of an uneasy encounter*: *a history*, New York: Columbia University Press, 1997, p. 227.

② Aron S. Klieman eds., *American Zionism*: *a documentary history*, vol. 1, New York, 1990, p. 206.

成为美国犹太社会民主化的一个最重要的契机。尽管援助本身是中立的，但是又无法不让人将其与犹太复国主义运动联系在一起，从而在客观上还是增强了美国以及世界犹太复国主义运动的力量。1914年，美国的犹太复国主义运动的参与者不足1.2万人，但是在一战这四年的时间内，美国犹太复国主义联合会的成员数量已经增至17.6万人，还有更多的人隶属于一些形形色色的小型的复国主义者团体。在接下来的数年内，犹太复国主义者的力量继续增强，美国的俄裔犹太人也形成共识——犹太人是一个世界性的民族，困境中的犹太人只有在他们自己的国家内才是最安全的、最富裕的。就美国犹太社会而言，美国犹太复国主义力量的增强显而易见对德裔犹太人是不利的。犹太复国主义者在美国犹太社会中取得更多的话语权，这就打破德裔犹太人对美国犹太社会的权力垄断，从而推动了美国犹太社会的民主化、自由化与平等化，同时也进一步激发了美国犹太人的政治参与的热情，这对于"以色列游说集团"在美国的出现与成熟是有帮助的。事实上，犹太复国主义者一直是美国"以色列游说集团"的主力。

（二）俄裔犹太人取得美国犹太社会的政治话语权

"美国犹太人大会"成立后，试图充当美国犹太人的国会，与德裔犹太人把持的"美国犹太人委员会"形成对峙。在重建犹太家园显现出曙光后，"美国犹太人大会"占据了上风，因为它把握住了犹太民族的核心议题，而且也被贴上了进步主义的标签。

美国犹太社会民主化过程，也是美国犹太社会力量结构调整的过程。犹太复国主义组织和俄裔犹太移民社区在美国犹太社会中的地位变得越来越突出。俄裔犹太人在短短数年内已经改变了受德裔犹太人保护的角色，走向美国犹太政治生活、社会生活的中心地带，而犹太复国主义及其支持力量犹太教保守派信仰的势头盖过了犹太教正统派和改革派。

俄裔犹太人与犹太复国主义运动、犹太教保守派结合在一起，成就彼此。俄裔犹太人改变了自身无权的状态，美国的犹太复国主义运动增强了力量，获得前所未有的支持，同时重新塑造了美国犹太社会。他们还借助"美国犹太人大会"来扩大自身的影响力，从而在美国犹太社会拥有了越来越多的政治话语权。

这样，德裔犹太人开始面临困境。对于德裔犹太人而言，"具有犹太信仰的美国人"这一概念在理论上是有效的，但是在实际生活中这个概念被"非犹太复国主义者"标签取代。非复国主义仅仅是犹太民族的同情者，他们关心巴勒斯坦的犹太人，也热衷于救助巴勒斯坦的犹太复国主义定居者，但是他们不同意"犹太民族主义"这一概念。这样的一种态度,常常使他们孤立于美国犹太社会。

德裔犹太人不得不作出某种程度的改变。为了能够与俄裔犹太人进行深入交流,德裔青年犹太人领袖路易斯·马绍尔开始学习意第绪语,他在"美国犹太人委员会"中的立场趋向温和,倾向于对犹太复国主义采取非对抗主义的政策。菲力克斯·瓦伯格是雅各布·舍夫的女婿,他继续与犹太复国主义者在非政治问题上进行合作,包括在犹太人的巴勒斯坦促进物质的繁荣与文化的复兴方面进行合作。像路易斯·马绍尔与菲力克斯·瓦伯格这样的人是宗教信仰者,知道帮助别人特别是帮助犹太人是上帝要求的,但是他们也属于犹太民族①。

犹太教正统派也在调整自己的立场,小心翼翼地向犹太复国主义靠拢。1912 年,正统派的宗教犹太复国主义者在美国成立米兹拉西组织(Mizrachi Organization),该组织宣称,致力于"用犹太教经典《托拉》和犹太教传统复兴巴勒斯坦"。虽然美国的米兹拉西运动的参与者比较少,但是这一运动显示犹太教正统派不再排斥在巴勒斯坦重建犹太国家,也意味着正统派开始放弃"犹太教是普世宗教、犹太人没有祖国"的观念。

犹太教改革派从整体上看仍然没有臣服于犹太复国主义。直到 20 世纪 30 年代,随着纳粹德国反犹主义活动愈演愈烈,众多的欧洲犹太人被推向万劫不复的境地,美国犹太复国主义运动才最终攻下了犹太教改革派这座最为顽固的信仰堡垒。1937 年,犹太教改革派中央拉比大会发布《哥伦布纲领》,宣称巴勒斯坦不仅是受压迫的犹太难民的避风港,而且也是犹太文化和精神的中心。至此,美国犹太人终于团结在了犹太复国主义的旗帜下。

总而言之,俄裔犹太人取得美国犹太社会政治话语权,源于以下四个方面的原因:一是俄国犹太移民的数量剧增;二是俄国犹太人支持并参与犹太复国主义运动,不仅增强了这一运动的力量,也增强了自身的力量;三是第一次世界大战造成的紧张局势,推动了犹太复国主义运动在美国的发展,有力地制衡了德裔犹太人、犹太教改革派的力量,也消解犹太教正统派的力量,因为这一运动将俄裔犹太人改造成了犹太教保守派的信徒;四是雅各布·舍夫的离世造成德裔犹太人力量的涣散。眼看大势已去,德裔犹太人只能抱怨俄裔犹太人是忘恩负义的白眼狼。

---

① Morton Rosenstock, *Louis Marshall*: *Defender of Jewish rights*, Detroit, 1965, p. 119.

五、美国犹太复国主义者在巴黎和会上的努力

（一）伍德罗·威尔逊关注俄国犹太人命运与犹太复国主义运动

伍德罗·威尔逊，1913—1921 年担任美国总统。长期以来，他一直关注犹太人的处境，被视为对犹太民族贡献最大的美国总统，也被认为是早期基督教犹太复国主义者之一。1911 年，威尔逊担任新泽西州州长期间，与美国犹太社会领袖舍夫等人共同努力，促使美国联邦政府不再接受沙皇俄国给予俄国出生的美国犹太公民在返回俄国探亲时所受到的歧视性对待。这种歧视的本质违背了美国最基本的法律和道德精神，申请俄国签证的美国公民，需要被筛选查明哪些是犹太人，这些人进入俄国后需要遵守俄国本土犹太人所遵循的那些法律法规，而不管他们是不是美国公民。

这一努力最终产生了效果。威尔逊通过发动签名运动，有效地游说了国会。国会最终通过一个解决措施，这个措施要求美国政府废除《1832 年俄美条约》，理由是俄国不断地违背条约中双方禁止歧视性对待对方的公民这一条款。面对这项法律要求，塔夫脱总统决定通知俄国政府，《1832 年俄美条约》将在 1913 年 1 月 1 日正式废除。尽管美国国务院希望再通过谈判再出台一个新的条约文本，但是这个愿望在沙皇统治末期没有实现。最终，在塔夫脱政府与威尔逊政府交接过渡期，美国驻圣彼得堡的外交官下降到了大使级别以下，而且这种状况持续两年之久。所以，威尔逊无论是作为州长还是作为总统，与美国外交史上这一前所未有的外交事件紧密相关。这起事件是美国犹太史上的一个里程碑，因为它打断了美国与另外一个大国双边关系的正常过程，而这种情况的发生与特定的犹太人事务直接相关①。"美国犹太人委员会"在其中发挥了"游说集团"的功能。

威尔逊之所以热衷于犹太人事务，首先是由于他浓厚的、伴其一生的宗教情结。他出生在一个苏格兰长老会的神职人员的家庭，从小就严格遵守宗教传统。宗教情结对威尔逊的政治主张产生了两个方面影响，一方面他从宗教传统中继承了和平精神，这是他"十四点和平计划"的思想源泉。另一方面，浓厚的宗教情结使得威尔逊对其他群体的宗教情结抱有同情和尊重的态度，这在外交政策中表现为他支持保护少数民族的权益。1916 年 5

---

① Cyrus Adler and Aaron Margolith, *With firmness in the right*, New York, 1946, p. 278.

月,威尔逊提出再造世界和平"三原则":一是各民族都有权选择在哪个国家生活;二是小国同样有权享有大国所期望并坚持的对其主权和领土完整的尊重;三是世界有权免遭源于侵略和对国家与民族权利的蔑视而导致的任何对和平的破坏。从这三项原则可以看出,威尔逊的民族观是建立在自由平等的价值观基础之上的。

威尔逊同情犹太复国主义,与他赞成实现《圣经》预言的基督教情结是一致的。比如,威尔逊曾经称赞过一部著作,其主题是"上帝的基督启示无法从更早期的启示中分离出去……以色列的历史是基督教最有力的证据之一。"终其一生,威尔逊定期向信奉《圣经》的社团演讲,赞赏犹太人的《旧约》,也赞赏今日犹太人在精神上长期依恋一块他们已经不再熟悉的土地。1912年,他将犹太人的精神与激励欧洲人移民北美未知大陆的精神联系在一起。据称,威尔逊也曾经讲过,"犹太家园"是一战的两个重要成果之一。另一个重要成果,就是他的"和平计划"。可见,犹太事务在威尔逊的政治活动中是非常重要的。他在生命的最后阶段曾说:"我是牧师的儿子,我有责任将圣地留给它的民族(以色列)。"可以说,威尔逊成为早期基督教犹太复国主义者中的一员,是不意外的。

其次,私人交往关系也促使威尔逊关注犹太事务。威尔逊本人的交往圈并不算太大,与他私交甚笃者中,不乏美国有影响力的犹太领袖,比如亨利·摩根索、史蒂芬·怀斯以及路易斯·布兰代斯等人,这些人对威尔逊的犹太政策甚至是外交政策,产生了很大的影响,特别是布兰代斯。布兰代斯曾经向威尔逊仔细分析过支持犹太复国主义对美国的好处。一是可以使数百万的俄国和东欧犹太人有另一个移民目的地,从而阻止他们中的绝大多数人涌向美国;二是将犹太人长期以来的挫败感引向建设性的方向,使他们专注于建设自己的家园,而不是让他们从事反社会或者革命活动。最终,威尔逊相信,他对"基于圣经自由"的承诺将会使上亿的犹太人自觉抵制激进主义。

最后,对犹太人选票的看重,促使威尔逊关注犹太人的处境。由于美国犹太人数量的激增,他们成为美国两党积极争取的票仓。在1916年的大选中,美国犹太人一改常态,纷纷将票投给民主党总统候选人威尔逊,最终威尔逊获得的犹太选票比共和党总统候选人获得的犹太选票多出了11张。此后,美国犹太人在大选投票中都倾向于支持民主党总统候选人,直到今天仍然如此。美国犹太人对民主党的支持,在很大程度上是回报威尔逊对犹太人以及犹太复国主义运动的支持。

当然,威尔逊的民族观,使他面对犹太复国主义运动时也会心生疑虑。

前文提到英国政府与犹太复国主义者联手秘密炮制了《贝尔福宣言》,试图改变近东的政治版图。对此,威尔逊在布兰代斯的多次鼓动下勉为其难地默认《贝尔福宣言》。事实上,威尔逊也考虑过其他的恢复近东和平的替代性方案,而这样的方案将牺牲犹太复国主义者在巴勒斯坦的利益。一战时期,克利夫兰·道奇与威廉姆·耶鲁游说威尔逊,保护美国新教传教士在奥斯曼土耳其帝国境内的传教事业,如果支持犹太复国主义,美国在奥斯曼土耳其的传教士必定受损。最终,1917 年 7 月,威尔逊派遣老亨利·摩根索率团前往奥斯曼土耳其帝国,试探与土耳其单独媾和的可能性。众所周知,老亨利·摩根索是一位著名的外交家,同时也是德裔犹太精英。威尔逊一度想用他来平衡布兰代斯的力量。但是,这次媾和之旅以失败告终。摩根索的团队还没有抵达土耳其,媾和的消息就被捅了出去,因为他率领的代表团中有犹太复国主义者。此后,英国政府与犹太复国主义者加速推进《贝尔福宣言》的拟订与发布工作。时间对于他们来说非常重要,除了威尔逊举棋不定之外,俄国境内的革命形势日益严峻。列宁已经表示,革命一旦成功,俄国将坚决退出帝国主义战争。如果俄国事实上退出战争,那么英国方面动员俄国犹太人去劝说俄国军队留在战场上的动机也就不复存在了,这样一来,《贝尔福宣言》将永远不会发布。从最终的结果来看,英国政府和犹太复国主义者抓住了关键的"窗口期"。《贝尔福宣言》在 1917 年 11 月 2 日发布,五天之后,俄国十月革命成功,俄国军队随后退出了一战的厮杀。

(二) 美国犹太人代表在巴黎和会上的目标

1919 年 1 月 18 日,巴黎和会召开。威尔逊总统怀揣"十四点和平计划"①,率领美国代表团参会。当时,威尔逊可谓踌躇满志,对世界和平的前

---

①　十四点和平计划的内容:(1)公开的和平条约,以公开的方式缔结,嗣后国家间不得有任何类型的秘密默契,外交必须在众目睽睽之下坦诚进行。(2)各国领海以外的海洋应有绝对的航行自由,在和平时期及战时皆然,只有为执行国际公约而采取国际行动时可以封闭海洋的一部分或全部。(3)应尽最大可能,消除所有同意接受和平及协同维持和平的国家之间的经济障碍,并建立平等的贸易条件。(4)应采取充分的保证措施,使各国军备减至符合国内安保所需的最低限度。(5)关于各国对殖民地的权益需要,应进行自由、开明、绝对公正的协调,并基于对下述原则的严格遵守:在决定关于主权的一切问题时,当地居民的利益,应与管制权待决得政府得正当要求,获得同意。(6)撤退俄罗斯领土内得所有军队,解决所有有关于俄国的问题,该解决方案应取得世界其他国家最良好和最自由的合作,裨使俄国获得不受牵制和干扰的机会,独立地决定他本身的政治发展和国策,并保证他(转下页)

景充满信心。欧洲人对他的"十四点和平计划"了然于胸。早在1918年1月8日,他已经在国会向全世界公开了他再造世界和平的方案。他的"十四点和平计划"主要涉及"五大原则":民族平等(民族自决)、共同利益、公开外交(反对秘密外交)、国际经济合作、国际联盟。这五条原则,构成了威尔逊政府战后谈判并缔结对战败国和约、重建欧洲政治版图的基础。其中,与犹太民族利益密切相关的是,第五点计划与第十三点计划。第五点计划确认了民族平等、民族自决原则,第十三点计划事关未来如何保障波兰复国后的犹太人的权益。沙俄罗曼诺夫王朝倒台后,其境内的相当比例的犹太人重新划到波兰治下。波兰则再次成为世界上重要的犹太人聚居国。如果回归波兰的犹太人重复他们在沙俄境内的遭遇,这便是对来之不易的和平的嘲弄。当然,仅仅有和平还不够,还必须有正义的和平。犹太人的少数民族权利若得不到保障,这样的和平难言正义。俄国境内虽然还居住着大批犹太人,但是新生的俄国苏维埃政权暂时与西方世界脱钩,所以将注意力集中在波兰等国犹太人权利的保障和改善上是不二选择。

威尔逊为巴黎和会设置了民族议题。参会的犹太代表首先想到的是,从根本上解决"犹太问题",继续推进犹太复国主义事业,将《贝尔福宣言》精神落到实处。美国代表团中的犹太代表包括:朱利安·麦克、斯蒂芬·怀

(接上页)在自己选择的制度下,获得自由国家的社会的诚挚的欢迎;除欢迎之外,并给予他可能需要和希望获得的各种协助。俄国的姊妹国家在未来数月期间的态度,将考验出它们是否有善意;是否对于俄国的需要有所了解,并把这种需要与他们本身的利害区别开来;是否有明智而无私的同情心。(7)全世界应统一,在比利时的占领军必须撤退,其领土必须恢复,不得限制他应与其他国家同样享有的主权。其他任何一种行动均不能起到这种作用,因为唯有这样做才能使世界各国对于他们为了协调彼此关系而建立和确定的法律,恢复信心。如果没有此项治疗创伤的行动,国际法的整个体系与效力,将永远受损。(8)法国全部领土应获得自由,被侵占的法国地区应归还,同时一八七一年普鲁士在阿尔萨斯-洛林问题上对法国的错误行径,已使世界和平受到几达五十年的干扰,自应予以纠正,裨能为了全体利益而再度确保和平。(9)意大利的疆界,必须依照明晰可辨的民族界线重新调整。(10)对于奥匈帝国治下各民族,我们愿见他们的国际地位获得保证和确定,并对其发展给予最大程度的自由机会。(11)罗马尼亚、塞尔维亚以及门的内哥罗的占领军应撤退;被占领的土地应归还;应给予塞尔维亚自由安全的出海通道;而巴尔干国家的相互关系,应按照历史上已经确立了的有关政治归属及民族界线的原则,通过友好协商加以决定;同时,对于若干巴尔干国家的政治及经济独立和领土完整,亦应给予国际保障。(12)对于当前奥斯曼帝国的土耳其本土,应保证其有稳固的主权,但对现在土耳其人统治下的其他民族,则应保证他们有确实安全的生活,和绝对不受干扰的发展自治的机会;同时,达达尼尔海峡应在国际保证之下永远开放,成为世界列国船只和商务的自由通路。(13)应建立一个独立的波兰国,它的领域包括所有无可置疑的波兰人所居住的领土,并保证他获得自由安全的出海通道,而他的政治及经济独立和领土完整,则应由国际公约予以保证。(14)必须根据专门公约成立一个普遍性的国际联合组织,目的在于使大小各国同样获得政治独立和领土完整的相互保证。

斯、哈里·弗里登瓦尔德、雅各布·德·哈斯、玛丽·费尔斯、路易斯·罗宾逊、伯纳德·菲莱克纳。这些人都是复国主义者，与路易斯·布兰代斯的关系十分紧密。他们与来自欧洲国家的犹太代表共同努力，在1919年2月19日向巴黎和会最高理事会提交了一份有关犹太复国主义的议案供审议。议案的内容如下：

1. 缔约各方认识到犹太民族返回巴勒斯坦是一个历史性的课题，也认识到犹太人有权在巴勒斯坦重建犹太民族家园[①]；

2. 巴勒斯坦的疆界附后；

3. 巴勒斯坦的所有主权被赋予国际联盟、国际联盟的委托国英国以及由英国所委托的政府[②]；

4.（此处应补充的条款，涉及在巴勒斯坦适用的、与委托统治相关的一些总则；）

5. 委托统治应该遵守以下特殊条款：

Ⅰ. 巴勒斯坦应该置于这样的政治的、管理的、经济的条件下：保护这里的犹太民族家园，最终使创造一个自治的政治共同体成为可能。这个政治共同体不得有任何行为，歧视巴勒斯坦地区现存的非犹太社群的公民权和宗教权利或歧视其他任何国家犹太人享有的权利和政治地位；

Ⅱ. 委托统治应特别注意：

a. 推动犹太人移居并使之融入巴勒斯坦；保护非犹太人业已享有的权利；

b. 接受这样的合作方式：成立一个代表巴勒斯坦犹太人和世界犹太人的委员会。该委员会应致力于促进犹太民族家园的发展，并获准组织实施犹太教育；

c. 由于确信该委员会具有非营利性，应优先授予它在公共工程或自然资源开采方面的特许权；

Ⅲ. 委托统治的权力应该鼓励最广泛的、适用于地方实际情况的

---

① 犹太人一直声称自己对巴勒斯坦圣地拥有历史性权利。2000多年前，他们的祖先希伯来人在此居住，并建国。

② 当时国际联盟虽然未成立，但已列入巴黎和会议程。由于一战后英国占据并管理巴勒斯坦地区，犹太复国主义者认为国际联盟委托英国统治巴勒斯坦的可能性最大。事实上，从《金-克莱恩报告》来看，巴勒斯坦地区的民众最希望美国在该地区行使委托统治权，英国排在第二顺位，法国再次之。

自我管理的措施；

Ⅳ. 巴勒斯坦所有教派应享有完全的宗教信仰自由，居民之间不得存在任何基于宗教或种族的歧视公民身份和公民权利的行为；

Ⅴ.（此处补充有关圣地管理的条款）。

这份议案还为巴勒斯坦划出了大致的疆界："北起西地中海靠近西顿（Sidon，黎巴嫩西南部港口城市，又称"赛伊达"——笔者注）南部的一个点，然后沿着黎巴嫩山麓的分水岭，直到吉色尔卡隆（Jisr el Karaon，位于汉志铁路东段附近——笔者注），再沿着厄尔库克（El Kook，黎巴嫩贝卡省东南部的一个城镇——笔者注）和瓦迪厄泰姆（Wadi et Tem）这两个盆地的分界线，到厄尔拜耳（El Bire），再向南沿着赫尔蒙山东西坡的分界线，直到拜特吉恩（Beit Jenn）西部附近，向东沿着瓦尔穆罕尼亚（Wahr Mughaniye）的分水岭，直到汉志铁路西部附近；

东部边界线靠近汉志铁路西段终点阿喀巴湾；

南部疆界需得到埃及政府的同意；

西部边界为地中海。"[1]

这个疆界与 1918 年本-泽维和本-古里安为以色列划定的边界是基本一致的。议案中所展望的犹太领土也包括了外约旦，不过仅到汉志铁路，也就是大马士革到安曼的延伸线。议案最后提到："勘界的细节及其任何调整，应该由一个有犹太代表参与的特别委员会来完成"[2]。

很显然，这份议案是《贝尔福宣言》的具体化，体现了欧美犹太社会精英对"犹太民族家园"的理解，从中不难看出他们俨然以主人的姿态谋划巴勒斯坦的未来，也不难嗅出地缘政治风险。巴黎和会期间，美国、英国、法国和意大利四国首脑起初同意共同授权，组成一个调查委员会到近东地区考察委任统治权问题与民族问题，但是后来英国、法国和意大利撤回了授权。美国没有退缩，威尔逊坚信民族问题不解决，世界与地区和平就无从谈起。从某种程度上讲，威尔逊低估了民族问题的复杂性。1919 年 6 月10 日，威尔逊派金-克莱恩调查团，前往巴勒斯坦、黎巴嫩、叙利亚和安纳托利亚地区。调查团的重要任务之一，就是实地考察上述地区的民众对犹

---

[1] Proposals presented to the Peace Conference，这份文件收集于下列网站：*https://www.jewishvirtuallibrary.org/zionist-organization-statement-on-palestine-at-the-paris-peace-conference.*

[2] 同上。

太复国主义的态度。亨利·丘吉尔·金博士与查尔斯·克莱恩①率团，经过近两个多月的走访调查，于当年 8 月形成了一份报告，即著名的《金-克莱恩报告》。

《金-克莱恩报告》直到 1922 年才公布于众。它之所以被威尔逊技术性地隐藏起来，最重要的原因就是这份报告对犹太复国主义运动十分不利。报告首先恭维居住在巴勒斯坦的犹太人用现代方式克服自然障碍，拓荒垦殖，取得巨大成功，但是接着就指出，整个犹太复国主义计划特别是《贝尔福宣言》必须被修改，因为"'犹太民族家园'并不等同于在巴勒斯坦建立犹太国家；建立犹太国家不可能不侵犯'巴勒斯坦现有非犹太团体的公民权利和宗教信仰权利'。"在与巴勒斯坦地区犹太社团领袖的沟通交流中，调查团发现，犹太复国主义者期望"通过各种形式的收购在事实上完全剥夺巴勒斯坦现有的非犹太居民"，以确立经济上的依附关系，使非犹太居民屈服于犹太居民。报告进一步指出，"将近 90％的巴勒斯坦居民反对整个犹太复国主义计划。反犹太复国主义情绪不仅仅局限在巴勒斯坦地区，而且也弥漫在大叙利亚地区。调查团在大叙利亚地区收到的 1350 份请愿书中，有超过72％的请愿书反对犹太复国主义。"调查团也将当地英国官员的意见写进了报告，"没有任何一个官员认为不借助军事手段就能推进犹太复国主义计划的。他们认为，至少需要 5 万名士兵才能启动犹太复国主义计划。"从报告的潜台词来看，犹太复国主义事业对地区的和平与稳定构成挑战与威胁，这明显不符合威尔逊再造和平的初衷。1918 年 7 月 4 日威尔逊在演讲中提出一个原则，并将其作为"世界各民族共同奋斗的四个目标"之一。这个原则就是，"任何问题的解决，无论是领土问题、主权问题、经济发展问题，还是政治关系问题，都必须建立在这样的基础上，即直接相关的民族，自由接受解决方案，而不能建立在任何其他为了寻求其自身外部影响力或控制力而提出的不同解决方案的民族或国家的物质利益或优势的基础上。"②如果这条原则主导巴勒斯坦事务，那么人口占比将近 90％非犹太的巴勒斯坦居民将决定在巴勒斯坦可以做什么，不能做什么，而事实上犹太人正在寻求在巴勒斯坦的主导位置。未来的冲突似乎不可避免，这是威尔逊所不愿意看到的。

为犹太复国主义事业寻求更多的支持，赋予"犹太家园"政治实体的地

---

① 亨利·丘吉尔·金博士和查尔斯·克莱恩都不是犹太人。前者是美国著名的教育家，曾担任奥伯林学院院长。后者是职业外交官，先在沙俄担任外交官，后任美国驻中国大使。

② 该处所引资料出自：The King-Crane Commission Report，载于美国杨百翰大学图书馆网站：wwi. lib. byu. edu

位，是犹太代表参与巴黎和会的主要目标。但是，这一目标的实现，受限于英国、法国与美国在近东地区的利益博弈，短期内难有结果。于是，犹太代表转向另一个目标——为东欧犹太人争取有法律保护的并且由国际社会担保的权利保障。当时，沙俄帝国与奥匈帝国的瓦解，引发连锁政治反应。东欧的地缘政治、社会形势极其不稳定性，当地的犹太社区经常遭到暴力攻击。因此，东欧犹太人的现实处境使得"保障犹太人权利"这一目标具有了特殊的紧迫性。犹太代表的策略是，短时期内帮助减轻东欧犹太同胞的困境，所采取的办法就是鼓励美国及其盟国直接干预东欧事务，无论动用政治的、经济的还是军事的手段，其目的就是要约束这一地区持续不断的对犹太人的迫害行径。当然，作为一个长期问题而言，这就需要各个战胜国与各个东欧国家分别签署协议，来保障犹太人的安全。犹太代表认为，这些条约应该承诺，在相关国家基本法律的框架下，给予并保证定居的少数民族的特殊权利，同时这些权利也将在国际联盟的最终保护下实现。

与东欧相关国家签署协议，保障犹太人作为少数民族的权利得到了威尔逊的大力支持。威尔逊认识到，少数民族问题是对欧洲和平的威胁，是一个比这一地区猖獗的反犹主义所引发的更具有广泛重要性的问题。不管欧洲大陆的政治版图如何变动，包括犹太民族在内的众多规模可观的少数民族，将会继续居住在新成立的或者版图扩大的民族国家。威尔逊相信，这些少数民族将不可避免地成为这个地方冲突与不稳定的源泉。所以，威尔逊认为，在这些国家实行保护性质的国际担保将有助于解决长期存在的少数民族问题。

在处理德国留在其他中东欧国家的遗民问题的过程中，威尔逊意识到少数民族问题对整个战后政治安排存在较大的影响。一战后，大约有 80 万德国人生活在波兰的领土上。为减轻被解除武装的德国政府对这部分德国人生存状况的担忧，《凡尔赛条约》第 86、93 款，规定捷克斯洛伐克与波兰两国有义务分别同相关国家签订一个协议，专门保护两国的少数民族群体。威尔逊与他的协约国同事们在《凡尔赛条约》中加入这样的条款，不仅仅是人道主义和政治担忧推动的结果，而且也是谈判策略使然。直到《凡尔赛条约》签署的那一天，协约国的首脑们仍然担心德国会拒绝签署条约，所以他们认为第 86、93 条款可以推动德国签署条约，至少可以减少德国不签署条约的理由[①]。

考虑到在巴黎和会最高理事会上增加新的政治安排会面临挑战，所以

---

① Wilson Papers, vol. 60, p. 303.

威尔逊和他的同事们赞成用严格的条约义务在个人与地方层次上来保证犹太人的公民权、宗教权以及文化权。他们当时需要避免的是,创造一个"国中之国"。所以,他们在推动波兰少数民族条约形成的过程中,拒绝接受犹太代表所提出的"犹太问题不仅仅是一个个人和地方权利的问题,更是整个民族权利的问题。"最高理事会同时也拒绝了其他的一些主张,比如,犹太人像其他的少数民族条约所涉及的少数民族一样,拥有自己的语言——意第绪语,这门语言应该被允许在学校教授。但最高理事会仅仅同意,意第绪语作为一种教学语言可以在小学教学活动中使用。最高理事会也拒绝保证在波兰的政治实体中保持一定比例的犹太代表。为了强调反对未来与波兰签署的条约为民族性的犹太表达奠定基础的任何可能性,最高理事会在最后一刻决定,在国家层次上不该有犹太代表,即使为了非政治目标,将自身组织起来,作为公共教育基金和文化项目的接受者,也是不可以的。地方性的犹太社区将单独与政府机关处理相关细节问题。最后,尽管最高理事会同意写入"保证犹太人遵守他们特定安息日的权利"的条款,但是它拒绝了使犹太人免受"周日蓝色法规"(Sunday Blue Laws)的追究的条款①。最高理事会担心这样的法律豁免,将激怒波兰的其他少数族群。而且,这也与西欧当时普遍的社会治理实践背道而驰。

1919 年 5 月,巴黎和会最高理事会决定,继续推进包含有上述 86 和 93 条款的《凡尔赛条约》草案,并提交给德国。此时,威尔逊总统确信,他的少数民族政策是成功的。波兰、捷克斯洛伐克两国与协约国、同盟国签署的少数民族条约,将包含这样的内容:波兰与捷克斯洛伐克各自"保证与主体民族在语言、宗教或种族方面存在差异的居民的利益。"尽管美国的代表也与捷克斯洛伐克签署了一份条约,但是只有与波兰拟定的条约由威尔逊总统提交给了美国国会表决批准,但美国国会最终否决了这份条约。于是,1919 年 6 月 28 日,与德国等同盟国签署《凡尔赛条约》的当天,在没有美国代表在场的情况下,协约国与波兰签署了另外一个重要的条约——《少数民族条约》,这份条约最终在 1920 年 2 月 10 日生效。

以下就是协约国与波兰签署的《少数民族条约》的要点,这些要点足以让全世界犹太人感到兴奋。

(1) 波兰给予"它主权所及的领土上的居民真正的保障",这个有关少

---

① 周日蓝色法规,是一种为了避免跟宗教戒律和活动相冲突,强行限制人们在周日随便喝酒、赌博、纵欲的法律。比如美国曾经在 1920 年颁布周日法,禁止在周日销售酒饮。因为这个法律最初是印在蓝色的纸张上的,所以又被称为蓝色法规。

数民族权利的条款被它视为"基本法律"，没有国际联盟理事会多数成员的同意，是不能修改的。（第 1 条和第 12 条）

（2）波兰所有的居民，"不论出生、国籍、语言、种族和宗教存在何种差异"，将享有"完全的人身和自由的保证。"（第 2 条）

（3）出生在波兰但祖籍国不是波兰的居民，应该根据事实，被视为拥有波兰国籍，但是少数民族成员可以选择从波兰迁徙到他们的祖籍国，他们做出这样的选择，波兰不应该设置"障碍"。（第 3、4、5、6 条）

（4）所有波兰国民享有平等权利，不受限制地使用他们自己的语言，无论是私人场所还是在公共场所；那些"在种族、宗教或语言方面属于少数族群的人应该享有与其他人一样的对待，"享有平等参与慈善和教育活动的权利，"自由地在其中开展他们的宗教活动。"（第 8 条）

（5）在那些拥有波兰国籍但不讲波兰语的居民占有相当比例的城镇和社会，应该"在公共教育系统中提供足够的便利条件，以确保在小学用他们自己的语言进行授课"，尽管使用波兰语教学是强制性的。而且，在那些种族、宗教或语言少数族群占相当比例的地方，应该向少数民族教育机构提供份额公平的教育基金。至于讲德语的波兰公民，这些规定只适用于"1914 年 8 月 1 日属于德国的、现属于波兰的领土上"。（第 9 条）

（6）除了享有上述保障，波兰的犹太人被授予特定的权力，正如第 10 与第 11 条款所阐明的：①"由波兰各地的犹太社团任命的教育委员会"将根据条款 9，管理犹太学校获得的公共基金，条款 9"有关学校语言使用的内容，适用于这些学校"；②不能强迫犹太人违背他们的安息日习俗，"也不能使安息日失去功能"，比如，波兰不能在星期六举行选举。

尽管这些条款与犹太代表最初的设想相去甚远，但是他们为传统的反犹主义盛行的国家，争取到了国际法认可的犹太基本权利，在当时的情况下这已经是最好的结果了。随着美国从巴黎和会的舞台上退出，其他试图签署少数民族条约的国家在很大程度上设法让和会相信，有关犹太人的专门性条款是不必要的，在政治上也是不乐见的。在威尔逊于 1919 年 7 月末离开巴黎后，有关犹太人的条款只被吸收进了两个国家的少数民族条约中。

与波兰一样，罗马尼亚也被认为是一个具有反犹主义传统的国家。所以，犹太代表高度重视与罗马尼亚的条约。在与罗马尼亚的少数民族条约中引入有意义的、综合性的犹太条款。最高理事会注意到，罗马尼亚如何逃避授予犹太人平等权利的责任，它在 1878 年的柏林会议上就这么干过。这一次,最高理事会决定,在这个问题上,罗马尼亚将被限定在一个更加牢靠的同时也有国际监督的义务中①。

最终,在 1919 年 9 月 9 日,协约国与罗马尼亚签订少数民族条约,其中包含了一个条款,即确保这个国家所有犹太人的完全公民身份,包括在战后罗马尼亚新获得的领土上生活的犹太人也享有完全的公民身份。这个条款,被称为"真正解放犹太人",其具体内容是罗马尼亚将承认那些"居住在罗马尼亚领土但不拥有其他国籍的犹太人"为罗马尼亚公民(美国是罗马尼亚少数民族条约的签字担保国,当然美国国会从未批准这个条约)。这是唯一的一个提及犹太人的条款。但是这个条款远远谈不上完全可靠,因为在两次大战期间,罗马尼亚想方设法逃避他曾经的承诺。

第三份条约,也是最后一份包含有明确的犹太人条款的少数民族条约,是与希腊所签订的。这个条约同意,"在具有犹太教信仰的希腊国民占大多数的地方",犹太人享有赋予安息日荣耀的权利。

尽管少数民族条约的相关规定与犹太人的最初期待相去甚远,但是成就感依然比较大,以至于各方的犹太代表,开始争论谁对这些成果的实现,贡献最大。绝大多数人认为威尔逊总统贡献最大。美国犹太社会领袖斯蒂芬·怀斯在写给威尔逊总统的信件中说道:"您在促进全世界犹太民族利益问题上非常慷慨,也非常富有成效。"威尔逊总统回到美国后,在国会总结巴黎和会成果时,称"出于对伟大的自由事业的捍卫,我有机会尝试政治家从未做过的事情。通过一个庄严的国际协议,一个捍卫种族、民族以及宗教信仰群体的权利的机会出现了。"②但是,当美国犹太慈善机构"誓约之子"希望获得威尔逊的授权,向全世界公布他在犹太人问题上各种声明和信函,威尔逊却谦虚了起来,说:"为平等对待犹太民族争取到一定保障这件事,是非常令人高兴的,但是这个问题还没有解决,还没有脱离危险。无论如何,当前不参与对此事的进一步讨论,是明智的做法。"③他称犹太问题的解决还没有"脱离危险",是因为他从金-克莱恩调查中获知对犹太复国主义事业不利的信息。犹太复国主义事业前途未卜,仍有众多障碍需要克服。

---

① Wilson Papers, vol. 60, p. 603.
② Wilson Papers, vol. 61, p. 426. 这一段话在威尔逊 1919 年写给犹太教拉比斯蒂芬·怀斯的信件中可以读到。
③ Wilson Papers, vol. 61, p. 410. 事实上,威尔逊一直持这样的态度。在 1919 年 8 月,他拒绝了路易斯·马绍尔和其他美国犹太领袖要求他直接宣布支持波兰犹太人的做法。

小　结

俄裔犹太移民凭借数量优势和自身的激情，在布兰代斯领导下，通过犹太复国主义运动，取得对德裔犹太人的政治优势，这是美国犹太社会历史上的一个重要转折点。此后，美国犹太社会进入了"复国主义化"时期。可以说，正是由于俄国犹太人的到来，美国才与以色列发生了关键性的政治关联。

纵观犹太复国主义在美国的发展历程，可以得出下列几个结论。首先，严格来讲，美国的犹太复国主义不是一种意识形态色彩浓厚的运动，而是由一系列细碎的慈善救助活动和公共外交活动构成的实务，更接近于行政，而非政治，这与欧洲的犹太复国主义形成反差，也决定美国式的"复国主义"无法成为世界犹太复国主义的主流，甚至会成为世界犹太复国主义运动深入发展的障碍。一战之后，布兰代斯与世界犹太复国主义运动新领袖魏茨曼之间的矛盾的起因就在于此。魏茨曼曾经批评布兰代斯领导的美国犹太复国主义运动缺少"犹太人的心"，这种批评有一定的合理之处。美国犹太复国主义运动对犹太民族的贡献更多地体现在物质援助、外交支持等方面。

其次，美国犹太复国主义运动有被利用的嫌疑。布兰代斯利用了这个运动从德裔犹太人手中夺取了对美国犹太社会的控制权，也就是说美国的犹太复国主义成为布兰代斯夺取犹太政治权力的动员工具。那么，这一运动为什么会被利用？从根本上说，它之所以被利用，是由于俄裔犹太人长期以来对德裔犹太人的家长作风和独断专行的不满。这样一来，美国犹太复国主义就成为了一种情绪的宣泄，具有一定的非理性色彩。

第三，民族主义最终成为美国犹太政治中的最有效语言。犹太复国主义运动在美国经历了阵痛之后，逐渐为美国犹太人接受，对于那些人数众多的俄国犹太新移民来说，回归锡安山是解决反犹主义的根本性方案，是治愈2000 多年"犹太思乡病"的灵丹妙药。

第四，美国的犹太复国主义运动推动了犹太教的理性化进程。犹太教保守派信仰，作为一种出现得较晚的思潮，自觉地融合了犹太复国主义。但是犹太教改革派信仰完全臣服于复国主义经历了一个漫长的阶段，它与复国主义之间最大的分歧在于生活在美国的犹太人，究竟是犹太人，还是美国人？它给出的答案是后者。既然是美国人，必须忠诚于美国，而不是忠诚于犹太民族。犹太教正统派信仰，坚持宗教复国主义，对世俗化的复国主义持有偏见,但是新正统派采取了与犹太复国主义合作的态度。随着犹太教各信仰派别汇集于犹太复国主义的麾下,美国的犹太社会实际上变得更加团结。

　　总而言之,大批俄国犹太人源源不断地移民美国,对美国的政治生活产生了重大影响。俄国犹太人直接推动了犹太复国主义运动在美国的发展,而美国的犹太复国主义者又形成一个"政治游说集团",对美国的对外政策施加影响,最终改变了整个犹太民族的命运走向。犹太复国主义运动起源于欧洲,但是这一运动是在美国汲取了关键性的成长力量(至少从财力支持上可以这么说)。如果没有大批的俄国犹太移民涌入美国,美国则不会成为世界犹太复国主义运动的重镇,那么低谷中的世界犹太复国主义运动极有可能夭折。因此,俄国犹太人移民美国的运动,具有重大的世界历史意义。犹太复国主义运动先驱赫茨尔当初把复国希望寄托在讲意第绪语的俄国犹太人身上,还是有先见之明的。

第六章　俄裔犹太人的重生
及其对美国社会的贡献

俄国犹太人通过移民美国改变了自身的命运,也改变了犹太民族的命运。在移民与适应美国的过程中,他们展现出强大的生存欲望与追求成功的决心,对美国的社会经济发展也作出了重大贡献。早在 1712 年,一位英国作家曾在他主编的杂志《旁观者》上这样评价犹太人:"他们就像一幢大厦的螺丝和钉子,尽管本身价值不大,但对于维持住整个大厦绝对是必须的。"①这一说法也在美国的俄裔犹太人身上得到了应验。

一、俄裔犹太人的重生

俄国犹太人移民美国之前,尽管有各种犹太慈善机构在帮助他们,但是移民的前景仍然不算明朗。在俄国犹太人的认知中,美国是一个相当理想的移民社会,对人的控制比较弱,宗教信仰比较自由。乔治·华盛顿曾借用《弥迦书》中的预言,暗示美国将证明自己可以成为犹太人的"应许之地",在这里犹太人将"领略并享受其他居民的善意,人人都可以安然坐在自己的葡萄树下和无花果树下,无人受到惊吓。"②马库斯在《美国犹太人》一书中称,"19 世纪早期来到美国的中欧、西欧犹太人对美国的独一无二的宗教自由、知识分子所获得的机会以及经济福利心存感激。"这些关于美国的理想化描述,经过口口相传,深入身处世界各离散地的犹太人的内心,从而使美国看上去比犹太教圣地巴勒斯坦更有魅力。

俄裔犹太人是新世界的迟到者,他们所面对的是一个已经发生变化的

---

① John Higham, *Ethnic Leadership in America*, Baltimore: The Johns Hopkins University Press, 1978, p. 89.

② 乔纳森·萨纳,美国犹太历史:回顾与展望,载《犹太人在美国:一个成功族群的发展和影响》,潘光等主编,北京:时事出版社,2010 年版,第 6 页。

美国。从基本面上来说,美国仍然是经济繁荣,政治开明,社会进步,但是各种暗流时常涌动,反犹主义已经通过各种渠道从欧洲大陆悄悄流入了这个新世界,在 19 世纪末 20 世纪初已经显现苗头,比如美国臭名昭著的 3K 党祭起了反犹大旗,并获得了一些政客的支持;一些报纸上的征聘广告,如同过去排斥爱尔兰天主教徒一样,注上了"不欢迎犹太人"的字样。第一次世界大战爆发后,美国曾掀起一次反犹风波。1915 年,一名叫利奥·弗兰克的犹太人被控在 1913 年谋杀了一个 14 岁小女孩,由于定罪证据不足,州长宣布减轻判决,获 3K 党支持的平民党党魁托马斯·沃特森利用这一莫须有的案件,大加渲染,大造舆论,攻击诋毁所有的犹太人是不道德的,玷污了美国社会。在此人的煽动下,一群暴民将弗兰克劫出监狱、私刑杀害[①]。一战结束之后,《锡安山长老议定书》传入美国,俄裔犹太人、著名记者赫尔曼·伯恩斯坦当即揭露这份文件是伪造的,但是 1920 年汽车大王亨利·福特在《独立报》上撰文公开宣传这份文件[②],引起强烈反响,从而使反犹活动在美国呈现出一种前所未有的亢奋状态。美国的犹太社团忍无可忍,挺身而出,起诉亨利·福特,后者最终不得不承认自己道听途说,被迫公开道歉。这些迹象表明,俄国犹太人在美国的重生之路布满荆棘。从另一方面看,俄国犹太人自身的素质也是重生之路的障碍之一。与来自中欧和西欧的犹太同胞不同,俄国犹太人的文化水平一直较低,最要命的是他们操一口难懂的意第绪语(绝大多数人不会讲英语),衣着古怪,像一个另类,极容易成为各种极端社会运动的愚弄目标和伤害对象。凡此种种,皆说明俄裔犹太人要在美国实现涅槃,并非易事。尽管他们在俄国的故事不会在美国重演,但是

---

① 邓蜀生,世代悲欢"美国梦"——美国的移民历程及种族矛盾,北京:社会科学出版社,2001 年版,第 342 页。

② "1915 年,一名叫⋯⋯这份文件"这段有关美国反犹活动的资料,最早见于邓蜀生先生的论文《美国犹太人同化进程初探》(《世界历史》,1989 年第 2 期),后来被国内众多研究者引作美国反犹主义兴起的证据。美国反犹主义是不是一种独立的、普遍的现象,其实是存疑的。美国的排犹反犹活动,基本上都与限制移民的运动联系在一起。反犹排犹,究竟是出于对犹太人民族或种族身份的憎恨,还是出于对犹太人移民身份的厌恶,还需要有更多的文献支持来作进一步探析。美国犹太移民史研究中,有一个问题值得注意,就是大多数有关犹太移民研究的一手资料,最初都是犹太人或犹太机构提供或散布出来的。美国犹太人和犹太机构特别注重收集犹太民族的文献资料,那么他们在收集处理资料的时候,有没有倾向性和选择性,这个也是需要思考的。笔者认为,从 20 世纪 20 年代起,美国社会的排犹反犹活动,绝对达不到欧洲的那种程度,其严重性不可高估。美国最重要的法律文件保证了犹太人的宗教自由,而且反犹主义在美国并没有与民族主义联系起来,也不是历史意识形态的一部分,甚至不是美国仇视群体的一个特殊焦点,用美国历史学家乔纳森·萨纳的话讲,"它(反犹主义)不得不与其他形式的敌意相竞争"。如果反犹主义严重的话,俄国犹太人在美国不会取得重大成就。仅职业限制一项,便会扼杀无数俄国犹太移民的梦想。

谁又能保证俄国故事中的某些情节不会以各种替代性的形式再现呢？伟大的犹太思想家卡尔·马克思在《路易·波拿巴的雾月十八》里曾指出，历史往往倾向于模仿。为了赞美新的斗争，死人也会复活。那么，为了鼓励新的反犹太人斗争，欧洲的那些老套路难保不会飘洋过海，在美国获得新的生命力。

俄裔犹太人要实现重生，关键还在于自身创造出更大的社会价值，这才是适应新环境、回击各种社会歧视的最佳手段。幸运的是，俄裔犹太人做到了这一点，实现了重生。那么，如何界定俄国犹太人的重生？笔者认为，这种重生不是"树挪死，人挪活"庸俗意义上的重生，而是他们作为个人和一个群体，其尊严和权利得到了法律意义上和社会意义上的双重尊重，基于这一点我们就不能仅仅着眼于美国为俄国犹太人提供了什么，而且也要看他们为自身争取了什么；他们的自身行为与整个社会系统必须实现有效契合，成为"文明交响曲"的一部分，也就是说他们要实现社会身份从"他者"到"我们"的转变、从"传统意义上的人"到"现代人"的转变。唯有如此，我们才能说俄裔犹太人实现了重生。

从1881年第一批俄国犹太人移民美国后，他们就在新环境中利用新的机会平台不断探索自我发展的可能领域，沿着新的道路一步一步地走向成功。他们所付出的努力是高尚的，也是值得肯定的。他们配得上自己曾经经历的苦难。

在政治领域，俄裔犹太人普遍形成了权利意识和民主精神。不可否认，俄裔犹太人的权利意识是在俄国由革命人士启蒙的，但是开花结果却是在美国。首先，他们通过参与并发动劳工运动为自身争取权利。正如前文所言，"崩得"组织推动了美国俄裔犹太劳工运动的发展，在它的战斗精神的指引下，美国劳工运动进入了所谓的"大革命"时期。"崩得"所主张的社会主义，能够在俄裔犹太劳工中引起共鸣，并不意外。历史学家摩斯·里斯钦在其著作《希望之城》(The Promised City)中指出，对于俄裔犹太劳工而言，社会主义实质上是一种世俗的犹太教。社会主义和犹太教各自倡导的人道主义、兄弟情谊和进步观念，被纽约下东区的俄裔犹太人不加区分地混合在一起。俄裔犹太人的传统节日中增加了劳工节和劳动节。1903年以后，俄裔犹太劳工运动获得较大的发展，这无疑与"崩得"的动员组织有关。他们率先从制衣行业——俄裔犹太劳工高度集中的就业领域，进行动员，然后将劳工运动的触角伸向其他的"犹太行业"，使整个俄裔犹太劳工的工作环境和待遇都得到了改善。俄裔劳工运动标志性成果，是和平协议书。这份协议由路易斯·布兰代斯拟定，它以法律的形式将劳工应该享有的权益固定下来,使劳工在后来的劳资谈判中能够处于比较有利的位置。通过劳工运动,俄裔犹太人向世人表明,他们不依靠别人,也能争取到社会权利。

其次,他们通过参与犹太复国主义运动,为整个犹太民族争取权利。1903年之后,犹太复国主义组织"锡安山劳工"在美国纽约设立了分支机构,并在俄裔犹太劳工中作宣传动员。这个组织,也认同社会主义。当然,在一战之前,犹太复国主义者动员俄裔劳工的能力远远比不上"崩得"。但是,一战爆发后,情况发生改变。俄裔犹太人经常走上街头广场,大胆表达犹太复国主义诉求。最著名的一次政治集会发生在1916年,当时纽约20多万俄裔犹太人走上街头支持成立"美国犹太人大会",这是前所未有的现象。1917年底《贝尔福宣言》正式发表后,美国各地的俄裔犹太人纷纷走上街头,要求美国政府与英国一道支持在巴勒斯坦建立一个犹太民族之家[1]。

正如前文所说,来自俄国的犹太人是犹太复国主义的天然同情者和支持者。犹太复国主义之所以在美国能够出现,在很大程度上与俄裔犹太人有关,是他们把这一思想及运动带到了美国。但是由于组织不力,美国的犹太复国主义运动在一战之前一直处于涣散状态,直到著名律师路易斯·布兰代斯出面领导这一运动,才使得美国的犹太复国主义走出低谷,从而在世界犹太复国主义运动中占据了一席之地。布兰代斯所依靠的力量就是100多万俄裔犹太人以及他们所释放出来的巨大激情,这一点是很清楚的。俄裔犹太人在一战期间积极支持犹太复国主义,他们认识到为整个犹太民族争取权利实际上也就是为自身争取权利。正如马克思所说:"无产阶级只有解放全人类,才能解放自身。"那么对于犹太人来说,只有整个犹太民族获得真正意义上的解放,每个犹太人才能从中获得更多的自由。整体利益高于个体利益。俄裔犹太人参与美国犹太复国主义运动的过程,实际也是培育自身的参政意识与民主精神的过程,这使他们意识到一个人或者一个群体的自由与解放不能靠施舍,只能靠积极行动来争取。犹太人长久以来在这方面尝了太多的苦头,19世纪欧洲一些国家的犹太人靠开明君主的施舍,获得些许的自由,但是这种自由是不可靠的,会随着人事的变动、形势的变化而化为乌有。犹太人在长达2000多年的流散史中明白了一个道理——不能依靠别人的善意长久生存下去。基督教世界的善意,常常是虚伪的、不可靠的。当然,美国是一个例外,因为犹太人在这里享有的自由从来就不是某位君主良心发现而施舍的,所以也就不存在撤销权利的问题。

---

[1]　Ronald Takaki, *A Large Memory: A history of our diversity with the voices*, Boston: Little, Brown and Company, 1998, p. 68.

此外，俄裔犹太女性劳工还参与了美国妇女选举权运动，是全美妇女选举权协会（National American Woman Suffrage Association）的核心力量。从某种程度上说，俄裔犹太女性劳工不仅是劳工运动的先驱，而且也是美国妇女解放运动的先驱。

俄裔犹太人参与社会运动，不仅是权利意识使然，而且与犹太人的自我宗教意识有关。无论是社会主义思想，还是犹太复国主义思想，在传统犹太教中都能找到对应物，因此这两种思想能引起俄裔犹太人的心理共鸣，并不意外。从形式上看，社会运动往往充满仪式感。比如每一次的罢工游行，都会出现口号震天、呼声雷动、旗帜招展的场景，并伴随激情讲演。这些仪式，俄裔犹太人以前在宗教活动中有所经历，现在只不过搬到了更开放的舞台上。所以，从某种程度上说，社会运动是犹太人宗教信仰的世俗替代品。

当然，俄裔犹太人之所以敢于在新环境中积极主动地争取自己的权利，是因为他们不再恐惧。恐惧感的消失，可以归因于美国开明开放的政治环境。20 世纪初的美国正在经历进步主义运动的洗礼，这场运动的主旨就是关注社会底层的弱势群体，追求普遍意义上的社会公正。俄裔犹太人作为新移民或移民第二代毫无疑问大多处于社会底层。他们争取权利的声音出现在进步主义的话语环境中是再正常不过的事情。

犹太人的参与政治的热情，令美国的政党和政客不敢小视。犹太人在美国总人口的占比不足 3%，但是他们在大选中的投票率要远远高于其他族裔，而且投票对象比其他族裔更加集中，因此美国政客一向重视犹太裔的选票。20 世纪初，麦金莱、西奥多·罗斯福、塔夫脱在政治活动中，十分注意讨好犹太选民，这一点从他们反对针对移民进行"读写测试"就可以看出。伍德罗·威尔逊则是第一位将犹太裔选票从共和党手中夺走的民主党总统，因为他对犹太人有一种基于宗教和解的特殊感情①。

在经济领域，俄裔犹太人逐步地适应现代经济方式，自我更新商业理念，尝试在新领域捕捉商机。犹太人在欧洲流散地受到诸多不公平的对待，其中最重要的一条就是欧洲各国普遍禁止犹太人拥有土地，禁止从事农耕，久而久之，犹太人也就丧失了务农的技能和冲动，所以从传统上讲犹太人基本都是在城市里从事第二、第三产业，维持生计。然而，这种普遍存在的职业歧视与权利剥夺却培养了犹太人特殊的经济才能。犹太人聚居城市，有较多的机会获取各种信息和经济机会，占据更多的商业资源；从事第二、第三产业，使他们在欧洲社会由传统向现代的转型过程中拥有某种优势。他

① 邓蜀生，美国犹太人同化进程探析，《世界历史》，1989 年第 2 期。

们较少出现不适应感，相反会如鱼得水，从手工工场生产到金融放贷都非常在行，成为欧洲现代经济的弄潮儿，像罗斯柴尔德家族这样的犹太显贵甚至掌控了欧洲一些重要国家的经济命脉。20世纪初，德国学者维尔纳·桑巴特指出，欧洲近代的发展得益于犹太人扩散资本主义经济理念。从某种程度上讲，欧洲的反犹主义反映了一些基督徒对犹太人客观上控制一国经济命脉的恐慌。当然，这样的恐慌情绪经常被媒体和舆论夸大。

俄国犹太移民进入美国之前，在俄国也受到诸多的职业限制，但是俄国经济的落后性和封闭性，并没有让俄国犹太人在第二产业和第三产业的才能，得到充分的挖掘和培育，他们中的大多数人充当小商小贩，从事比较低级的商业贸易活动，还有一些人受雇于手工工场。直到移民美国，俄裔犹太人才有了大显身手的机会。当然，俄裔犹太人适应美国的现代经济大环境一般都要经历一代人甚至更长些的时间。与犹太先辈一样，俄裔犹太人也选择在美国拥挤的大城市落脚，寻求机会。纽约、费城、芝加哥、波士顿、迈阿密、洛杉矶、华盛顿特区、巴尔的摩、克利夫兰和底特律等10座城市，是他们的优选之地。他们普遍不愿意去广袤的中西部当农场主、农业劳工或者从事重工业。"居大不易"，在大城市生存下去通常不是容易的事情，但是俄裔犹太人具有"节约、节制、进取、重视教育和甘愿为长远目标牺牲当前享受等中产阶级价值观"[1]，使他们一步步地走向成功。正如我们在前面章节里所探讨的，俄裔犹太人最初大多选择在条件恶劣的"血汗工厂"里从事制衣工作，还有一些人在街头摆摊维生，以求温饱，但是当他们积蓄到一定的资金，就会毅然走上创业的道路。

20世纪初，越来越多的俄裔犹太人成为服装厂的老板，逐渐将德裔犹太人挤出了服装行业。数家由德裔犹太人创办的知名服装公司，如迈耶·乔纳森公司、西格尔公司、弗里德里公司等，被迫转投其他行业[2]。1910年后，美国服装行业雇主的构成情况，发生了巨大变化，俄裔犹太成为这个行业的主导。他们兴办服装产业时，往往不会照搬"血汗工厂"的生产模式，而是寻求更为科学、更为社会所接受的生产方式。在20世纪初的美国，福特式生产方式以及"泰勒制"科学管理已经成为一种令人关注的新现象，而包括俄裔犹太人在内的所有犹太人敢于尝鲜，尽可能地在生产中运用这些的先进理念。同时，为工人提供更为优越的工作条件，保证劳工的生产积

---

① Gerald Sorin, *A time for building：the third migration*，1880 - 1920，Baltimore：The Johns Hopkins University Press，1992，p. 3.

② 李爱慧，文化的移植与适应——东欧犹太移民的"美国化"之路，北京：光明日报出版社，2010年版，第74页。

极性。

在文化融合的方面，俄裔犹太人挑战了美国社会广泛流行的族群"熔炉"理论，为美国的族群关系走上和而不同的道路贡献了一份独特的力量。美国建国以来，非常重视移民的归化工作，先后颁布一系列归化法，如 1790 年的《归化法》、1795 的《国籍法》，1802 年和 1824 年先后对《归化法》进行修订和完善。美国第六届总统约翰·昆西·亚当斯曾讲："移民必须放弃欧洲人的皮，不要再去恢复它。他们必须着眼于他们的后代，不要再去回顾他们的祖先。"[①]很明显，美国官方希望通过归化法，斩断新移民与旧大陆之间根深蒂固的联系，使新移民成为真正的美国人，也就是说美国建国初期面临民族共同体意识建构的问题。19 世纪末，在美国定居生活的少数族群越来越多，像星辰一样。建构统一民族的问题再度突出。许多土生土长的美国人开始强调，需要将不同的族群"联合""熔合""混合""熔炼""熔化"，打造一个复合的民族，也就是要求外来移民完全归化于美国，实际上也就是要求外邦移民归化于美国的主流文化，即盎格鲁-撒克逊的白人文化。1908 年，美国英裔犹太剧作家伊斯雷尔·赞格威尔创作的戏剧《熔炉》公映。随后，在美国社会学中出现了所谓的"熔炉理论"，用以解释缘何对移民进行同化。"熔炉"理论大热，与 19 世纪末 20 世纪初美国文化民族主义的盛行息息相关，因为很多美国人认为自己的国家像一个大杂烩，是世界各国在美国的微缩版，丢掉了"盎格鲁-撒克逊"文化的灵魂。由于西奥多·罗斯福总统公开支持熔炉理论，熔炉理论风靡一时，成为一种社会显学。到一战时期，美国掀起了"百分百美国化"运动，各地的教育机构共同发起成立了"全国美国化委员会"，并在 1915 年 7 月 4 日举行"全国美国化运动日"活动。从性质上讲，归化运动多少带有一定"沙文主义"的色彩，主流文化试图收编亚种文化，或者说不承认亚种文化。

要从文化上完全地融入美国，对于俄裔犹太人来说是比较困难的，因为这意味着要放弃其文化的成分——正统犹太教信仰。与德裔犹太人信仰犹太教改革派不同，俄裔犹太移民第一代普遍信仰犹太教正统派，第二代及其之后世代主要信仰犹太教保守派。无论是正统派信仰还是保守派信仰，都保留着犹太教的根。伊斯兰教先知默罕默德将犹太人称为"书的民族"，这一观点是很有道理的。世界上没有哪个民族像犹太人这样彻底地依据书籍（主要是宗教律法典籍）而生活。一般来说，他们的宗教对生活各个阶段的

---

① 这段话见于邓蜀生先生的论文"美国移民政策演变及其动因"，载《历史研究》，1989 年第 3 期。

启示在书籍中都有所体现,这些书籍包括《圣经·旧约》《塔木德》《迈蒙尼德法典》《雅各·本·亚舍法典》《约瑟夫·卡罗法典》①。犹太教用不同的方式从这些书籍中吸取生命的力量,也由此界定犹太人的身份。那么,在新世界,犹太人要放弃这些根深蒂固的传统,否认自身信仰的价值,这无异于杀死自己的灵魂。对于拥有正统信仰的俄裔犹太人说,可以没有土地,没有祖国,但是不能没有宗教律法。俄裔犹太人不愿意放弃自己的固有信仰与文化传统,但又希望融入美国社会,这是两难。对于年轻一代的俄裔犹太人来说,模糊身份让他们倍感挫折与苦恼。

在"熔炉"理论如日中天的时候,美国犹太思想家豪莱斯·卡伦博士横空出现,勇敢地站出来挑战"熔炉"理论。他指出"熔炉"理论的缺陷在于奉盎格鲁-撒克逊文化为圭臬,这从根本上来说是对其他族群文化的歧视。因此,他反对"熔炉"理论,并提出了文化多元理论,称"美国力量源泉在其族群多样性。每一个族群如同不同类型的乐器一样,在文明的交响曲中都应该占有一席之地。"②卡伦的文化多元理论经路易斯·布兰代斯的宣扬,很快就在俄裔犹太人群体中产生广泛共鸣,使得俄裔犹太人成为文化多元主义的积极支持者。一战之后,文化多元理论逐渐代替熔炉理论成为解释少数族群与主流社会关系的最佳模式,俄裔犹太人不再纠结于身份认同问题,这对于他们融入新环境大有裨益,最终犹太教保守派成为众多俄裔犹太人的新的精神家园。目前,美国犹太社会中,保守派信众有150万左右,要多于正统派信众(100万左右)和改革派信众(120万左右)。

俄裔犹太人的同化压力不仅来自美国社会,也来自美国犹太社会内部。正如前文所讲,犹太教改革派与美国主流社会一样,要求俄裔犹太人完全"美国化",同时"去俄国化",甚至"去犹太性"。犹太教改革派的这一主张,遭到俄裔犹太移民的强烈反对。到20世纪20年代,犹太教改革派开始反思激进的"同化"主张,与俄裔犹太人建立起了广泛的文化联系。1937年,《哥伦布纲领》发布,《费城纲领》《匹兹堡纲领》的内容被大幅度修正,这标志着犹太教改革派的基本立场和指导思想发生了重大变化。最大的变化,莫过于承认犹太教是犹太民族身份的核心要件,并认同犹太复国主义。

综上所述,俄裔犹太人的重生是全方位的,从外在的生存模式到内心的信仰世界对美国社会的新环境作出了回应,最终改变了他们身处俄国时的

---

① 维尔纳·桑巴特,犹太人与现代资本主义,安佳译,上海:上海世纪出版集团,2015年版,第183页。

② Ronald Takaki, *A Large Memory*: *A history of our diversity with the voices*, Boston: Little, Brown and Company, 1998, p. 115.

蒙昧状态，一举成为真正意义上的现代人。这一方面与俄裔犹太人自身的努力争取、不断上进有关，另一方面也与美国社会的进步密切相关。这两个方面密不可分。美国社会学家格尔提出，个人有某种价值期望，而社会则有某种价值能力，帮助个人实现价值期望。当社会的价值能力无法满足个人期望时，个人就会产生挫折感，社会也会因此出现不稳定状态。幸运的是，俄裔犹太人对个人成功的期望并没有使美国社会的价值能力感受到压力，这就加速了俄裔犹太人在新世界中实现重生。这个重生的过程，也是俄裔犹太人获得现代性的过程。作为旧世界的欧洲，经常指责犹太人拒绝启蒙、拒绝现代性，因此犹太人自身需要为自己的悲惨命运至少负上一部分责任，但是在美国他们成功地收获了现代性，而且他们的现代性并没有以丧失传统性为代价。

二、俄裔犹太人的职业流动

俄国犹太人刚刚抵达美国时，主要聚居在纽约下东区，饱受"隔都"之苦，忍受终日劳作的辛酸。19 世纪末 20 世纪初下东区的居住条件十分恶劣，平均每英亩土地上居住着 700 多人，人口密度超过孟买最差劲的贫民窟。1908 年的调查资料表明，下东区的居民家庭，一个房间住有两人以下的不到 1/10。一半以上的家庭都是每个房间睡 3 到 4 个人，还有 1/3 以上的家庭一个房间睡 5 或 5 人以上。在就业方面，据统计 1880—1915 年间，俄裔犹太人中一度有 10％是小商贩，以此估计小商贩群体有 20 万人左右，只有 5％的俄裔犹太人从事高级白领行业。

然而，俄裔犹太人凭借努力，最终还是改变了自身的命运，迎来职业成功。我们可以看到，从移民第二代起，越来越多的俄裔犹太人进入了白领行业，医生、教师、药剂师、律师是他们比较钟爱的职业。以医疗卫生这一白领行业为例，1897 年，在纽约下东区从事医生职业的俄裔犹太人大约有 450人，药剂师为 45 人，牙科医生 59 人，但是到 1907 年，这些数字发生变化，医生人数增长到 1000 人，药剂师人数增长到 115 人，牙科医生人数增长到 350人。就整个纽约市从事白领行业的犹太人数量来看，1880 年只有 5％的人从事白领工作，但是到 1905 年从事白领工作的俄裔犹太人达到了 15％，小商贩人数下降了 75％。

一些俄裔犹太人积累一定资金后，尝试创业。到 1930 年代，在纽约一地，俄裔犹太人在这个城市注册的独立业主中所占的比例高达 70％。在费

城和芝加哥,这一比例是 40%—50%。当然,绝大多数犹太生意人只是小
业主,他们只拥有一间药店、照相馆、干洗店、服装店、五金店或者杂货店。
与此同时,蓝领行业的俄裔犹太人数量不断减少。在 20 世纪 30 年代,纽约
大约有 35% 的俄裔犹太人从事蓝领工作,但这些人基本上都是移民第一
代,他们的子女很少进入蓝领行业。在底特律和克利夫兰的中等规模的犹
太社区,蓝领工作者中的俄裔犹太人比例下降到了 24%。

俄裔犹太移民第二代比他们的父辈,更渴望进入中产行列。最初,他们
占据了边缘性的办公室工作岗位,担任行政秘书、速记员和低级的销售人
员。后来,他们几乎占据纽约所有医疗和化验室的工作岗位。之后,一些地
位较低的法律工作岗位,如调查员、传票寄送员、检察官等也被俄裔犹太人
占据。再后来,一些热门的岗位如教师、学校管理者,也越来越多地被俄裔
犹太人占据。1934 年,美国编辑出版了《贫困登记簿》,18 万个公司的负责
人名列其中,俄裔犹太人占比接近 5%,约为 3825 人。

还有一些行业整体上被俄裔犹太人掌控。一个是服装行业。众所周
知,服装行业是纽约社会经济的基础。到 1940 年,纽约的服装行业雇用了
70 万人,产值达到了 30 亿美元。在二战前,服装工业分散成一些小的生产
单元。一个雇用 100 多个工人的制衣作坊,其生产效率肯定不如规模较大
的服装工厂,但是这种分散性经营适合已经逐渐积累了财富且有服装生产
经验的俄裔犹太人。这样,纽约和美国其他地方的服装生产越来越多地被
俄裔犹太人掌控。1947 年出版的《美国犹太人:生活与成就》一书提到,200
位俄裔犹太企业家中绝大多数是服装厂的老板。

另一个被俄裔犹太人掌控的行业是废品回收。在美国,与在欧洲一样,
废品回收是社会边缘人从事的边缘性职业。在 20 世纪 20 年代和 20 世纪
30 年代,俄裔犹太人在美国废金属回收行业做得非常出色。他们收购钢铁
废料,然后熔化塑形,再直接卖给大型的钢铁厂,堪称"变废为宝"。这种发
展形势直接导致三个最大的金属废品公司的出现,也就是费城鲁雷亚兄弟、
芝加哥海曼米切尔以及俄亥俄伦茨钢铁。这三个大型金属废品公司均由俄
裔犹太人掌控。由此类推,整个废品市场,包括有色金属废品、橡胶废料、废
纸和服装下脚料等都被犹太人建立起来,成为犹太经济的组成部分。二战
前夕,"二手原材料"成为价值 7.5 亿美元的产业。

此外,俄裔犹太人在卷烟行业也逐渐确立了主导地位。美国规模最大
的雪茄工厂有三家——弗雷德·希尔斯肖恩烟草公司、公共雪茄公司和劳
雷拉德烟草公司,都是由俄裔犹太人创办的。

在早期,俄裔犹太移民特别是他们的子女表现出强烈的职业流动愿望,

这种流动更多的是在某一行业内部由下至上流动,而不是跨行业流动。事实上,俄裔犹太人所踏足的职业领域算不上十分广泛。1936年出版的《财富》杂志对俄裔犹太人的经济活动进行过调查,结果显示在汽车、煤炭、橡胶、化工、船运、铁路、公交公司、通讯、航空、公用事业、机械、重工业、木材和日用品制造等领域都罕见犹太人的身影。此外,在9.3万个商业银行家中,俄裔犹太人只有550多个,占比不足1%。对此,《财富》杂志称"在过去的一个世纪中,犹太人和英国是金融资本主义的主要设计者,但只有英国人获得相称的收益。犹太人发现其他领域被操纵在仍然挥舞着剑或者进行农耕的暴发户手中,而这个时候他们自己就已经是贸易商和银行家。对于非犹太人说'哦,犹太人拥有一切',这是一回事,但是对于中立的观察者来说,这又是另一回事。"言下之意,犹太人在金融方面拥有的名声与现实严重不符。事实上,俄裔犹太人在美国从事金融业的并不多。

俄裔犹太移民及其子孙之所以能够成功实现职业流动,越来越多地向白领行业渗透,原因自然多样,但最主要的一条是多数俄裔犹太家庭对教育高度重视。俄国犹太移民希望自己的孩子不要再延续自身的辛酸,因此特别希望借助教育来改变子孙的命运。在俄国"栅栏区",他们的子孙缺乏足够的受教育的机会,那么在美国,当受教育的机会摆在他们眼前的时候,他们就像看见救命稻草一样紧紧地抓住。为了使子女能够充分利用美国的教育资源,犹太父母心甘情愿地作出牺牲,放弃当下的人生享受,让孩子尽可能地接受优质教育和更长年限的教育。一位身为走卖商的犹太父亲在接受《纽约先驱报》记者采访时曾说:"我日复一日、不辞劳苦地沿街叫卖,不仅仅是为了生活下去,而且也是为了攒钱,让我的儿子去读大学。我的儿子就应该成为律师,就应该受到他人尊重,而不是像我这样白天在街上做售货郎,晚上睡在隔都的木板床上。"1907年,一位14岁的俄裔犹太籍小女孩给《犹太前进日报》的一封信中写道:"尽管他们一家七口人穷得叮当响,但是她的父母不允许她出来工作,而是让她留在学校里读书。"[①]美国工业委员会曾以赞赏的口吻说:"俄裔犹太人中最贫困的人都坚持不惜一切代价将子女留在学校里;目前纽约市一个最显著的现象就是犹太人占据了公立学校,不论在低年级,还是在高年级,均是如此。这种现象令人感动。"1911年,在纽约公立学校就读的学生中,有17%都是俄裔犹太移民子女。在大学阶段,俄裔犹太学生的比例也非常令人瞩目。1908年,一项对全美77所高校教育机

---

① George Pozzetta ed., *America immigration and ethnicity* (*vol.1*), New York: Garland Publishing, 1991. p. 20.

构的研究揭示,超过 8％的学生是犹太裔,而当时犹太人占美国人口的比例不到 2％。同年,移民委员会对纽约市的八所大学进行调查,结果显示,俄裔犹太大学生占学生总数近 25％,而同期意大利裔学生只占 1％。在纽约市立大学,俄裔犹太学生数量占到了 70％[①]。

俄裔犹太学生在学业方面的表现也比较出色。20 世纪初,很多观察者发现,犹太裔学生总体上来说要比同时期的意大利裔、爱尔兰裔、波兰裔和黑人学生更加出色。1908 年,移民当局对纽约市公立学校学生留级状况作了研究分析,结果表明纽约市公立学校 10 岁到 12 岁之间的土生白人学生中,有 41％的人在就读年级中年龄偏大两岁以上,而同年龄段的俄裔犹太学生中,年龄偏大的则是 46％,意大利裔学生中,年龄偏大的则达到了70％。1909 年,鲁塞尔·塞奇研究所(Russell Sage Institute)所做的学生留级状况研究也发现,俄裔犹太学生年龄偏大的比例仅略高于德裔和土生白人学生,而比英国裔、爱尔兰裔和意大利裔学生低很多。1920 年,纽约社会服务学校的老师对纽约市两所学校的 1700 名小学五年级学生进行了智商测试,结果显示,俄国犹太裔学生与土生白人的得分相当,而意大利裔学生得分最低。俄裔犹太学生在中学和市立大学的入学考试成绩中通常也名列前茅[②]。

美国学者斯蒂芬·斯坦伯格将早期俄国犹太移民的职业流动分为两个阶段,认为职业流动是在两代人的时间内完成的。第一代俄国犹太移民一般依靠从欧洲社会习得的职业经验和养成的职业传统来实现经济自立与进步。由于他们中的大多数人没有接受过太多的正规教育,因此他们在经济上取得成功,多是通过经商或创办企业来实现的。进入专门行业并在其中奋斗,则是移民第二代才能达到的目标。第二代俄国犹太移民通常出生于一个能够承担教育支出的家庭,而且成长在美国高等教育高速发展的时代,确实能够利用教育机会实现向上层社会流动的愿望。他们进入专门行业的人数优势令人感到惊奇。对犹太人而言,专门职业不仅意味着高收入,而且还可以使其免受外部白领对犹太人的歧视,因此具有独特的吸引力。毋庸置疑,职业技能对于俄国犹太移民第一代摆脱贫困,具有重要意义。1899年—1910 年,俄国犹太移民中有 2/3 是熟练工人,14％是非熟练工人,而同一时期进入美国的意大利移民只有 15％是熟练工人,77％是体力劳动者。

---

① Nancy Foner, *From Ellis Island to JFK*:*New York's two great waves of immigration*, New Haven:Yale University Press, 2000, p. 186.
② 李爱慧,美国东欧犹太移民的教育观念与其子女的教育成就分析,《历史教学》,2003 年第12 期。

虽然这并不意味着犹太移民在进入美国时比其他移民群体更加富有，但是表明俄裔犹太家庭有更多的收入，保证其后代获得更多的教育机会，并最终进入收入更高的白领行业就职。

职业流动避免了阶层固化以及贫困化的延续。从斯坦伯格的分析中，可以看出，早期俄裔犹太人的职业流动的实现，主要是由两个方面的因素造成的。一是俄国犹太移民家庭对教育投入巨大精力和热情。之所以重视教育，一方面出于就业创业方面的现实考虑，认为接受良好教育是从事高级专门职业或其他白领职业的必要条件，另一方面是由于犹太教有重视教育的传统。犹太教经典《塔木德》里说道："智者的地位高于国王，有学问的家伙要高于无知的大祭司"。在俄国，人们往往把犹太教会堂称为学校。学习和做礼拜携手并进。不仅如此，学习就是做礼拜，无知则是大罪。一个不读书的人在今世是一个粗人，在来世也要受到诅咒。俄裔犹太人所生活的"隔都"里流行一种说法，最让人鄙视的莫过于人的愚蠢，"不公正的行为也好过愚蠢的行为""愚蠢的人是不幸的"。最受人尊敬的人是有学识的人，最佳状态的人是智力发展到极致的人①。由此可以看出，学习对于犹太人而言，是一种宗教使命。此外，由于不受欧洲盛行的等级世袭制的制约，犹太人长久以来一直鼓励儿子超过自己的父亲，希望每个姑娘找的丈夫都比自己的父亲强，而信仰基督教的农民往往赞赏那些踩着父母脚印走完人生路的子女，也就是鼓励"子承父业"。犹太人"向前看"的文化心理，推动其尽可能地让子女接受更高水平的教育，进入更高级的职业中，过上比自己更富足的生活。

造成职业流动的第二个因素，是俄裔犹太人的经商意识，促使他们追逐财富，为过上更好的生活而不懈努力。俄裔犹太移民之所以商业贸易领域集中，主要是由于他们的宗教信仰。犹太人乐于从商，这与犹太教经典鼓励犹太人通过商业活动获取财富有关，认为财富是神的福佑，富有是最大的善行。《塔木德》有言："合宜的义和合宜的世界有七个特征，其中一个是富足。""在祈祷时，人们应该向主奉献自己的财富和资产。……实际上，财富和资产并不是来自商业，而是根据美德。""义人②喜爱自己的钱财甚于自己的身体。""在匮乏的时代，一个人要学会看重财富。"在《塔木德》里诸如此类的有关财富观的言论有数百段，透过这些表达，可以看出犹太教是非常敬重

---

① 维尔纳·桑巴特,犹太人与现代资本主义,安佳译,上海:上海世纪出版集团,2015年版,第240页。

② 义人,是指因信神而被神称义或者有神的义且与神和好的人。

商人,使犹太人中间形成了独特的商业文化。同时,《塔木德》对犹太人的商业活动也提出种种有益的建议,比如劝导犹太商人秉持契约精神,认为凡履行契约者将获得奖励,凡违背契约者受到惩罚。有一些建议非常具体,比如说,"卖掉你的商品,即使尘土还在你的脚上",从现代经济观点来看的话,这似乎是劝导犹太人在商业活动加快周转。"义人应该将自己的财产分成三份:一份投资地产;一份投入可移动的商品;第三份则以现金的形式持有。"这似乎劝导犹太人尽量把货币投入流动领域,同时注意投资的连续性。相比之下,基督教则经常赞美贫穷,比如《马太福音》里面有一句名言:"富人进入天国比骆驼穿过针眼还难"。正是基于《塔木德》中这样的一些宗教"劝诫",维尔纳·桑巴特在马克斯·韦伯宗教社会学的启发下,将犹太教视为理性宗教,认为犹太人所具备的勤劳、节俭、禁欲、契约观、合理化生活方式是资本主义精神的体现[1]。

总而言之,俄国犹太移民美国之后,能在两代人的时间内走向职业成功,这与他们对教育的高度重视密不可分,也与他们的经商意识有关。笔者认为,其中最关键的因素还是重视教育。"知识改变命运,教育改变人生"这句话在俄裔犹太人身上得到非常好的体现。俄国犹太移民第一代可能更多的是依靠职业背景和从商经验,那么移民第二代、第三代取得成功更多地依靠教育,只有接受良好的教育,才更容易进入专门领域。而教育意识与经商意识的养成,又与犹太教的传统紧密相关,由此可见犹太教对犹太人生活的各个方面、各个阶段都产生了不可估量的影响。从某种程度上讲,犹太人的职业成功,源于他们的宗教信仰,以及他们对自身宗教信仰的理解与实践迎合了美国的社会经济发展,或者说美国社会经济发展为俄裔犹太人实践其宗教信仰提供了一个更为宽松自由的舞台,从而使他们的宗教信仰成为一种建设性的因素。可以说,犹太教信仰,注定了犹太人的职业成功。

三、俄裔犹太精英对美国社会的贡献[2]

19世纪前半叶,大批讲德语的犹太人移居美国,到19世纪晚期,德裔犹太人大面积地取得了经济学和社会学意义上的成功,像银行家雅各布·

---

① 维尔纳·桑巴特,犹太人与现代资本主义,安佳译,上海:上海世纪出版集团,2015年版,第190—204页。

② 这一小节所运用的相关资料如无注明则主要收集自维基百科、《美国犹太人百科全书》以及百度百科。

舍夫、外交家老亨利·摩根索、人民律师路易斯·布兰代斯、西奥多·罗斯福政府的内阁成员奥斯卡·斯特拉乌斯、传媒大亨阿道夫·厄兹尔、社会活动家斯蒂芬·怀斯、犹太教改革派运动先驱者伊萨克·怀斯等人，堪称德裔犹太人的典范。

德裔犹太人的成功，后来被俄裔犹太人复制了。俄国犹太人进入美国后，绝大多数人从事着繁重的、低技术含量的蓝领工作，承受着难以想象的生活压力，默默充当美国这座大厦的螺丝和钉子，为美国的现代化建设挥洒汗水。俄裔犹太移民第一代往往比较贫困，但是经过一代人的努力，俄裔犹太移民第二代则摆脱了这种状态，逐渐迈向中产行列，阻止了贫困在代际间转移。与其他族裔第一代移民相比，俄裔移民第一代对美国的贡献也算不上突出，但是从移民第二代开始，越来越多的俄裔犹太人成为各个领域的翘楚，在媒体、通讯、物流、时尚、电影制片、文学艺术、社会活动等领域都能看见他们的身影，这些人为美国的发展甚至世界文明的进步都作出重大贡献。

制衣行业曾是俄国犹太人进入美国后最早涉足的领域，俄裔犹太人在这个行业的优势比较明显，因而从这个行业涌现了许多杰出的企业家，艾琳·罗森斯奥和拉尔夫·达伦就是其中的代表。艾琳·罗森斯奥是美国最大的内衣公司的创始人，她发明了胸罩。她设计胸罩的灵感与一战有关。一战前，欧美女性通常穿戴的是有金属箍圈的紧身内衣。但一战爆发后，所有的钢铁都被用于制造武器，于是广大女性只好用一条背后带有挂钩的长布带来束胸，这种束胸不仅不舒服，而且完全掩盖了女性的曲线美。于是，她设计了一款独特的女式服装内衬，上市后大受欢迎，后来她将自己的品牌命名为"少女型胸罩"，并在 1926 年获得专利。由此，罗森斯奥在一个女性受到诸多局限的时代成为首屈一指的企业家，并创造了财富神话。拉尔夫·劳伦是时装设计师，也是世界知名品牌 POLO 的创建者。1967 年创办了自己的时装公司 POLO，公司起初只做领带，后来涉足男装、眼镜、围巾、袜子、睡衣、皮具、箱包、珠宝和香水等生意，经营范围不断扩大。拉尔夫·达伦的男女时装对美国人 20 世纪 70、80 年代的衣着风格产生了巨大影响，POLO 品牌几乎成为年轻人最为崇拜的品牌。2000 年，拉尔夫·达伦的产品在全球的销售额高达一百亿美元，使他成为迄今为止全世界最受欢迎的设计师。

俄裔犹太人不仅局限于传统行业，他们具有敏锐的商业触角，往往能在一些方兴未艾的行业发现经济机会。19 世纪末 20 世纪初，媒体行业还不像今天这样发达，但是犹太人认为这是一个大有前途的行业。在媒体领域取得较大成就的俄裔犹太人，当数大卫·萨尔诺夫和威廉·佩利。大卫·

萨尔诺夫在九岁时跟随父母移民美国,住在纽约下东区的"隔都"。由于父亲无力养家,萨尔诺夫到美国后的第三天,就开始沿街叫卖报纸。为了多赚点钱,他雇了帮手,同时把报纸转销给别的摊贩,就这样建起了自己的报纸销售网,不久他还有了自己的报摊。父亲去世后,15岁的萨尔诺夫被迫辍学,挑起了养家糊口的重任。他找到的第一份工作是给商业点报公司当送信人。两年后,被派往马萨诸萨州当电报收发员。1912年4月,萨尔诺夫在值班时接收到了"奥林匹克号"轮船从1400英里之外的北大西洋海面发来的求救电报。电报的内容是"'泰坦尼克号'与冰山相撞,正在迅速下沉。"[①]在接下来的三天时间内,萨尔诺夫一刻也没离开他的电报收发机,他不断收到救援船只发来的无线电报,及时向全美转告获救人员的名单。塔夫脱总统亲自下令东海岸的所有无线电电台停止作业,好让萨尔诺夫不受任何信号干扰。萨尔诺夫在这次救援活动中表现非常出色,从而很快成为全美家喻户晓的人物。借此声望,萨尔诺夫投身传媒行业,并迅速发家,1926年他创办了国家广播公司(NBC),为全美500万已经拥有收音机的家庭提供丰富的广播节目。之后,他又成为美国无线电公司的总裁。

萨尔诺夫的行业对手威廉·佩利也是俄裔犹太人,不过是移民第二代。相比于萨尔诺夫来说,威廉·佩利出身高贵,他的父亲是一个富翁。但是,他的商业才华也很让人称赞。他将商业广告首次引入了广播节目中。1928年他在父亲的帮助下用50万美元买下了一个名叫"联合独立广播者"的广播公司,之后将这间广播公司改名为哥伦比亚广播公司(CBS)。他在哥伦比亚公司工作了55年,到退休时,哥伦比亚广播公司已经成为一个年收入超过300亿美元的超级媒体帝国。

俄裔犹太人还是美国电影制片行业的先驱者。电影制片当时属于新兴行业,投身这一行业,足以证明俄裔犹太人的商业眼光具有独特之处。历史最悠久的三大美国电影公司之一"华纳兄弟",就是由四位俄裔犹太兄弟哈里·莫里斯·华纳、阿尔伯特·华纳、山姆·华纳和杰克·华纳创建的。1889年,华纳四兄弟跟随母亲(父亲已于1888年抵达了巴尔的摩)从位于俄国"栅栏区"的克拉斯诺西尔茨迁居到美国巴尔的摩,后又随父母搬迁到加拿大的安大略省,没过多久再次搬回美国。四兄弟中的三位年长者哈里·莫里斯·华纳、阿尔伯特·华纳、山姆·华纳从1903年开始从事电影放映生意,并于当年在宾夕法尼亚的纽卡索建立了他们的第一家五分钱影院,名为"小瀑布"(The Cascade)。他们以五美分的廉价电影票吸引观众的

---

① 汤天一、胡新航.操纵美国命运的犹太人.南昌:百花洲文艺出版社,2006年版,第166页。

商业策略,获得成功。1904 年,华纳兄弟在匹兹堡尝试发行电影。第一次
世界大战时期,他们又尝试制作电影,并于 1918 年在好莱坞日落大道成立
了华纳兄弟片厂。1923 年,华纳兄弟片厂在一位银行家的赞助下,升级为
华纳兄弟影业公司。1927 年,华纳公司发行了世界上第一部黑白有声电影
《爵士歌手》。1928 年,华纳公司发行了第一部从头到尾都有声带的有声电
影《纽约之光》。1929 年,对于电影业来说,是一个特别的年份。这一年,华
纳公司发行了第一部完全的有声彩色电影《继续精彩》(*On with the
Show*)。1931 年,华纳公司开始制作第一部动画电影《浴缸里的两人世界》。
1949 年,随着电视普及度的提高,电影业受到一定的冲击,华纳公司试图进
入电视行业,但是遭到美国联邦通信委员会的拒绝。在此背景下,华纳公司
开始创新,尝试制作 3D 电影。他们制作的第一部 3D 电影是《恐怖蜡像
馆》。但是,由于技术不够成熟,3D 电影风潮很快退去。之后,华纳公司引
进新艺综合体技术①,创作了电影《情天未了缘》,结果相当卖座。1969 年,
华纳公司买下 DC 漫画,拍摄出了《超人》《蝙蝠侠》等系列电影,使公司的发
展上了一个台阶。1995 年到 2018 年是华纳公司又一个辉煌时期,期间华
纳公司拍摄"哈利·波特"系列电影,这也是中国观众最为熟悉的系列电影。
2018 年,也就是在华纳兄弟成立 100 年之际,公司易主,更换了东家。总而
言之,华纳兄弟为美国电影业以及与电影相关的上下游产业的繁荣作出了
重要贡献,也为美国向外输出文化软实力提供了足够的资源。从华纳的发
家"编年"中,不难看出犹太人非常善于把握商业机会,勇于踏足新的商业领
域。截至 2018 年,全球电影票房达到了 411 亿美元。从俄国"栅栏区"走出
来的华纳四兄弟当年无论如何也想不到他们开创的事业能够撬动如此庞大
的市场。

俄裔犹太人还把一些资金投入化妆品行业。美国规模最大的化妆品公
司中有三家是俄裔犹太移民第一代组建的,分别是莱夫伦、"最大因素"和海
伦娜·鲁宾斯太因。鲁宾斯太因先是在 1902 年从俄国"栅栏区"移居到澳
大利亚,与她的亲戚居住在墨尔本。澳大利亚妇女晒黑的皮肤让她感觉到
了商机的存在。她靠自己的力量制作面霜,先给她的母亲试用,然后向亲友
兜售。在接下来的三个月时间内,她接到了越来越多的订单。后来,她在澳
大利亚主要城市设立化妆品公司,接着又在英国伦敦、法国巴黎成立了化妆

---

① 新艺综合体技术,是 1928 年法国人亨利克瑞雄发明的一种电影制片方法。它使用变形镜
头的宽银幕系统。1952 年由二十世纪福克斯公司买下专利权。1953 年首部新艺综合体的
商业电影《圣袍千秋》在纽约首映大受欢迎,使其他大电影公司也相继采用。新艺综合体的
35 毫米电影画面比例为 2.55：1。

品公司,1915 年在美国纽约建立化妆品公司。在一战及其后的"柯立芝繁荣"时期,她的欧洲化妆品公司获得极大的发展。鲁宾斯太因也成传记文学的记录对象,因为她一度是靠自身力量发迹的最富有三个美国女性之一。

约翰·凯辛是 20 世纪上半叶美国物流行业的佼佼者。他出生在一个芝加哥的俄国犹太移民家庭。他的父亲开了一间家禽店,他也在那里工作。凯辛积累了一定资金后,买了一辆卡车,开始涉足冷冻贸易。起初,他白手起家,异常困难。凯辛所要面对的人,通常是一些雇工、劳工发起人和身强力壮的竞争者。很幸运的是,凯辛人高马大,有 6 英尺高,也很强壮(他曾经用手将芝加哥的电话黄页整本横向撕成两半)。在他的位于沃西布鲁恩德小车库里,他在车库的门上放置了两杆枪,它们的枪口对着宾客坐的椅子。到 1936 年,凯辛的泛大陆冷冻公司拥有了 800 辆卡车,他的客户包括公用食品公司、沃尔格林公司和蒙特格莫里·沃德公司等。也是在 1936 年,凯辛做了一次大胆的尝试,他派遣一批卡车,从芝加哥一路开到了洛杉矶,只用五天的时间,比铁路运输快了两天。这一点在当时被广泛宣传。到 1945 年凯辛退休的时候,跨大陆的卡车运输仍然被视为切实可行的运输选择,他的公司仍然是美国最大的卡车运输公司。

房地产行业也受到俄裔犹太企业家的青睐。尽管在 19 世纪末期,纽约下东区的房屋产权成本非常高,但是数千个俄裔犹太移民还是节省出足够的资金来给个人房产支付首付。在一战前,俄裔犹太人投资不动产,成为犹太经济的亮点之一。临街不动产市场,特别是在第五大道拐角处和 116 号大街,挤满操意第绪语的地产经纪人。一战后,纽约市为了解决住宅短缺问题,以减免税收以及提供银行贷款作为杠杆,来刺激新住宅建设。在这种情况下,俄裔犹太人立刻行动起来,抓住这个宝贵的机会,修建中间价位的公寓住宅。他们能够准确地满足犹太劳工同胞的需求和喜好。在 1920 年代,俄裔犹太企业家修建 15.7 万间新单元房,这些房子主要位于布鲁克林和布朗克斯。

在美国其他地方,俄裔犹太建筑商和开发商也早行动起来,为一战后公寓和联排式住宅的修建提供支持。在数以千计的普通建筑商和投资商中间,几个俄裔犹太地产巨头脱颖而出。路易斯·赫尔维茨,30 岁时从俄国来到美国,在曼哈顿修建价值 6 亿美元的摩天大楼,其中包括沃尔沃斯大厦,克莱斯勒大厦和伍道夫-阿斯陶利亚宾馆。A.E·莱夫科特本来是个搬运商,在 20世纪 20 年代和 20 世纪 30 年代,曾经负责将制衣厂搬迁到曼哈顿的中心区。到 1929 年,莱夫科特、保尔·辛格、阿布拉哈马·布雷克、乔治·本克和亨利·曼德尔同时在第五大道、麦迪逊、莱克星顿和第七大道修建摩天大楼。

在军工领域，也活跃着俄裔犹太人的身影，代表人物当属世界上第一款重型轰炸机和直升飞机发明者伊戈尔·伊万诺维奇·西科斯基。他是在 1919 年从位于"栅栏区"的乌克兰移居到美国的。西科斯基在俄国接受了完整的高等教育，1903—1906 年先后就读于圣彼得堡海军学校和基辅工业学院。他从小就沉迷于航空，对达·芬奇所构想的直升机原理以及从中国传来的儿童玩具"竹蜻蜓"特别感兴趣，12 岁那年他制作了一架橡皮筋动力的直升机模型，显示出比较强的创新能力。莱特兄弟发明世界上第一架载人动力飞机后，西科斯基找到了职业方向，决定投身航空事业。从 1909 年起，他开始研制直升飞机，但是受限于当时的航空发动机和飞行理论水平，直升机是不可能研制成功的。经过多次碰壁，他决定转向研发固定翼飞机。1913 年，他在 S6 型飞机的基础上，成功设计了 S11 型飞机，这款飞机后来在一战中成为著名的战斗机。但是，西科斯基非常清楚 S11 战斗机只使用一个发动机，功率和动能太单薄。经过不断技术攻关，他又研制出了"伊利亚·穆罗梅茨"四发重型轰炸机。这种军用飞机的弹载量，可以达到 400 公斤，是当时世界上弹载量最大的军用飞机。1915 年，一架"伊利亚·穆罗梅茨"轰炸机首次袭击了德国本土，一次性投弹 272 公斤。直到 1917 年十月革命取得成功，俄国退出一战，共使用这种轰炸机执行了 422 次任务，投弹 2000 多枚。"伊利亚·穆罗梅茨"是世界公认的第一款重型轰炸机。

1919 年，西科斯基作为替沙皇卖命的犹太人受到歧视和驱逐，命运的波折将他推向了美国。1928 年，他在美国创建了西科斯基飞机公司。起初，这家公司主要致力于研发水上飞机。在积累大量的经验教训之后，这家公司在西科斯基的带领下克服技术梗阻，最终在 1939 年研制出了世界上第一架直升飞机 VS-300。西科斯基终于实现了儿时的梦想。1940 年，美军大规模采购了 VS-300 的改进型号 VS-316。西科斯基也因此飞黄腾达。1972 年，西科斯基去世，但是他的公司仍然在创造"军工神话"。到目前为止，这家公司最著名的军工作品，就是 UH-60"黑鹰"军用直升飞机。"黑鹰"问世之后，一直装备美国的陆军，提升了美国陆军的现代化水平。在 1991 年海湾战争、2001 年阿富汗战争以及 2003 年伊拉克战争中，这款军用直升机均有非常出色的表现。当然，我们中国人对"黑鹰"军用直升飞机的了解，主要是通过好莱坞电影《黑鹰坠落》①。2005 年，西科斯基飞机公司被美国军工巨头洛克希德·马丁公司收购，成为后者的子公司。总而言之，西

---

① 《黑鹰坠落》的故事背景是 1993 年美国干预索马里局势的军事行动的失败。在这次军事干预中，美军的两架"黑鹰"被索马里民兵击落，一名美国士兵尸体被索马里民兵拖着游街。

科斯基是一位军用飞行器研发方面的天才,为美军的装备建设作出了突破性的贡献。

俄裔犹太人不仅在商业和实业方面表现出才华,在文学艺术、音乐舞蹈、科学研究等人文领域显现出较高的造诣。就舞蹈音乐方面而言,俄裔犹太人取得的成就令人瞩目,其中代表有伦纳德·伯恩斯坦、阿隆·科普兰、欧文·伯林、艾萨克·斯特恩、鲍勃·迪伦等。伦纳德·伯恩斯坦绝对是一位世界级音乐大师,他的成名作是《耶利米》,于1944年1月由匹兹堡交响乐团演奏,结果引起轰动。1958年至1969年,他担任了世界著名的纽约交响乐团的总指挥,致力于将古典音乐介绍给美国大众,他所指挥的曲目几乎囊括了所有浪漫主义时期和现代音乐大师的经典之作,海顿、贝多芬、勃拉姆斯、舒曼、马勒等人的作品是他最为称道的杰出指挥。同时,他还大力宣传美国作曲家的音乐作品,比如他曾宣传过美国作曲家阿隆·科普兰的作品。阿隆·科普兰这位小杂货铺老板的儿子,最终开创了美国的传统音乐(有美国本土风味的音乐)。代表作有《男孩比利》《赛马表演》以及《阿巴拉契亚之春》。《纽约时报》对他的评价是"在美国所有的古典音乐家中,没有任何一位像科普兰那样打动过美国人的心弦。"欧文·伯林是美国最长寿最多产的词曲作家,他一生中创作了近千首歌曲,19出音乐剧和18部电影配乐。在他广为流传的众多歌曲中,《天佑美国》的知名度和重要性最甚,几乎与美国国歌不相上下。艾萨克·斯特恩被誉为第一个美国小提琴大师、20世纪最杰出的小提琴家。他为故事片《房顶上的琴师》所演奏的音乐获得了奥斯卡最佳配乐奖。1979年曾到访中国,他的这次经历被拍成了纪录片《从毛泽东到莫扎特》,并荣获奥斯卡最佳纪录片奖。杰罗姆·罗宾斯,美国最伟大的舞蹈家之一[1]。在几十年的艺术生涯中,他以充满创造性的舞蹈语言在百老汇的大众剧场和古典芭蕾舞的舞台上留下了不朽的杰作。代表作品有《进城》《百万娇娃》《高扣鞋》《妈妈,看我跳舞》等。如今,这些作品已经成为美国乃至全世界许多著名芭蕾舞团久演不衰的保留节目。

与上述几位严肃型艺术家相比,鲍勃·迪伦是一个"另类",然而就是这个"另类"影响了20世纪60年代以来的世界乐坛,他的歌唱方式(民谣)引领了一个时代的音乐潮流,而他本人则成为一代又一代年轻人的偶像。他的音乐作品的主题几乎都与反战、反种族歧视、反贫富不均、反不公平的社会体制有关,代表作有《随风飘扬》《大雨来了》《敲叩天堂之门》等。鲍勃·迪伦于2016年荣获诺贝尔文学奖,成为有史以来第一个获得该奖的作曲家

---

[1]　汤天一、胡新航,操纵美国命运的犹太人,南昌:百花洲文艺出版社,2006年版,第209页。

和音乐人。瑞典文学院称他"在伟大的美国歌曲传统内部创造出了新的诗意表达"。

在绘画雕塑艺术领域，俄裔犹太人也为自己争得一席之地。露易丝·奈弗尔森是一位特立独行的女雕塑家，她经常用一些生活中的边角料如酒瓶、别人不用的破铜烂铁等创作作品，从而开创了雕塑界的一个新流派，即"环境派"。1985年，里根总统向她颁发了国家艺术勋章以表彰她对美国艺术作出的杰出贡献。马克·罗斯科是美国抽象表现主义的代表画家，其代表作品有《鹰之兆》《叙利亚公牛》《海边的慢漩涡》《章鱼的诞生》等，具有世界影响力。

移民作家经常能够写就不朽的文学作品，这是世界文学史上比较独特的现象。在文学领域，俄裔犹太籍的巨擘层出不穷，索尔·贝娄、艾萨克·巴斯韦思·辛格、约瑟夫·海勒、艾伦·金斯堡等人的名字灿若星辰，如雷贯耳，足以名垂美国以及世界文学史。索尔·贝娄于1976年获诺贝尔文学奖，是第一个获得此奖的犹太作家，其代表作《赫哲格》《洪堡的礼物》都是享誉全球的经典作品，他的作品兼有对人性的理解和对当代文化的分析。艾萨克·巴斯韦思·辛格可以说是最著名的意第绪语作家、1978年的诺贝尔奖获得者，终生用意第绪语写作，专心讲述俄国和东欧犹太人的故事，其代表作品包括《卢布林的魔术师》《萧莎》等。他的作品中的主人公几乎都是犹太人，他们所经历的各种悲欢离合让所有读者都能产生共鸣。约瑟夫·海勒的代表作《第二十二条军规》被认为是二战之后美国最优秀的文学作品。在20世纪60年代，随着美国国内反战运动的兴起，《第二十二条军规》成为现实的写照，以致美国出现了"海勒热"，一时间洛阳纸贵，抢购成风。艾伦·金斯堡是一位著名的诗人，他的后现代主义诗作《嚎叫》风靡全球，成为不朽的经典，对欧美年轻一代的影响不可估量。

俄裔犹太作家在美国还开辟了创意写作之路。杰瑞·西格尔与艾萨克·阿西莫夫在科幻文学领域不断探索，并取得极大的成功。杰瑞·西格尔是一位著名的科幻作家，他所创作的"超人"漫画以及故事可以说是家喻户晓。1929年，他15岁时就创办了有史以来的第一份科幻杂志《宇宙故事》，1932年他又与人合办《科幻小说》杂志。科幻动漫如今已经成为一个利润丰厚的产业，他创造的"超人"形象风靡全球，给美国社会带来巨大财富。

艾萨克·阿西莫夫是美国20世纪最为高产的作家，其著作多达500部，主题包罗万象，题材丰富多彩，同时代作家中无人可望其项背。他的代表作是"基础三部曲"——《基础》《基础与帝国》《第二基础》，他创作这三部曲的灵感来自爱德华·吉本的《罗马帝国衰亡史》。《我，机器人》则是他的另一杰作。在这部科幻小说中，阿西莫夫提出了影响深远的"机器人三定律"。第一定律：机器人不得伤害人类个体，或者目睹人类个体将遭受危险而袖手不管；第二定律：机器人必须服从人给予它的命令，当该命令与第一定律冲突时例外；第三定律：机器人在不违反第一、第二定律的情况下尽可能保护自己的生存。这三条定律对于当今人工智能技术的开发和应用具有重大启发意义，极有可能成为未来人工智能的安全准则。整体来看，阿西莫夫对于科幻小说的贡献在于提高了科幻小说的品位，使之成为包含了丰富的社会、历史和科学内容的文学体裁，促进科幻小说向更高层次发展，并为主流社会认可和接受。

俄裔犹太移民第一代在美国长期处于社会底层，他们的子女在童年时期往往处境不佳，在这种生长环境里极容易产生强烈的权利意识，而美国社会也不排斥他们的权利诉求。在20世纪60年代的美国，一些俄裔犹太人成为民权运动、女权运动以及反战运动的领袖。贝蒂·弗里丹原本是位作家，她的代表作《女性的迷思》影响了千千万万的美国女性。在书中，她指出女性的空虚感活埋了成千上百万的美国妇女，她们被牢牢拴在"玩偶之家"里不得脱身，只能通过丈夫和孩子来实现自我。这本书不但改变了弗里丹本人的生活，同时也开启了美国20世纪60年代美国妇女解放运动的序幕。她也因此成为这场运动的领导者，创立"全美妇女协会"，声称要采取行动让妇女进入美国主流社会，与男人平等地行使所有的权利，履行所有的义务。露丝·金斯堡是一位学者，是耶鲁大学第一位取得终身教授资格的女性。从哈佛法学院毕业后，她就一直致力于保护女性权益，倡导性别平等，堪称是利用法律手段维护妇女权益的开路先锋。1993年，她被克林顿总统提名为联邦最高法院大法官人选，并成功获任，从而成为第一位担任此职务的犹太籍女性，也是路易斯·布兰代斯之后又一位担任该职务的犹太人。她在大法官位置上任职27年之久，直到2020年9月19日因癌症离世。美国总统特朗普称她是一位"令人惊叹的女性"。贝拉·阿布扎格是第一位成为美国议会议员的犹太女性。20世纪60年代初，她是美国民权运动和反战运动的组织者和领导，参加起草了著名的《民权法案》和《选举权法案》。

俄裔犹太人对美国社会的贡献还体现学术研究领域，其标志性人物，一是赛尔曼·瓦克斯曼，一是诺姆·乔姆斯基。赛尔曼·瓦克斯曼是一位生物学家，他不仅是"抗菌素"这一名称的发明者，而且也是这一起死回生的药物的发现者。1943年，他经过对上万种微生物的研究，成功分离出了链霉素，从而挽救了全世界无数结核病患者的生命。1952年，瓦克斯曼获得了诺贝尔医学或生理学奖。作为抗菌素领域的先锋,他改变了现代医学的发展,对人类健康作出了不可估量的贡献。诺姆·乔姆斯基是著名语言学家,其代表作《句法结构》和《句法理论面面观》提出的种种理论为现代语言学带来了革命性的变化,同时他还在心理学、哲学、人类学、教育学和文学评论等领域产生了重大影响。据美国费城科学情报所的记载,从 1980—1992 年,在所有在世的作家中,乔姆斯基是学术刊物中被引用得最多的一位作家。

从上可以看出,俄裔犹太移民特别是其第二代、第三代为美国经济繁荣、科学发展、社会进步与文化昌盛做出非常大的贡献,其中 4 人获得诺贝尔奖(3 人获文学奖,1 人获医学或生理学奖)。俄裔犹太人在美国的人口占比不到 2%,但是这个族群所贡献的社会精英人物的占比却达到了 10%左右,由此可以看出,俄裔犹太人做出了与他们人口占比不相称的贡献①。与此同时,我们不由得去思考另一个问题,如果当时俄国的社会足够自信、开明和包容,使这些俄裔犹太人或者他们的祖辈能够留在俄国而不是选择移民美国,那么俄国会不会因此获益呢? 答案是不言自明的。自从人类摆脱"马尔萨斯陷阱"和"内卷化"之后,人力资源从来就不是社会负资产。

小 结

俄国犹太人移民美国之后,克服了同化与认同之间的紧张,传统与变化之间的紧张,统一性与多样性之间的紧张,多数决定原则与少数派权利之间的紧张,最终获得了重生。他们在政治上注重通过社团、机构以及社会运动来争取权利。俄国犹太人作为受过集体迫害的群体,他们从来都不缺乏斗争的勇气;在经济上注意把握机会,勇于探索新的经济领域;在文化融合方面,珍惜美国身份同时又坚持自身的文化传统,以犹太教保守派信仰作为身份认同的基础。重生的俄国犹太人对美国的发展作出了巨大贡献,大批俄裔犹太籍社会精英的出现即是明证。他们在文学艺术领域、商业领域、电影制片行业、军工行业、学术研究领域、社会活动领域都取得了有目共睹的成绩,为美国以及人类文明的全面进步贡献了自己的力量。当然,我们同样不能忽视大量的普通俄裔犹太人在早期极为艰难的条件下为"美国梦"所写下

---

① Ronald Takaki, *A Large Memory: A history of our diversity with the voices*, Boston: Little, Brown and Company, 1998, p. 265.

的属于他们自己的注解。他们的注解往往更加精彩。俄裔犹太人取得职业成功的主要经验在于重视教育以及经商素养出众。美国的开放宽容的政治经济环境也为俄国犹太人提供了发挥自身优势的空间，这也是他们取得职业成功不可缺少的条件。

结　论

美国著名文化学者爱德华·W. 萨义德在《东方学》一书中曾经引用英国政治家本杰明·迪士雷利的一句名言："东方是一条谋生之道。"①东方不仅是西方的殖民主义者收割财富的宝地，而且在更广泛的意义上也拯救了西方的资本主义。那么，对于俄国犹太人而言，美国也是一条谋生之道，而且更进一步，也是一条重生之路。时至今日，犹太人普遍持有"美国例外论"②，认为美国代表了犹太人的希望，是世界各地应该如何对待犹太人的典范。

1881—1920 年，俄国犹太人向美国大规模移居是在特殊历史条件下发生的跨国、跨社群的移民运动。受这一时期俄国反犹主义以及社会革命动荡的影响，在俄国特别是俄国西部和南部 15 省的"栅栏区"频繁发生集体迫害犹太人事件，1881—1882 年、1891—1892 年、1903—1906 年以及 1917—1920 年先后发生四次较大规模的集体迫害事件，其他年份也有小规模的迫害事件发生。这种集体迫害通常表现为抢劫犹太人的财产、驱逐犹太人、对犹太人进行人身伤害。从这些方面来看，发生在俄国的集体迫害与欧洲其他国家的反犹事件不同。俄国的反犹事件更多地采取暴力手段，涉及面广泛，使贫困的犹太人丧失了基本的安全感，并深深地陷于恐惧之中，因此他们被迫走上了移民之路，同时也走上了一条独特的族群现代化之路。

1881 年时有 500 多万犹太人生活在俄国，到 1920 年其中的 230 多万人迁往他国，其中大约 175 万人选择了移居美国。如果不考虑 1881—1920 年间俄国犹太人口出生率和死亡率，俄国犹太人的跨国移民率高达 46％左右，而且这些人在离开俄国之后，很少再返迁俄国。严格来讲，这种因集体迫害而不得不逃离家园，到其他国家定居的移民，应该被称为"难民"，而且

---

① 爱德华·W. 萨义德，东方学，王宇根译，北京：生活·读书·新知三联书店，1999 年版，第7 页。

② 犹太人的"美国例外论"是基于 2000 多年的流散史并将美国与其他离散地特别是欧洲作比较得出的结论，认为美国是一个独特的地方，这里不存在滋生反犹主义的土壤。

俄国反犹事件之所以以集体迫害的形式出现实际上与帝俄晚期针对犹太人的少数民族政策有很大的关系，也就是说这种集体迫害实际上含有政治因素，这就更加符合了现代国际法中有关难民的界定。1881 年亚历山大二世被刺身亡后，新上任的沙皇亚历山大三世以犹太人参与了刺杀事件为由，进一步限制犹太人的社会权利，将俄国社会的反犹情绪推向了高潮。当集体迫害事件发生后，俄国地方政府往往以警力不足为由，纵容社会暴民对犹太人采取野蛮行动，试图将当时俄国国内尖锐的社会矛盾宣泄到犹太人的身上。

我们可以肯定地说，发生在俄国的集体迫害犹太人的事件具有政治迫害色彩。犹太人出走俄国，与摩西当年带领犹太人祖先希伯来人出走埃及一样，都是为了免受暴政的欺凌。回顾沙俄迫害犹太人的历史，我们不难发现，广泛的权利剥夺是集体迫害的第一步，抢夺财产是第二步，肉体伤害是第三步，驱逐是最后一步。这就留给了我们广阔的反思空间。权利被广泛剥夺之后，如果不发生迫害等连锁事件，那我们只能庆幸命运女神的眷顾。一个安全的社会，必定是基本权利有保障的社会。

1881 年亚历山大二世被刺事件可以说是俄国犹太人命运的转折点，拉开俄国犹太人向海外移居的大幕，意味着一次新的大流散进程开启了。在 1881 年的迫害事件发生后，走上移民道路的大部分是挣扎于贫困线的犹太人（俄国犹太人在移民前，其财产往往在暴力反犹活动中或多或少地被打劫了），这意味着他们的迁徙之路是非常艰辛的。他们中的大部分人并不知道自己要去何处，只是跟随逃难大潮向俄国与奥匈帝国交界的加里西亚的小镇布罗德聚集。好在西欧犹太救助组织反应迅速，在布罗德设立办事处，协助俄国犹太人移民。在早期，俄国犹太人的移民目的地也是由这些犹太救助机构商量后决定的。

在当时欧洲的犹太组织看来，俄国犹太人最理想的去处莫过于美国，因为美国当时的社会经济发展正处于上升时期，因此美国的劳动力市场能够吸收、消化这些移民。所以，欧洲犹太救助机构迅速与美国犹太人组织取得联系。尽管当时主导美国犹太社会的德裔犹太人对俄国犹太人存在种种偏见，但是他们出于宗教情怀和人道主义精神，每每在关键时刻慷慨地伸出援助之手。俄国犹太人到达美国后，也同样得到了美国本土的犹太救助组织的帮助，找到了栖身之所与就业门路。

整体而言，1881—1920 年，在救助俄国犹太移民的活动中作用最大的犹太慈善组织有三家，分别是美国希伯来人慈善联合会、巴龙基金和"誓约之子"。当然，还有其他一些临时机构如俄国犹太移民救助基金等也积极参与救助犹太移民的活动当中。因此,笔者认为,1881—1903 年,俄国犹太人向美国移民的过程中,大西洋两岸的犹太救助组织发挥的作用是关键性的。1903—1920 年,随着第一批抵达美国的俄国犹太人逐步站稳脚跟,收入状况改善,亲友互助、同乡互助的移民模式变得更加寻常,但是美国希伯来人慈善联合会、"誓约之子"、巴龙基金仍然关心和帮助俄国犹太人。在慈善实践中,这些犹太慈善机构也探索出盈利性慈善模式,这有助于私营慈善机构的可持续发展。

无论是犹太慈善组织的救助模式,还是同乡亲友互助模式,都反映出犹太人的团结协作精神,也显示出犹太民族生存和延续的巨大担当。这种精神和担当是在犹太人长达 2000 多年的离散过程中形成的,是犹太民族在各种恶劣环境中顽强生存的基础。正是凭借这种精神,犹太人成功地回应了各种挑战,创造出了一个又一个生存奇迹,显现出强大的生命力,从而使自身成为世界民族大家庭中的一个独特的存在,同时也粉碎了长期以来强加于这个民族的各种莫须有的"罪名"。

俄国犹太移民涌入美国之后,美国社会对他们的到来也作出了回应。这一方面表现在美国犹太社团与机构的态度变化之中,另一方面也表现在美国官方移民政策的调整之中。美国是一个移民国家,在移民的眼中是一块充满希望与梦想的土地,它总是以博大的胸怀接纳受迫害者。北美大陆的早期拓荒者就是从欧洲大陆迁徙过来的宗教迫害活动的受害者。因此,当俄国犹太人以躲避政治迫害的名义到达美国之后,常常能够唤醒美国主流社会对本国历史的集体记忆,从而对这些有着特殊遭遇的人群心怀同情。但是,这种同情并不意味着无原则的包容与让步。他们认为,这些贫穷的俄国犹太移民尽管暂时得到美国犹太慈善组织的帮助,但是未来他们当中一些人肯定会成为美国公共福利慈善事业的负担,而且会成为劳动力市场上的竞争对手。针对美国社会的这种疑虑,美国犹太社团与机构一度表示犹太人自己能够解决自己的问题,绝不会把包袱甩给社会,让犹太人成为各级政府的救济对象对于犹太社会而言是一种耻辱的象征,是犹太社会自治能力下降的表现。美国犹太社团的这种自信的态度在 19 世纪 80 年代表现得特别明显,因为当时他们以为俄国发生迫害事件只是偶然发生的个案,尚不知道还会有更多的磨难降临在俄国犹太人身上。

随着 1891—1892 年俄国反犹事件再度发生,12.5 万名俄国犹太人在这两年内集中涌入了美国,给美国犹太救助机构带来更为沉重的压力,从而使美国犹太社会对俄国犹太移民的态度发生一定的改变。美国犹太社会开始反思自身的救助政策。在某种程度上,美国犹太慈善机构的慷慨救助活动鼓励了更多的俄国犹太人移民美国,提供的救助越多,那么迁徙来的俄国犹太人就越多。这种正比关系令人苦恼,以至于在1892年俄国集体反犹迫害事件结束之后,刚成立不久的慈善组织——纽约俄国犹太移民救助协会就解散了。虽然它对外宣称是由于财政方面不堪重负,所以不得不解散,但是笔者认为,它的解散正是基于上述认识,即救助越多,来得越多。1893年犹太大慈善家巴龙·希尔茨男爵拿出240万美元成立移民救助基金时,美国犹太社团领导人奥斯卡·斯特拉乌斯立刻写信希尔茨,称240万美元将会给美国带来近10万犹太人移民大军。1891—1892年期间俄国犹太人移民潮掀起后,美国犹太社团救助政策发生重要的变化,不再毫无选择地接收、帮助俄国犹太人。一方面他们要求西欧的犹太救助机构加强移民的审核工作,尽量将身体健壮、有技术背景的俄国犹太人送至美国。另一方面要求西欧的犹太救助机构对美国犹太慈善机构加强财政资助。

美国犹太社会救助政策的改变实际上反映了他们的矛盾心理。一方面,他们不能对俄国的犹太同胞采取一种全然不顾的态度。另一方面,他们又不想承担过大的压力。这两个方面的考虑纠缠着美国犹太社团救助工作。但是整体上看,这种矛盾心理并未从根本上干扰救助工作的开展。1900年以后,美国犹太社会慈善救助的重要性开始削弱,越来越多的俄国犹太人在亲朋、同乡的帮助下移民到了美国。此外,还出现了“曲线移民”的现象,即俄国犹太移民先在汉堡、利物浦、上海等中转地谋生,攒足生活费和旅费之后,再继续移民美国之旅。

整体来看,在1881—1920年的俄国犹太人向美国移民的过程中,美国犹太机构和社团起到了一种连接的作用,而俄国犹太人到达美国之后,当俄国犹太人在新旧两个社会系统之间茫然无措的时候,犹太机构和社团又起到了一种焊接的作用。

美国官方的移民政策也对俄国犹太移民的到来作出反应。尽管美国并未出台专门针对犹太人的移民政策,但是在制定和讨论移民政策的过程中充分考虑了俄国犹太人的因素。在这一时期的美国社会史上有一个值得注意的现象就是,俄国迫害犹太人事件发生后,大批俄国犹太人移民到美国,美国的移民政策都会应景似的进行修订。这究竟是巧合还是必然,无从考证。但是美国移民政策的制定者中经常出现反犹主义者的身影。反犹主义者、参议员卡波特·罗杰参与了美国《1893年移民法案》的制定过程,他要求将“读写测试”写进移民法案当中。“读写测试”方案虽然不是专门针对俄国犹太人,但是对俄国犹太人极为不利,因为根据这个方案,所有试图移居美国的人至少会使用一种民族语言,而俄国犹太人广泛使用希伯来方语意第绪语不被视为民族语言。如果"读写测试"方案一旦成为法律,当时大批俄国犹太人将被挡在美国的大门之外。当时"读写测试"方案在参众两院均获得通过,只是克利夫兰总统在最后一刻没有在这份方案上签字才未生效。但是,卡波特·罗杰等人并不死心,他们联合波士顿的反移民组织移民限制同盟在国会不断提出这一方案。最终,"读写测试"被正式写进了《1917 年美国移民法案》。

《1893 年移民法》中的检疫条款、救助条款以及遣返条款实际上都与俄国犹太人的到来有关。1892 年,一条满载俄国犹太移民的轮船上发生传染疫情,引起了美国官方的注意。因此,在制定《1893 年移民法》时,增加相关条款,规定移民在入境前,美国移民局官员必须登船对旅客进行严格的身体检查,一旦发现传染疾病立即遣返,如果不是传染性的疾病需要在特定地点隔离两周左右的时间。遣返条款中有一条规定,就是凡是随身携带的现金不超过 10 美元的人员一律不得入境,这条规定的出台在一定程度也是针对俄国犹太人的贫穷。救助条款规定,移民救助机构如果不能证明移民有能力不依靠国家救济维持生计,那么这样的移民也将被遣返。救助条款主要是针对俄国犹太移民,因为当时他们是获得救助最多的移民群体。

整体上看,19 世纪末 20 世纪初,美国移民政策趋向于严厉,正在从自由移民时代向限制移民时代过渡,强调对移民进行甄别挑选,而且美国联邦政府在这一时期也一直强调要加强移民执法工作,防止一些移民钻政策空子。但是,我们应该认识到,这一时期的移民政策的严厉并不是专门针对俄国犹太移民,而是反映了整个美国主流社会要求限制移民的主张得到了越来越多的认同。俄国犹太移民没有受到移民政策的"特别关照",实际上与美国犹太慈善机构以及犹太社团领导人的积极有效的活动存在密切关系。1893 年在移民限制同盟向国会议员兜售读写测试方案后,美国犹太社团的领导人如雅各布·舍夫、奥斯卡·斯特拉乌斯等人积极行动起来,游说国会议员,阻止这个测试方案获得通过。在美国官方加强对移民执法的力度后,俄国犹太人被遣返的危险加大。美国希伯来人慈善联合会在纽约的埃利斯岛(该岛是俄国犹太移民入境美国的第一站,美国政府在此设有移民检查站)设立专门的办事处,加强与美国官方移民机构交流沟通。所以,在一定程度上,美国犹太社会的领导人影响了美国移民政策的制定与执行,从而使俄国犹太人能够在一个相对宽容的环境中实现移民美国的目标。可以说,没有任何移民群体像俄国犹太人这样受到如此多的呵护和帮助。

俄国犹太移民跨过重重障碍,成功入境美国之后,他们又面临着另外的问题,即如何更快地定居就业,适应美国的新环境。俄国犹太移民一般选择留在就业机会较多的东部大城市,而不愿意深到内地广袤的乡村。作出这一选择,并不意外,因为他们中的多数人在俄国时,就生活在城市。抵达美国后,纽约成为俄国犹太移民首选的梦想之地。当时,纽约下东区是著名的犹太"隔都",大约有30多万的俄国犹太移民在那里生活工作。俄国犹太人主要从事服装行业与商贩活动,其中女性多从事服装行业,男性多从事商贩活动。1900年,美国大城市充分就业的俄国犹太移民中,有1/3都是在服装行业中工作,而在纽约市这一比例更高,达到了45%。1909年,在波士顿有45%的俄国犹太移民从事商贩活动,而其他移民群体中经商人数比例远远低于犹太人,爱尔兰移民中只有5%的人经商,意大利移民群体中只有22%的人从事商业活动[①]。俄国犹太人之所以主要从事这两个行业,这与他们在俄国时养成的职业技能以及美国的经济需要密切相关。许多俄国犹太人在移民之前就是从事制衣工作,而他们到达美国后,这一技能有了更大的施展空间。这些廉价的劳动力,促进了美国服装行业的巨大发展,成就了纽约世界服装业中心和时尚之都的地位。贩卖商品也是犹太人职业传统,他们在长期的商业活动中积累丰富的经验。美国作为当时世界制造业的中心,无疑需要大量商业销售人员,俄国犹太人的到来正好能够满足美国在这方面的需要。

经过两代人的努力,俄国犹太人最终在经济上取得成功。第一代俄国犹太移民通常在"血汗工厂"中谋生,从事高强度的工作,领取低于正常水平的工资。出于维持基本生计的考虑,他们咬牙忍受恶劣的工作条件和较低的工资水平。但是由于犹太人勤俭节约、重视教育、注重奋斗,从移民第二代开始,出现了明显的职业流动趋势。一些犹太人开始创业,比如他们创办自己的服装厂,最终将德裔犹太人挤出了服装行业。另有一些犹太人成为专业人士,并在各行各业特别是一些新兴行业崭露头角。犹太人之所以在经济上取得成功,一方面是由于美国相对公平的经济环境为他们实现职业抱负创造了条件,但更重要的是犹太人自身具备的精神品质,使他们从美国众多的少数族群中脱颖而出。

经济上取得成功之后,犹太人的生活方式发生了改变。最典型的变化,就是他们走出"隔都",融入现代城市的社区生活。当然,与"隔都"所代表的传统生活方式告别,并不是一件容易的事情,需要一个过程。在俄国"栅栏区",犹太人一般生活在城市的"隔都"之中。移民到美国之后,他们又将"隔

---

① George Pozzetta ed., *Immigrant institutions: the organization of immigrant life*, New York, p. 289.

都"的生活方式带进了美国。19世纪末20世纪初是美国城市化进程加快的时期，"隔都"作为一种独特的存在使俄国犹太人在美国主流社会的眼中是一个异类，在美国德裔犹太人的眼中则是一种耻辱。诚然，"隔都"生活为初来乍到的俄国犹太人提供了某种安全感，但是"隔都"本身存在诸多问题，如卫生条件差、居住环境拥挤等等，这样的环境极容易引诱大规模疫病的暴发，当时肺结核就是"隔都"居民的流行病（俄国犹太人中的肺结核发病率高也与长期从事服装行业或纺织行业有关）。在进步主义时代的美国，这样恶劣生存环境越来越难以被全社会容忍，因此"隔都"成为美国社会工作者抨击的对象。

美国犹太机构与社团决心解决"隔都"问题。他们最先对纽约下东区的"隔都"下手，因为它是美国"隔都"的代表，为此美国犹太社会的领导层（由美国的德裔犹太精英人物构成）一方面对希伯来人慈善联合会进行改革，通过提高慈善救助的效率，改变"隔都"的状况。另一方面，成立工业转移办公室，实施工业转移计划，鼓励在"隔都"中生活工作的俄国犹太移民迁居到内陆城镇，由他们提供资助，并负责联系新工作。工业转移办公室的工作遇到过阻力，首先，已经在纽约充分就业的俄国犹太移民根本不愿意去内地再就业，毕竟还是纽约这样的大都市机会相对多一些；其次，内陆城市的犹太社团也不太配合工业转移办公室的工作。然而，这个犹太机构最终还是成功地将5.5万名俄国犹太移民从纽约"隔都"转移到其他城市。工业转移计划最大贡献并不在于它将多少俄国犹太移民转移出了纽约，而在于它利用了俄国犹太移民习惯于同乡互助、亲友互助的特点，使越来越多俄国犹太新移民到纽约以外的地方抱团谋生，也就是说它用暗度陈仓的手法，为俄国犹太新移民找出更多的"据点"。当然，"隔都"问题的最终解决有赖于俄国犹太移民自身经济状况的改善。新世界的"隔都"问题从根本上讲是由犹太人的贫困化、文化传统和生活策略造成的，而旧大陆的"隔都"是文化歧视与宗教偏见的产物。在新世界"隔都"被当成问题来对待，在旧大陆"隔都"从来就不是问题。欧洲各国的主流社会认为，犹太人就应该生活在"隔都"之中。

俄国犹太移民在新世界依赖"隔都"的一个重要原因，就是维护信仰生活的需要。俄国犹太移民绝大多数是信仰犹太教正统派，而当时美国犹太教中势力最大的派别是改革派。在"隔都"之外，美国城市的其他地方能够满足正统派信仰生活的设施和场所都比较少。而对于俄国移民第一代而言，让他们放弃已经信仰多年的正统派，归宗于改革派，是非常困难的。所以，从个人情感方面来讲，他们更愿意待在"隔都"里。但是，随着俄国移民第二代的成长,这种情况发生了改变。他们更多地受到美国世俗观念的影响,开始不愿意严格遵守犹太教正统信仰,但是另一方面,他们又不能完全被主流社会接纳,丧失一种归属感,所以他们在一定程度上仍然需要犹太教。实际上,俄国犹太移民的后裔可以被视为"新、旧世界两种文化的混血儿"。一些开明的犹太教拉比注意到这种情况,所以在传教布道过程中,开始将正统派思想与改革派思想糅合起来,灌输给俄国移民第二代。这种折衷主义策略,最终使美国成为犹太教保守派运动的主阵地①。犹太教保守派在美国的蓬勃发展,意味着俄国犹太人在观念上逐步世俗化,这是俄国犹太人获取现代性的一个非常重要的步骤。世俗化有利于俄国犹太人更好适应新的生活环境,缓解外界投射到他们身上的压力。俄国犹太人必须在心理、行为和态度上,与美国现代形式的经济发展同步,相互配合,才能真正实现成为现代人②。

当然,有一些俄国犹太人的思想观念在到达美国之前就已经表现出了高度的世俗化。他们关心社会事务和犹太人本身的事务,乐于接受新观念,并敢于挑战命运,投身社会主义运动和犹太复国主义运动。到达美国之后,这些俄国犹太人有了更广阔的活动空间,因为当时美国的进步主义运动正在如火如荼地进行,其目标是要建立一个公平正义的美国社会。在进步主义运动的影响之下,移民美国的"崩得"成员鼓励服装、雪茄等所谓"犹太行业"的俄国犹太劳工组织起工会,开展劳工运动,在 1909—1914 年间开创了美国劳工运动史上所谓的"大革命时期"。

俄国犹太人不仅通过劳工运动为自身争取权利,而且通过犹太复国主义运动为整个犹太民族争取权利。他们成功地将社会主义与犹太复国主义运动结合起来形成了劳工犹太复国主义运动。美国的犹太复国主义运动虽然出现得较早,但是直到大批俄国犹太人移居美国之后才形成气候。究其原因,在于美国的多数德裔犹太人不支持复国主义运动,认为美国就是美国犹太人的国家,而支持犹太复国运动就等于是对美国的不忠与背叛。

到 20 世纪初,随着俄国犹太人的大规模涌入,德裔犹太人在美国犹太社会中退居到少数地位,但是他们凭借着自身的财力与社会影响力仍然牢牢地掌控着犹太社会的领导权,掌握着大量犹太机构,在犹太人事务中拥有很大的权力。德裔犹太人雅各布·舍夫是公认的美国犹太人领袖,当时美

---

① Auther Hertzberg, *The Jews in America*: *four centuries of an uneasy encounter*, *a history*, New York, Columbia University, 1986, p. 192.
② 殷陆君编,人的现代化——心理·思想·态度·行为,成都:四川人民出版社,1985 年版,第 5 页。

国政府只要处理与犹太人相关事务，都会主动向舍夫征求意见。然而，在进步主义运动中，另一位德裔犹太人——路易斯·布兰代斯声名鹊起。在调解纽约制衣行业大罢工的过程中，布兰代斯主导了美国历史上的第一份劳资协议——《和平协议书》的签署。这份劳资协议在牺牲德裔犹太雇主利益的基础上保护了俄裔犹太劳工的权利。与雅各布·舍夫不同，布兰代斯同情俄裔犹太人的遭遇，同情犹太复国主义运动，因而获得了俄裔犹太人的广泛支持。在布兰代斯的推动下，美国犹太人大会成立，并成为美国犹太人世俗事务的最高决策机构。由于得到了众多俄裔犹太人的支持，布兰代斯顺利当选美国犹太人大会的主席。布兰代斯的胜利实际上意味着俄裔犹太人的胜利，表明美国犹太社会的权力格局发生重大改变，德裔犹太人长期主导美国犹太社会、把持犹太事务的局面宣告终结。笔者认为，布兰代斯不是一个利用俄裔犹太人与犹太复国主义运动攫取权力的阴谋家，他只不过是掌握了美国犹太社会的新趋向，抓住一战有利的时机，取代了雅各布·舍夫，成为美国犹太社会的新领袖，使美国犹太社会进入了"复国主义时代"。

如果说俄裔犹太人数量的猛增影响了美国的犹太政治，那么美国犹太人数量的增长同样地影响了美国的政治。从一战时期开始，我们可以看到美国犹太人通过各种方式对美国的外交政策发挥了实质性的影响。他们不仅推动了美国总统伍德罗·威尔逊本人及美国政府支持《贝尔福宣言》，而且推动了一战之后中东欧犹太人数量较多的国家与协约国签署《少数民族条约》，从而保障包括犹太人在内的欧洲各少数民族的权利。更为重要的是，俄裔犹太人取得美国犹太社会主导权之后，推动了美国国内基督教犹太复国主义者团体的形成，威尔逊便是这个团体的重要代表。由此，犹太人、犹太政治、美国政治这三者之间，开始相互交织、相互影响，对世界历史进程产生重大影响。

通过研究俄国犹太人移民美国的过程，我们不难发现，俄国犹太人是被迫走上移民之路的，因而对生来没有祖国的事实心存愤恨，犹太人经常强调"一个民族没有国家，就如同一个人没有影子一样，是不正常的"。这种民族主义思维，对他们政治立场和政治观念的形成具有重大影响。俄国犹太人作为一个群体在民族主义的诱惑之下最终把犹太复国主义特别是劳工犹太复国主义（以色列工党就是在劳工犹太复国主义者的支持下建立的）作为政治归宿，而犹太复国主义运动在解放犹太人的同时，也给阿拉伯民族、中东地区带来了重大灾难。1923 年阿尔伯特·爱因斯坦到访巴勒斯坦时曾经强调，"同阿拉伯建立起健康的关系，这是犹太复国主义最重要的政治工作。"①但是，很遗憾，狭隘的民族主义一直是阿以关系中的主流话语，导致中东地区长期动荡，这是一个令人痛苦的事实。但这一事实并不能成为我们评判美国俄裔犹太人意识形态优劣的依据。人在历史潮流中往往是被裹挟着前进的，这种无力感在很多时候被我们称为"命运"。

俄裔犹太人到达美国之后的适应过程，实际上也是犹太族群实现现代化、犹太人获得现代性的过程。他们积极投身现代经济活动之中，参与工业化生产和分工，走出"隔都"，融入现代城市生活；在思想观念方面，他们的言行逐步呈现出世俗化的色彩，从拘泥于宗教信仰和仪式的传统人转变为适应现代文明规则的公民，而通过参与工会活动、选举、劳工运动、妇女解放运动、犹太复国主义运动以及福利制度建设，他们提高了自身的政治参与能力，激活了沉睡的民主精神与自由意识。概而言之，也就是俄裔犹太人作为一个群体在移民美国之后，他们的世俗化程度、政治参与的程度、参与现代经济的程度，逐步达到美国主流社会的同等水平。所以，对移民特别是非技术移民运动现象的考察，现代化的理论视角是一个有效选项，因为这些人的现代化属于一种特殊类型，而这个类型在以往的现代化研究中往往不受重视。这种现代化类型，我们姑且称之为"移民现代化"。

俄国犹太人向美国移居的历史，是一部民族志、文明史、慈善史，也是一部现代化史。他们所走过的现代化道路，后来被其他种族群体"复制"。二战之后，生活在土耳其的突厥人掀起了向德国（联邦德国）大规模移民的浪潮。如今，战火中的叙利亚人、乌克兰人、非洲人（如刚果人、苏丹人等）也开始了类似的现代化道路，这一过程仍未结束。他们能否重复犹太人的成功经验，尚存疑问。

当然，移民的现代化之路，留给我们更多的是思考。人口有序跨国、跨社群流动是一种正常的、有益的社会交往行为，反之则是噩梦，会在输出国、沿途国、中转国和接受国等处，引发一系列难以预测的后果，对世界政治经济秩序造成严重干扰，增加全球治理的难度。遗憾的是，这样的噩梦远未结束。非洲的生态移民，拉丁美洲的非法移民，叙利亚、乌克兰的战争难民，还有大量因为新冠疫情影响寻求新生机的移民，都在迁徙中挣扎求生，这对于全人类而言都是相当不幸的事实。从国家层面看，无序跨国、跨社群流动的人群即使成功抵达"希望之地"，也通常会面临就业机会稀缺、行为规范再塑造以及失语性等一系列问题，这使他们成为社会竞争失败者的概率大大提

---

① 爱因斯坦，爱因斯坦论犹太人问题，北京，中央编译出版社，2007 年版，第 4 页。

高,而一旦成为社会竞争的失败者,这些人心理以及人格所遭受的打击往往是致命性的,这从欧美各国移民犯罪率远高于本土人群的事实中,可见一斑。从全球层面上看,无序跨国移民运动经常与其他形式的全球化问题如恐怖主义活动、贩毒活动、人口走私贩卖、器官交易等紧密联系在一起,如果引导不当、协调失措,则会导致各种形式的社会冲突。总而言之,人口无序跨国、跨社群流动,给当前各国内部治理以及国际关系的塑造带来了非常大的压力,以至于一些社会精英对全球化产生了怀疑。美国总统特朗普下令在美墨边境修建隔离墙,阻挡拉丁美洲的非法移民。这堵墙,成为反全球化的象征。英国退出欧洲联盟这一反全球化举措,其背后也有阻止非法移民滥用欧盟基于人道主义的善意入境英国的考量。

那么,在今天,避免人口大规模的无序跨国、跨社群流动,需要建立有效的全球治理机制。具体来说,就是要建立公正合理的国际政治经济新秩序,缩小正在全球蔓延的贫富差距,提高政治文明的水平,充分尊重人的公民权利,反对各种形式的歧视,尤其是宗教歧视、种族歧视和性别歧视,打造一个没有恐惧的美好世界。可以预见,这将是一个非常漫长的过程。

从哥伦布、达·伽马、麦哲伦的航船载着被驱逐的塞法迪犹太人发现美洲大陆,开启全球化进程以来,人类从未像今天这样彼此依存。在其他族群身上发生的故事,并不是我们茶余饭后的谈资,而是反思的动力。他们的故事,有关权利,有关尊严,有关未来。

参考文献

一 英文部分

档案

[1] 1881—1920 年间的美国报刊：American Hebrew, American Israelite, Jewish Messenger, New York Times, Yiddishe Gazetten.

[2] Congress Record, 54th Cong., 2nd sess., vol. 29.

[3] America Jewish Year Book.

[4] Klieman, Aaron S. eds., *American Zionism: A documentary history*, New York, 1990.

[5] Metzker, Issac, ed., *A bintel brief: Sixty years of letters from the Lower East Side to the Jewish Daily Forward*, Garden City, 1981.

[6] Proceedings of the National Conference of Jewish Social Service.

[7] Marcus, Jacob Rader ed., *The Jews in the American world: A source book*, Detroit: Wayne State University Press, 1996.

专著

[1] Adler, Cyrus, *Jacob H. Schiff: His life and letters*, New York, 1922.

[2] Agar, Herbert, *The saving remnant*, New York, 1960.

[3] Arfa, Cyrus, *Reforming reform Judaism: Zionism and the Reform Rabbinate, 1885 - 1948*, Tel Aviv, 1985.

[4] Bauer, Yehuda, *My brother's keeper: A history of the American Jewish joint distribution committee, 1929 - 1939*, Philadelphia, 1974.

[5] Bell, Daniel, *Marxian socialism in the United States*, Princeton, 1967.

[6] Bentwich, Norman, *For the Zion's sake: a biography of Judah L. Magnes*, Philadelphia, 1954.

[7] Berrol, Selma, *The empire city: New York and its people, 1624 - 1996*, Westport, 1997.

[8] Birmingham, Stephen, *"The rest of us": The rise of America's Eastern European Jews*, Boston, 1984.

[9] Bodnar, John, *The transplanted: A history of immigrants in urban America*, Indiana University Press, 1985.

[10] Bristow, Edward J., *Prostitution and prejudice: The Jewish fight against white slavery, 1870 - 1939*, Oxford, 1982.

[11] Chametzky, Jules, *From the Ghetto: the fiction of Abraham Cahan*, Philadelphia,

1969.

[12] Chertoff, Mordecai S. , ed. , *The new left and the Jews*, New York, 1971.

[13] Cohen, Bernard, *Sociocultural changes in American Jewish life as reflected in selected Jewish Literature*, Rutherford, 1972.

[14] Cohen, Morris R. , *A dreamer's journey*, Boston, 1949.

[15] Cohen, Percy S. , *Jewish radicals and radical Jews*, London, 1970.

[16] Cohen, Naomi W. , *Encounter with emancipation: The German Jews in the United States, 1830 - 1914*, Philadelphia, 1984.

[17] Cowan, Paul, *An orphan in history*, New York, 1982.

[18] Cowan, Neil M. and Cowan, Ruth Schwartz, *Our parents' lives: the Americanization of Eastern European Jews*, New York, 1989.

[19] Daniels, Roger, *Coming to America: A history of immigration and ethnicity in American life*. New York: HarperCollins University Publishers, 1990.

[20] Davis, Moshe, *The emergence of Conservative Judaism*, Philadelphia, 1963.

[21] Davis, Moshe, *The emergence of Conservative Judaism: The historical school in nineteenth-century America*, Philadelphia, 1972.

[22] Dawidowicz, Lucy, *On equal terms: Jews in America, 1881 - 1981*, New York, 1982.

[23] De Haas, Jacob, *Louis D. Brandeis*, New York, 1929.

[24] Diner, Hasia R. , *In the almost promised land: America Jews and the blacks, 1915 - 1935*, Westport Conn. , 1977.

[25] Duffus, R. L. , *Lillian Wald, neighbor and crusader*, New York, 1938.

[26] Edelstein, Arthur ed. , *Images and ideas in American culture: The functions of criticism — Essays in memory of Philip Rahv*, Hanover, 1979.

[27] Edwards, John ed. , *Linguistic minorities, policies and pluralism*, London, 1984.

[28] Eisen, Arnold M. , *The chosen people in America: A study in Jewish religious ideology*, Bloomington, 1983.

[29] Fine, David M. , *The city, the immigrant and American fiction, 1880 - 1920*. Metuchen, 1977.

[30] Fuchs, Lawrence H. , *The political behavior of American Jews*, Westport, 1956.

[31] Gabler, Neal, *An empire of their own: How the Jews invented Hollywood*, New York, 1988.

[32] Gal, Allon, *Brandeis of Boston*, Cambridge, 1980.

[33] Gay, Ruth, *Unfinished people: Eastern European Jews encounter America*, New York, 1996.

[34] Garraty, John, *Henry Cabot Lodge*, New York, 1953.

[35] Geltman, Max, *The confrontation: Black power, anti-Semitism and the myth of integration*, Englewood Cliffs, 1970.

[36] Gerber, David A. ed. , *Anti-Semitism in American history*, New York, 1986.

[37] Gilbert, Arthur, *A Jew in Christian America*, New York, 1966.

[38] Glazer, Nathan and Moynihan, Daniel Patrick, *Beyond the melting pot: the Negroes, Puerto Ricans, Jews, Italians, and Irish of New York City*, Cambridge, 1963.

[39] Glazer, Nathan, *America Judaism*, Chicago, 1957.

[40] Goldin, Milton, *Why they give: American Jews and their philanthropies*, New York, 1976.

[41] Goldstein, Leon J. , *Politics and Pluralistic Democracy*, New York, 1982.

[42] Goren, Arthur, *New York Jews and the quest for community: the Kehillah experiment, 1908-1922*, New York, 1970.

[43] Greenberg, Louis, *The Jews in Russia*, Yale University Press, 1944.

[44] Gurock, Jeffey S. ed. , *East European Jews in America, 1880 - 1920: Immigration and Adaptation*, New York, 1998.

[45] Handlin, Oscar ed. , *Immigration as a factor in American history*, Boston's immigrants, Cambridge, 1959.

[46] Hanna, Mary T. , *Catholics and American politics*, Cambridge, 1979.

[47] Hentoff, Nat, *Black anti-Semitism and Jewish racism*, New York, 1969.

[48] Herscher, Uri D. and Chyet, Stanley F. eds. , *On Jews, America, and immigration: a socialist perspective*, Cicinnati, 1980.

[49] Hertzberg, Authur, *The Jews in America: Four centuries of an uneasy encounter, a history*, New York, Columbia University Press, 1986.

[50] Herberg, Will, *Protestant-Catholic, Jew: An essay in American religious sociology*, New York, 1955.

[51] Higham, John, *Send these to me: Jews and other immigrants in urban America*, Baltimore, 1975.

[52] Higham, John, *Strangers in the land: Patterns of American nativism, 1860 - 1925*, New York, 1963.

[53] Hindus, Milton ed. , *The Jewish east side, 1881-1924*, New York, 1996.

[54] Hook, Sidney, *Out of step: an unquiet life in the twentieth century*, New York, 1987.

[55] Howe, Irving, *World of our fathers: The journey of the east European Jews to America and the life they found and made*, New York, 1976.

[56] Janowsky, Oscar, *The Jews and minority rights, 1898-1919*, New York, 1933.

[57] Joselit, Jenna W. , *Our gang: Jewish crime and the New York Jewish community, 1900-1940*, Bloomington, 1983.

[58] Joseph, Samuel, *Jewish immigration to the United States: From 1881 to 1910*, New York. 1998.

[59] Karp, Abraham, ed. , *Golden door to America: The Jewish immigrant experience*, New York, 2002.

[60] Kranzler, George, *Williamsburg: A Jewish community in transition*, New York, 1981.

[61] Kraut, Benny, *From Reform Judaism to ethical culture: the religious evolution of Felix Adler*, Cicinnati, 1979.

[62] Kurtz, Seymour, *Jewish America*, New York, 1985.

[63] Lenski, Gerhard, *The religious factor: A sociological study of religion's impact on politics, economics and family life*, New York, 1963.

[64] Levine, Naomi and Hochbaum, Martin eds. , *Poor Jews*, New Brunswick, 1974.

[65] Levin, Nora, *While the Messiah tarried*: *Jewish socialist movement*, *1871-1917*, New York, 1978.

[66] Lieberson, Stanley, *A piece of the pie*: *Blacks and white immigrants since 1880*, Berkeley: University of California Press, 1996.

[67] Liebert, Robert, *Radical and militant youth*: *A psychoanalytic study*, New York, 1971.

[68] Lissak, Rivak Shpak, *Pluralism and progressives*: *Hull House and the new immigrants*, *1890-1919*, Chicago: University of Chicago Press, 1989.

[69] Lubove, Roy, *The Progressives and the slums*, Pittsburgh, 1962.

[70] May, Max B., *Isaac Mayer Wise*: *The founder of America Judaism*, *A biography*, New York, 1916.

[71] Marcus, Jacob R., *Studies in American Jewish history*, Cincinnati, 1969.

[72] Mason, Alpheus Thomas, *Brandeis*: *A free man's life*, New York, 1946.

[73] Morris, Robert and Freund, Michael eds., *Trends and issues in Jewish social welfare in the United States*, *1899-1952*, Philadelphia, 1966.

[74] Narell, Irena, *Our city*: *The Jews of San Francisco*, San Diego, 1981.

[75] Neuringer, Sheldon Morris, *American Jewry and United States immigration policy*, *1881-1953*, New York: Arno Press, 1980.

[76] Parrillo, Vincent N., *Strangers to these shores*: *racial and ethnic relations in the United States*, New York: Wiley, 1985.

[77] Perlmutter, Nathan, and Perlmutter, Ruth Ann, *The real anti-Semitism in America*, New York, 1982.

[78] Philipson, David, *The reform movement in Judaism*, New York, 1967.

[79] Plaut, W. Gunther, *The growth of Reform Judaism*, New York, 1965.

[80] Pfeffer, Leo, *Creeds in competition*: *a creative force in American culture*, New York, 1959.

[81] Rabinowitz, Benjamin, *The young men's Hebrew associations*, New York, 1948.

[82] Raphael, Marc L., *Profiles in America Judaism*: *The Reform*, *Conservative*, *Orthodox and reconstructionist traditions in historical perspective*, San Francisco, 1984.

[83] Riesman, David, *The Lonely Crowd*: *a study of the changing American charater*, New Haven, 1950.

[84] Rischin, Moses, *The promised city*: *New York's Jews*, *1870-1914*, New York, 1970.

[85] Rose, Arnold M. ed., *Assuring freedom to the free*: *A century of emancipation in the U.S.A.*, Detroit, 1964.

[86] Ross, E. A., *The old world in the new*, New York, 1914.

[87] Rose, Peter I., *Mainstream and margins*: *Jews*, *Blacks and other Americans*. New Brunswick, 1983.

[88] Rose, Peter I., *The Ghetto and beyond*: *essays on Jewish life in America*, New York, 1969.

[89] Rosenstock, Morton, *Louis Marshall*: *Defender of Jewish rights*, Detroit, 1965.

[90] Rothman, Stanley, *Roots of radicalism*: *Jews*, *Christians and the new left*, New

York, 1982.

[91] Rubinstein, W. D. , *The left, the right and the Jews*, New York, 1983.

[92] Sachar, Abram L. , *A history of the Jews*, New York, 1965.

[93] Sachar, Howard M. , *A history of the Jews in America*, New York, 1992.

[94] Sanders, Ronald, *The downtown Jews: Portraits of an immigrant generation*, New York, 1970.

[95] Schoener, Allon ed. , *Portal to America: The Lower East Side, 1870 – 1925*, New York, 1967.

[96] Sklare, Mashall and Greenblum, Joseph, *Jewish identity on the suburban frontier: A study of group survival in the open society*, New York, 1967.

[97] Sklare, Mashall ed. , *The Jews: Social patterns of an American group*, Glencoe, 1959.

[98] Sorin, Gerald, *The prophetic minority: American Jewish immigrant radicals, 1880 – 1920*, Washington, 1985.

[99] Stave, Bruce, ed. , *From the old country: an oral history of European migration to America*, University Press of New England, 1991.

[100] Steinberg, Stephen, *The ethnic myth: Race, ethnicity, and class in America*, New York: Atheneum, 1981.

[101] Stember, Charles H. ed. , *Jews in the mind of American*, New York, 1966.

[102] Strum, Philippa, *Louis D. Brandeis: Justice for the people*, Cambridge University Press, 1984.

[103] Tcherikower, Elias ed. , *The early Jewish labor movement in the United States*, New York, 1961.

[104] Urofsky, Melvin I. , *A mind of one piece: Brandeis and American reform*, New York, 1971.

[105] Urofsky, Melvin I. , *American Zionism from Herzl to the Holocaust*, Garden City, 1975.

[106] Weinberg, Sidney S. , *The world of our mothers: The life of Jewish immigrant women*, Chapel Hill, 1988.

[107] Whiteman, Maxwell and Wolf, Edwin, *The history of the Jews of Philadelphia: from colonial times to the age of Jackson*, Philadelphia, 1975.

[108] Wischnitzer, Mark, *To dwell in safety: The story of Jewish migration since 1800*, Philadelphia, 1948.

论文

[1] Ben-Atar, Doron, The Jewish American question, *Journal of Urban History*, vol. 26, 1990.

[2] Clymer, Kenton J. , Anti-Semitism in the late nineteenth century: The case of John Hay, *American Jewish Historical Quarterly*, June, 1971.

[3] Friedman, Reena Sigman, Send me my husband who is in New York City: Husband desertion in the American Jewish immigrant community, 1900 – 1926, *Jewish Social Studies*, vol. 44.

[4] Heinze, Andrew, Jewish street merchants and mass consumption in New York, 1880 – 1914, *American Jewish Archives*, Fall-Winter, 1989.

［5］ Halpern, Ben, The Americanization of Zionism, 1880 - 1930, *American Jewish History*, September, 1979.

［6］ Kurphy, John C. , *An analysis of the attitudes of American Catholics toward the immigrant and the Negro*, *1825 - 1925*, Catholic University of America, Studies in Sociology, vol. 1,1940.

［7］ Kraines, Oscar, Brandeis and scientific management, *Publications of the American Jewish Historical Society*, September, 1951.

［8］ Rischin, Moses, The early attitude of the American Jewish committee to Zionism, 1906 - 1922, *American Jewish Historical Society*, March 1960.

［9］ Szajkowski, Zosa, The impact of Jewish overseas relief on American Jewish and Non-Jewish philanthropy, 1914 - 1927, *American Jewish Archives*, Vol. 22, No. 1, 1970.

二 俄文部分
专著

［1］ Суверов, В. М. , *История России IX-XX веков*, Барнаул: Изд-во АлтГТУ, 1998.

［2］ Данильченко, С. Л. , Данильченко, А. Н. , Шкарубо, С. Н. , *История России. XX век*, Уфа: АЭТЕРНА, 2017.

［3］ Барсенков, А. С. , Вдовин, А. И. *История России. 1917 - 2009*, М. : Аспект Пресс, 2010.

［4］ Прайс, Д. М. , *Русские евреи в Америке. Очерки из истории, жизни и быта русско-еврейских эмигрантов в Соединенных Штатах Сев. Америки. С 1881 по 1891 гг*, СПб. : Издание А. Е. Ландау, 1893.

［5］ Оршанский, И. Г. , *Евреи в России. Очерки экономического и общественного быта русских евреев*, СПб. : Тип. О. И. Бакста, 1877.

［6］ Макаров, А. Г. （отв. за вып. ）, *Национальный вопрос в истории России. Сборник статей*, М. : АИРО-XXI, 2015.

［7］ Нефедов, С. А. , *Демографически-структурный анализ социально-экономической истории России. Конец XV-начало XX века*, Екатеринбург: Издательство УГГУ, 2005.

［8］ Сахаров, А. Н. （ред. ）, *История России с древнейших времен до наших дней*, М. : Издательство "Проспект". 2011.

［9］ Тимошина, Т. М. , *Экономическая история России: Учебное пособие/Под ред. проф. М. Н. Чепурина* （15-е изд. , перераб. и доп）, М. : ЗАО Юстицинформ, 2009.

［10］ Нуреев, Р. М. , Латов, Ю. В. , *Экономическая история России (опыт институционального анализа)*, М. : КноРус. 2021.

［11］ Ланцов, С. А. , *Политическая история России*, Санкт-Петербург: Питер, 2009.

［12］ Чумаченко, Т. А. , *Государственно-церковные отношения в политической истории России X-XX век*, Челябинск: Изд-во ЧелГУ, 2008.

［13］ Будницкий, О. В. , *Российские евреи между красными и белыми （1917 - 1920）*, М. : РОССПЭН, 2005.

［14］ Каганович, А. , *Друзья поневоле: Россия и бухарские евреи, 1800 - 1917*, М. :

Новое литературное обозрение，2016.

［15］Зубов，А. Б.（отв. ред. ），*История России. XX век. Том 1. Как Россия шла к XX веку. От начала царствования Николая II до конца Гражданской войны（1894 -1922）*，М.：Эксмо，2016.

三　中文部分
专著

［1］阿巴·埃班，阎瑞松译. 犹太史［M］. 北京：中国社会科学出版社，1986 年版

［2］安德烈·P. 齐甘科夫，关贵海、戴惟静译. 俄罗斯与西方：从亚历山大一世到普京［M］. 上海：上海人民出版社，2017 年版

［3］阿瑟·林克、威廉·卡顿，刘绪贻等译. 1900 年以来的美国史［M］. 北京：中国社会科学出版社，1983 年版

［4］爱因斯坦，许良英译. 论犹太人问题［M］. 北京：中央编译出版社，2007 年版

［5］爱德华·W. 萨义德，王宇根译. 东方学［M］. 北京：生活·读书·新知三联书店，1999 年版

［6］保罗·利科，李彦岑、陈颖译. 记忆，历史，遗忘［M］. 上海：华东师范大学出版社，2018 年版

［7］保罗·约翰逊，管燕红、邹云译. 犹太人四千年［M］. 北京：世界图书出版公司，2021 年版

［8］查姆·伯曼特，冯玮译. 犹太人［M］. 上海：上海三联书店，1991 年版

［9］戴超武. 美国移民政策与亚洲移民［M］. 北京：中国社会科学出版社，1999 年版

［10］邓蜀生. 美国与移民［M］. 北京：人民出版社，1990 年版

［11］邓蜀生. 世代悲欢"美国梦"——美国的移民历程及种族矛盾［M］. 北京：中国社会科学出版社，2001 年版

［12］大卫·鲁达夫斯基，李伟、刘平译. 近现代犹太宗教运动：解放与调整的历史［M］. 济南：山东大学出版社，1996 年版

［13］丁则民. 美国内战与镀金时代［M］. 北京：人民出版社，1990 年版

［14］汉娜·阿伦特，林骧华译. 极权主义的起源［M］. 北京：生活·读书·新知三联书店，2008 年版

［15］洪宇. 简明俄国史［M］. 上海：上海外语教育出版社，1987 年版

［16］黄兆群. 熔炉下的火焰：美国的移民、民族和种族［M］. 上海：东方出版社，1994 年版

［17］卡特琳娜·夏利尔，刘文瑾编译. 现代性与犹太思想家［M］. 上海：上海人民出版社，2017 年版

［18］克劳斯·P. 费舍尔，佘江涛译. 强迫症的历史：德国人的犹太恐惧症与大屠杀［M］. 南京：译林出版社，2017 年版

［19］库尔特·舒伯特，颜展红译，犹太史［M］. 上海：上海三联书店，2020 年版

［20］吉尔·德拉诺瓦，郑文彬、洪晖译. 民族与民族主义［M］. 北京：生活·读书·新知三联书店. 2005 年版

［21］杰弗里·霍斯金，李国庆等译. 俄罗斯史［M］. 广州：南方日报出版社，2013 年版

［22］马克思、恩格斯. 马克思恩格斯选集［M］. 北京：人民出版社，1972 年版

［23］拉斐尔·格罗斯，程维荣译. 卡尔·施米特与犹太人［M］. 上海：上海人民出版社，2019 年版

[24] 刘洪一.犹太精神[M].南京：南京大学出版社,1995年版

[25] 梁茂信.美国移民政策研究[M].长春：东北师范大学出版社,1996年版

[26] 李爱慧.文化的移植与适应——东欧犹太移民的"美国化"之路[M].北京：光明日报出版社,2010年版

[27] 梁赞诺夫斯基、马克·斯坦伯格,杨烨、卿文辉译.俄罗斯史[M].上海：上海人民出版社,2013年版

[28] 理查德·桑内特,黄煜文译.肉体与石头：西方文明中的身体与城市[M].上海：上海文艺出版社,2006年版

[29] 李工真.文化的流亡——纳粹时代欧洲知识难民研究[M].北京：人民出版社,2010年版

[30] 利昂·P.巴拉达特,张慧芝、张露璐译.意识形态起源和影响[M].北京：世界图书公司出版公司,2010年版

[31] 列奥·施特劳斯,张缨等译.犹太哲人与启蒙[M].北京：华夏出版社,2019年版

[32] 林广.移民与纽约城市发展[D],华东师范大学博士论文：1998年

[33] 诺曼·所罗门,王广洲译.犹太人与犹太教[M].南京：译林出版社,2014年版

[34] 李颜伟.知识分子与改革：美国进步主义运动新论[M].北京：社会科学出版社,2010年版

[35] 欧文·豪,王海良、赵立行译.父辈的世界：东欧犹太人移民美国以及他们发现与创造生活的历程[M].上海：上海三联书店,1995年版

[36] 皮埃尔·伯恩鲍姆,唐运冠译.牲人祭：近代早期欧洲的犹太人想象[M].杭州：浙江大学出版社,2017年版

[37] 潘光.犹太民族复兴之路[M].上海：上海社会科学院出版社,1998年版

[38] 潘光、汪舒明、罗爱玲.犹太人在美国：一个成功族群的发展和影响[M],北京：时事出版社,2010年版

[39] 彭树智.阿拉伯国家史[M].北京：高等教育出版社,2002年版

[40] 帕特里克·曼宁,李腾译.世界历史上的移民[M].北京：商务印书馆,2015年版

[41] 乔纳森·休斯、路易斯·凯恩,邸晓燕、邢露译.美国经济史[M].北京：北京大学出版社,2011年版

[42] 钱满素.美国自由主义的历史变迁[M].北京：生活·读书·新知三联书店,2006年版

[43] 施罗默·桑德,杨军译.虚构的以色列地：从圣地到祖国[M].南京：南京大学出版社,2019年版

[44] S. N.艾森斯塔特,胡浩等译.犹太文明：比较视野下的犹太历史[M].北京：中信出版集团,2019年版

[45] 塞西尔·罗斯,黄复武等译.简明犹太民族史[M].济南：山东大学出版社,1997年版

[46] 沃尔特·拉克,徐方等译.犹太复国主义史[M].上海：上海三联书店,1992版

[47] 维尔纳·桑巴特,安佳译.犹太人与现代资本主义[M].上海：上海世纪出版集团,2015年版

[48] 王旭.美国城市史[M].北京：中国社会科学出版社,2000年版

[49] 徐新.反犹主义解析[M].上海：上海三联书店,1996年版

[50] 徐新、凌继尧.犹太百科全书[M].上海：上海人民出版社,1993年版

[51] 徐新.犹太文化史[M].北京：北京大学出版社,2011年版

[52] 亚当·扎莫伊斯基,郭大成译. 波兰史[M]. 北京：中国友谊出版社,2019 年版

[53] 雅各·瑞德·马库斯,杨波等译. 美国犹太人,1585—1990：一部历史[M]. 上海：
上海人民出版社,2004 年版

[54] 约翰·C. 舒佩尔、布莱恩·K. 特里,李腾译. 世界历史上的宗教[M]. 北京：商务印
书馆,2015 年版

[55] 尤里·斯廖兹金,陈晓霜译. 犹太人的世纪[M]. 北京：社会科学文献出版社,2020
年版

[56] 张倩红. 困顿与再生：犹太文化的现代化[M]. 南京：江苏人民出版社,2003 年版

[55] 朱维之. 希伯来文化[M]. 杭州：浙江人民出版社,1998 年版

[57] 朱迪斯·M. 本内特、C. 沃伦·霍利斯特,杨宁、李韵译. 欧洲中世纪史(第 10 版)
[M]. 上海：上海社会科学出版社,2007 年版

论文

[1] 邓蜀生. 美国移民政策的演变及其动因[J]. 历史研究. 1989(3)

[2] 邓蜀生. 美国犹太人同化进程初探[J]. 世界历史. 1989(2)

[3] 丁则民. 百年来美国移民政策的演变. [J]东北师大学报(哲学社会科学版). 1986
(3)

[4] 黄兆群. 现代化与美国民族一体化论[J]. 山东师范大学学报. 1995(1)

[5] 李爱慧. 东欧犹太移民的涌入与美国反犹主义的激化[J]. 历史教学. 2005(12)

[6] 潘光. 美国犹太人的成功与犹太文化的特征[J]. 美国研究. 1995(3)

[7] 石涵月. 美国历史上反犹主义的宗教文化根源[J]. 世界民族. 2005(5)

[8] 杨申. 俄国犹太人[J]. 外国问题研究. 1982(1)

[9] 周钢、杨国美. 概论美国的移民、民族和种族关系理论[J]. 史学月刊. 1996(3)

图书在版编目（CIP）数据

彼岸：1881—1920年俄国犹太人移居美国研究/王耀明
著.—上海：上海三联书店，2022.10
ISBN 978-7-5426-7804-1

Ⅰ.①彼… Ⅱ.①王… Ⅲ.①俄罗斯-犹太人-移民-研究
-美国-1881—1920 Ⅳ.①K18②D771.238

中国版本图书馆CIP数据核字(2022)第146796号

彼岸：1881—1920年俄国犹太人移居美国研究

著　　者 / 王耀明

责任编辑 / 郑秀艳
装帧设计 / 一本好书
监　　制 / 姚　军
责任校对 / 王凌霄

出版发行 / 上海三联书店
　　　　　（200030）中国上海市漕溪北路331号A座6楼
邮　　箱 / sdxsanlian@sina.com
邮购电话 / 021-22895540
印　　刷 / 上海惠敦印务科技有限公司

版　　次 / 2022年10月第1版
印　　次 / 2022年10月第1次印刷
开　　本 / 710mm×1000mm　1/16
字　　数 / 250千字
印　　张 / 14.25
书　　号 / ISBN 978-7-5426-7804-1/K·680
定　　价 / 68.00元

敬启读者，如发现本书有印装质量问题，请与印刷厂联系 021-63779028